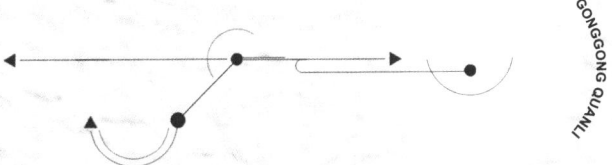

国家社会科学基金项目"公共权力公开化路径研究"（编号：13BEE032）科研成果
江苏高校优势学科建设工程资助项目科研成果
南京师范大学研究生核心课程建设项目成果

当代中国公共行政转型丛书
丛书主编 赵晖

# 基于公共权力的政策过程研究

钱再见 著

南京师范大学出版社
NANJING NORMAL UNIVERSITY PRESS

## 图书在版编目(CIP)数据

基于公共权力的政策过程研究 / 钱再见著. —南京:南京师范大学出版社,2013.11
(当代中国公共行政转型丛书. 第 2 辑 / 赵晖主编)
ISBN 978-7-5651-1600-1

Ⅰ.①基… Ⅱ.①钱… Ⅲ.①行政管理－方针政策－研究－中国 Ⅳ.①D63

中国版本图书馆 CIP 数据核字(2013)第 254006 号

| | |
|---|---|
| 书　　名 | 基于公共权力的政策过程研究 |
| 作　　者 | 钱再见 |
| 责任编辑 | 林荣芹　倪富之 |
| 出版发行 | 南京师范大学出版社 |
| 地　　址 | 江苏省南京市宁海路 122 号(邮编:210097) |
| 电　　话 | (025)83598919(总编办)　83598412(营销部)　83598297(邮购部) |
| 网　　址 | http://www.njnup.com |
| 电子信箱 | nspzbb@163.com |
| 印　　刷 | 镇江中山印务有限公司 |
| 开　　本 | 787 毫米×960 毫米　1/16 |
| 印　　张 | 17.5 |
| 字　　数 | 305 千 |
| 版　　次 | 2013 年 11 月第 1 版　2013 年 11 月第 1 次印刷 |
| 书　　号 | ISBN 978-7-5651-1600-1 |
| 定　　价 | 35.00 元 |

出 版 人　彭志斌

南京师大版图书若有印装问题请与销售商调换
版权所有　侵犯必究

# 主编前言

新中国成立以来的60多年,既是中国共产党领导全国人民努力探索社会主义本质,建设更加富强、民主、文明的现代化国家的60多年,也是中国政府改革与转型的60多年。特别是在改革开放后的30多年时间里,中国经历了一场全面而深刻的体制转轨和政府转型,这场转型既给世人留下了丰富的经验启示,也留下了诸多值得总结的经验教训。系统检视当代中国公共行政转型的历史轨迹,科学地预测当代中国公共行政转型的发展路向,这是时代赋予学术工作者的历史使命。

新中国建立60多年,经济、政治、文化、社会等各方面均发生了巨大的变迁。我们以改革开放为分水岭,把60余年分为两个阶段。改革开放以前,中国建立和实行了一套计划经济体制以及与之相适应的政治体制、行政体制、文化体制和社会体制。就行政体制而言,中国建立了一种以计划经济为基础,以中央集权为基本特征的行政体制。在党政关系方面,党的各级组织与国家行政机构关系不明确、不稳固。执政党在国家权力机关、司法机关和行政机关的各项事务中起决定作用;在政治与行政关系方面,坚持政治挂帅,经济、社会事务让位于政治工作;在政府与社会关系方面,政府权力没有边界,政府集中了过多的企业和事业单位的管理权,社会组织和经济组织缺乏自我管理、自我发展和自主经营的权力;在政府系统内部,权力过分集中于中央政府,下级缺乏必要的自主权,地方缺乏因地制宜的灵活性。另外,人事制度缺乏科学的选拔、录用、考核、退出机制,行政监督不力,监督机制流于形式,种种弊端逐渐显现。新中国行政体制经过30年的曲折发展,越来越不适应经济社会发展的需要。

改革开放以来,中国确立了市场经济的目标,随着经济改革的不断深入,行政改革也逐步推进。30多年来,中国行政体制经历了几次改革。(1)1982年开始的行政体制改革,主要集中在以下几个领域:一是国务院机构改革,减少了副总理的人数,设置了国务委员,精简了国务院机构,国务院工作部门由 100 个减少到 61 个;二是干部人事制度建设,打破干部领导职务终身制,建立干部退休制度;三是地方政府机构改革,精简机构、紧缩编制,推行"市管县"体制改革。(2) 1988 年的行政体制改革。这次改革明确提出转变政府职能这一行政体制改革的关键问题,包括由微观管理转向宏观管理、由直接管理转向间接管理、由部门管理转向全行业管理、由管理转向服务监督、由机关办社会转向机关后勤服务社会化。(3) 1992 年邓小平南方讲话之后,党的十四大提出建立社会主义市场经济体制的经济改革目标。1993 年开始的行政体制改革,把适应社会主义市场经济发展的要求作为基本目标,改革的任务是精简机构、转变职能、理顺关系,改革的重点是加强宏观调控和监督部门,将一部分专业经济部门转变为行业管理机构或经济实体,减少具体审批事务和对企业的直接管理,宏观上管好,微观上放开,并进一步明确事业单位改革的原则,即政事分开和社会化。(4) 1998 年,按照中共十五大要求,中国行政体制改革进入一个新的周期。这次改革的目标是建立办事高效、运转协调、行为规范的行政管理体系,完善国家公务员制度,建设高素质的专业化的行政管理干部队伍,逐步建立适应社会主义市场经济体制的中国特色的行政管理体制。改革在政企分开方面取得了突破性进展,国务院组织机构的设置及其职能配置更趋于合理,在理顺中央政府与地方政府关系方面有新的进展。(5) 2003 年开始,行政体制改革按照党的十六大要求进一步推向深入。这次改革更加注重转变政府职能,提出"决策、执行、监督"三权相协调,要求改进管理方式,推进电子政务,提高行政效率,降低行政成本。这一时期,地方政府在管理创新方面也取得了许多成效,如服务型政府建设、政府绩效评估体系建立、责任政府建设、政府信用体系建设等,一些地方政府将行政业务流程优化、行政审批上网工程、电子政务发展结合在一起,不断推进政府现代化与信息化。在事业单位改革方面,按照公共财政的要求对事业单位进行定位、分类,实行政企分开、事企分开,优化事业资源的配置。(6) 2008 年以后,根据中共十七大和十七届二中全会部署开始了新一轮行政体制改革。这次改革在一些关键领域迈出重要步伐,提出按照"精简、统一、效能"的原则和决策权、执行权、监督权既相互制约又相互协调的要求,着力优化组织结构,规范机构设置,完善运行机制。

改革开放以来的行政体制改革呈现出若干显著特征:(1)经济体制改革推

动行政体制改革,政府管理由计划体制的管理逐渐转向市场经济体制的管理。(2)行政体制改革经历了一个不断深化的过程,改革的重点由精简机构、党政分开到转变职能、政企分开,再到注重效率、责任行政、服务型政府的构建。(3)政府角色和管理方式逐步转型,从过去完全是管制型政府、全能型政府转向一个能够注重社会管理、注重服务质量的政府;由过去完全的社会资源的分配者逐步转变为资源的保护者、调控者和公共物品的提供者;行政行为由控制结果、权力主导转向过程管理、规则透明、服务主导。

历次行政体制改革虽然取得了一些实效,但是一些深层次的问题并未得到根本解决。当前的主要问题在于:(1)建设服务型政府的意识不强,政府职能转变相对滞后的局面没有得到改变,重管理、轻服务的现象还大量存在,社会管理、公共服务相对薄弱,尤其是地方政府在提供公共服务方面,和公众的需求相比,还存在着明显的差距,主要表现为对公共服务职能重视不够,公共服务投入不足,公共服务体制僵化,质量不高。(2)强调经济政绩,忽视社会全面、协调、可持续发展。在以经济增长论英雄的观念的长期主导下,公共服务理念并未引起一些地方领导的足够重视,招商引资、上项目、征地、筹措资金、经济规划等问题成为政府决策的主要议题,一些亟待解决的重大民生问题被忽视,形式主义、官僚主义、政绩工程等问题未能得到有效的遏制。(3)尚未建立公共服务型财政体制。目前中国的财政体制还基本是"建设财政"和"吃饭财政",其中用于经济建设的费用明显偏高,而用于社会服务的费用偏低。公共支出被过多地投入竞争性和盈利性领域,而涉及公共安全、公共卫生、教育事业、社会保障和基础设施方面的财政投入不足。(4)机构改革依然没有跳出"精简—膨胀—再精简—再膨胀"的循环,政府部门设置过多,部门之间职能交叉、权责不清、部门利益比较突出。

解决当前行政体制改革深层次问题的根本路径就是要加快推动当下中国公共行政转型,构建以公共精神为导向的现代公共行政。现代公共行政是指在公民本位、社会本位理念指导下,在整个社会民主秩序的框架下,通过法定程序,按照公民意志组建以为公民服务为宗旨并承担公共服务责任的公共行政。其具有三层基本涵义:理念层次上的公民本位、政府职能上的公共服务以及健全的政府责任体系。推动当下中国公共行政转型研究须坚持三条基本方法论。

1. 坚持西方公共行政理论与中国本土化相结合

20世纪70年代以后,西方国家因为政府机构的庞杂僵化和效率低下等问题,兴起了新公共管理理论,以奥斯本为代表的学者,主张在政府等公共部门广泛采用私营部门成功的管理方法和竞争机制,强调文官对社会公众的响应力和政治敏感性,倡导更加灵活、富有成效的管理。其后以登哈特为代表的一些学者,又提出了新公共服务理论,认为政府的职责是服务而非掌舵,追求公共利益是政府的最终价值。新公共服务理论将公民置于整个治理体系的中心,推崇公共服务精神,重视政府与社区、公民之间的对话沟通与合作共治,试图实现政治与行政、民主与效率在更高层次上的统一。这些理论不仅有力推动了西方国家公共行政的转型,也为推动当下中国公共行政转型提供了有力的理论支撑。

然而,西方公共行政学,从一般理论设计到学科体系安排,都是以该国的公共行政实践为背景和分析基础的,其理论设计和学科体系的安排必须解决两大问题:一是对该国现实的公共行政现象进行理论解释,以解除人们认识上的困惑;二是对该国未来的公共行政实践活动进行理论指导,防止公共行政实践活动误入歧途。可见,西方的公共行政学实际上是该国公共行政实践活动在理论层面的反映和诉求,其理论设计和学科体系安排与该国国情是紧密契合在一起的。加上不同国家的文化差异,导致公共行政学中的基本概念的使用都被深深地打上了本国文化习惯的烙印。对于这种与某国国情相适应的公共行政理论,我们不能简单地照搬照抄过来,我们的正确态度只能是把它作为研究分析的素材和思路,结合我国的国情和我国的公共行政实践要求,进行必要的理论和理论体系的再创造。为此,我们要立足中国国情,坚持将西方公共行政转型理论与中国具体实践相结合,着力西方公共行政转型理论与中国传统文化的结合,科学、合理地批判、借鉴和吸收西方公共行政发展所形成的基本理论,并以此来指导当下中国公共行政转型的伟大实践,推进西方公共行政理论的中国化;同时,以中国服务型政府建设的实践经验验证并丰富公共行政转型的基本理论,为公共行政学的时代发展作出自己的贡献。

2. 牢牢抓住服务型政府建设这一关键议题

构建服务型政府是贯穿当下中国公共行政转型的关键议题,是当下中国公共行政转型的基本方向。它既是当下中国公共行政转型的基本路径,也是当下中国公共行政转型的最终目标。我国政府的传统行政属于管制行政模式,政府是公民的统治者和管理者,公民处在政府权力的管制之下,政府高高在上,并未将公民视为对等的主体。政府职能无所不包,管制政府通常是所谓的"全能型政府",政府权力渗透到经济社会生活的方方面面,然而在提供公共产品和公共服务方面却缺乏物质保障。由于传统的管制行政模式缺乏调动公众积极性的有效手段,束缚了经济社会的健康发展,社会财富贫乏,公众的生活只能维持在较低的水平,民生陷入困境。市场化改革以来,由于政府在医疗、教育、就业、住房等问题上把一些本该由政府承担的职能推向市场,而市场的作用也不是万能的,因为市场机制在公共产品和公共服务供给上会失灵,于是种种民生问题凸显出来,教育、医疗、社会保障、住房等成为民众普遍且持续关心的问题,已到了非解决不可的地步。

要解决这些问题,根本的出路在于实现政府职能的转变,并进行相应的机构改革,即从传统的管制行政转变为现代公共行政,打造服务型政府。服务型政府就是要为社会服务,为公众服务,这不仅仅是对政府公共服务职能和社会管理职能的强调,也是对社会主义市场经济条件下政府管理本质、政府职能和管理方式的要求,包括政府如何服务于中国经济和社会的可持续发展,如何适应基本公共服务均等化要求,如何有效解决重大的民生问题等。服务型政府建设须致力于真正促进传统行政向服务行政转变,即实现从"管制行政"向"民主行政"、从"消极行政"向"积极行政"、从"无限行政"向"有限行政"、从"免责行政"向"责任行政"、从"权力行政"向"权利行政"、从"人治行政"向"法治行政"的根本转变。

3. 促进社会转型与政府改革的有效互动

在体制转轨和社会转型中,一切都要经受考验,一切都要为适应内外的压力和挑战而进行积极的变革。当下中国正在经历一场伟大的社会转型,即从农业的、乡村的、封闭的半封闭的传统型社会,向工业的、城镇的、开放的现代型社会的转型。当代中国社会转型的实质就是如何完成经济、政治和思想文化等领域全面性的社会变革,由传统农业社会向现代工业社会、传统计划经济体制向社会主义市场经济体制、封闭型社会向开放型社会转变的社会变迁和社会发展,实现"中国式"的现代化。当下中国的社会转型对公共行政转型提出了紧迫的要求和严峻的挑战:公民对行政知情和参与的权利意识凸显,对于行政机构和行政者公正、关怀、善治与精细化服务的诉求和期待不断上升,而行政领域的信息透明度仍然不高,许多涉及群众切身利益、发展与福祉的问题未能得到足够的重视和解决;当代行政的系统性与交互性不断增强,而现实中"自上而下"的单向式行政模式难以满足新形势与复杂环境下社会治理科学性与精细化的需要;新兴领域不断涌现使现有的行政监管盲区扩大,而目前的行政资源、技术手段和制度保障严重不足,难以适应社会发展的需要;现实中不断涌现的众多公共问题和社会矛盾日益尖锐突出,亟待更优的行政管理和行政决策来解决和完善。在此背景下,当下中国公共行政需要尽快适应社会变化的趋势,加快体制机制的改革,通过自身的改革积极回应社会转型的现实需求,强化政府的社会管理和公共服务,真正把政府自身的重心转移到医疗、教育、社会保障等民生领域中来,使公共行政成为实现社会转型目标的强大动力和重要保障,让中国的社会治理和社会发展从此进入到一个制度文明的新时代。

推动当代中国公共行政转型,构建服务型政府是一项长期而艰巨的任务。遵循上述三条基本方法论,真正实现传统公共行政向现代公共行政转型,就必须在行政理念转型、政府形象塑造、政府绩效优化、公共政策创新、政府职能转变等方面下功夫。这几个方面构成了当代中国公共行政转型研究的核心课题。

转变行政理念是传统公共行政向现代公共行政变迁的前提。传统公共行政倾向于把效率视为公共行政的最终目的,从而常常使自己陷入单纯工具理性的泥淖。由于过分强调对效率和工具理性的追求,使公共行政无力反省公共行政的根本价值,将其变为执行与管理的工具,不但无力担负起公共行政捍卫民主政治价值的责任,也无法实现提升公民道德水准的使命。坚守民主、平等、自由、秩序、公共利益为核心的公共精神,推动公共行政以为最广大人民群众的根本利益服务为终极目标,是现代公共行政的价值体现,也是传统公共行政摆脱困境的必由之路。

政府形象既是政府活动的产物,又是政府治国理政的前提和资源。如果政府在社会公众心目中的形象比较良好,这种形象就会转化为政府履行职能、提高公共服务能力的积极资源。反之,就可能会妨碍政府履行职能,甚至削弱政府的公信力和执行力。政府良好的形象需要政府的各级部门和政府中的公职人员通过自己的不懈努力来塑造。一个政府全心全意服务于公众,坚持依法行政,勇于担当责任,处处节约廉洁,有较高的执行力,它就具有树立良好形象的基础。因而,必须把各级人民政府的行政权力纳入法治化的轨道,建设法治政府;同时加强对行政权力的监督和制约,建设责任政府。

良好的政府形象要建立在公共服务的优质绩效上。在现代治理理念下,需要探索的是科学、合理的政府绩效优化管理,即政府绩效管理必须立足于优化政府公职人员的服务行为和质量,必须优化政府部门行为和服务的质量,必须优化政府整体行为和公共服务质量,制定绩效战略,明确各个层面的绩效目标,来达到优化政府绩效的目的。

公共政策的制定和实施是服务型政府的一项经常性工作。顺应体制转轨的需要,作为治国理政重要手段的公共政策必须实施创新,而且政府优良的形象和良好的绩效也要依赖于公共政策创新。公共政策创新的任务就是要致力于消解政策冲突、政策风险、政策负排斥、政策执行偏差、政策终结受阻、政策供给滞后等公共行政转型的难题。

政府职能转变是当代中国公共行政转型的关键环节,其成败直接关系到转型的成败。总体而言,政府职能就是处理公共问题,包括经济调节、市场监管、社会管理和公共服务等,大量非公共性的问题应让位给市场,让位给社会。因此,必须转变政府职能,推进政府治理创新,从根本上理顺政府与市场、政府与社会的关系,强化政府公共服务职能,实施民生战略,提升政府公共服务能力,构建民生型政府。

基于以上考虑,我们不揣浅陋,编写《当代中国公共行政转型丛书》,致力于打造"三个一批":一批西方公共行政理论与中国本土化研究相结合的优秀成果,如西方政治哲学视域中的公共利益研究,中国视角下的行政正义研究,中国视域中的行政伦理研究等;一批服务型政府建设研究的优秀成果,如协同创新网络构建中的政府职能转变研究,CSO体系视角下的反腐败组织机构研究,当下中国民生战略研究等;一批社会转型与政府转型研究相结合的优秀成果,如当代中国公共政策转型研究,当代中国女性参政转型研究,乡村治理转型研究,转型中的非政府组织与政府关系研究等。本丛书的作者均是南京师范大学公共管理学院行政管理系的教师。丛书从不同视角对当代中国公共行政转型进行解读,试图更加深刻揭示当代中国公共行政转型的历史背景、动力机制,深入探究当代中国公共行政转型的价值向度和内在规律,然而囿于学术水平,各种观点必然存在诸多疏漏和不当之处,我们热诚欢迎广大读者和学界同仁的批评指正。

本丛书的出版得到江苏高校优势学科建设工程项目资助;南京师范大学出版社徐蕾女士、林荣芹先生和王瑾女士,对丛书的出版倾注了大量的支持、关心和帮助;本丛书吸收了学界同仁的研究成果,在此一并表示衷心感谢。

南京师范大学公共管理学院　赵晖
2013 年 11 月 22 日于随园

# 前　言

公共政策学是第二次世界大战后首先在西方兴起的一个全新的跨学科、应用性研究领域，它的出现是当代世界中社会、经济和政治快速发展的必然，它服务于公共管理和公共决策科学化、民主化的现实需要，甚至被说成是当代西方政治学和行政学乃至整个西方社会科学的一次"革命"。

我国的公共政策研究是在20世纪80年代以后才开始逐步发展起来的。在20世纪80年代后期，国外特别是美国的一些公共政策学专著和教材陆续被译成中文，随后一批中国学者撰写的专著和教材纷纷问世。

自20世纪90年代以来，公共政策学被作为一门分支学科提上了学科建设日程。公共政策学作为一门学科已得到许多人的认可和重视，极大地推动了政策科学在我国的发展，加快了公共政策学在我国的学科化步伐。一些高等学校（如中山大学、西北大学和北京大学）率先在政治学和行政管理系建立了公共政策分析的本科专业，并开始设置公共政策分析专业方向的硕士研究生。目前，国家教育部直属的综合性大学中，大多数都已开设了公共政策学和公共政策分析的相关课程；一部分高校在政治学、行政学或其他专业范围内招收政策科学方向的硕士研究生和博士研究生。

南京师范大学从1995年开始在思想政治教育（法学类）中招收"行政管理"方向四年制本科生，2001年4月正式成立行政管理系，同年获得行政管理专业硕士学位授权点，并于次年开始招收公共政策方向硕士研究生。

自南京师范大学建设行政管理学科以来，我一直承担公共政策学课程的教学和研究工作。该课程先后获得学校优秀教学成果奖、研究性教学示范课程、双语教学示范课程和研究生核心课程等项目资助建设。在这一期间，我作为访问学者到日本爱知教育大学（2003年10月—2004年9月）、香港中文大学（2009年6月—7月）、美国普渡大学（2011年1月—8月）和威斯康星大学麦迪逊分校（2011年8月—2012年1月）从事研究工作。《基于公共权力的政策过程研究》一书就是我多年来教学和研究工作中的一些思考和探索。

本书将公共政策理解为政府等社会公共权威部门为解决公共问题、实现公共目标、维护公共利益而制定的公共行动计划、方案和准则,它具体地表现为一系列的法令、策略、条例、措施等。公共政策的本质属性在于其公共性,而公共权力则是其运作的基础。纵观公共政策过程的各个功能环节,无不基于公共权力的运作与博弈而实现其目标。可以说,一切公共政策都是基于公共权力运作的结果。所以,本书从公共权力的视角考察公共政策过程,并从多种不同的理论角度分析公共权力在政策过程中的基础性和局限性。公共权力作为公共政策过程运行的基础性力量却具有异化的风险,因此,必须通过分权、控权、放权、授权、赋权等途径,促进信息公开、官民合作与公众参与,实现公共政策的科学化、民主化和规范化,才能解决公共问题、实现公共目标和维护公共利益。

从这一分析逻辑出发,本书在第一章首先研究了公共政策的本质和价值,认为公共政策是以公共权力为基础,以公共利益为目标,以强制力为手段,并且具有相对稳定性的公共行动计划、方案和准则。研究公共政策,既要从静态角度研究公共权力主体构成的公共政策系统,又要从动态角度探讨基于公共权力运作的公共政策过程,还要研究公共权力运行失当造成的公共政策风险。此外,本章还考察了作为一门学科的公共政策学的性质和特点,以及公共政策的价值。

第二章将政策问题构建作为公共政策过程的首要环节和公共政策分析的逻辑起点。并且认为,公共政策问题总是复杂的、相互依存的,具有主观认定的特性和动态性,很少有纯粹是经济的、技术的或政治的政策问题,而且很多重要的政策问题都是结构不良的问题。因此,只有从多维理论视角出发,才能对其进行全方位的考察和分析。公共政策问题构建的主要路径包括推进信息公开、优化专家咨询和扩大公众参与等。

第三章从国家与社会关系的视角出发,认为中国民间思想库的兴起既是公民社会成长的必然结果,是提升国家能力的现实需要,同时也是思想库自身发展的内在逻辑和题中应有之义。民间思想库是一种非政府、非营利性的政策研究组织,其突出特征是民间性、非营利性、独立性和志愿性,属于社会的第三部门。民间思想库的主要功能包括政策咨询、政策宣传、政策评估和人才聚集等。但是,中国民间思想库的功能发挥有其现实限度。促进中国民间思想库的功能发挥和发展路径既有赖于法律保障和制度支撑,包括资金捐赠制度、人才交流制度和信息公开制度,更在于坚持其民间道路。

第四章将公共决策理解为公共管理组织基于公共权力在管理社会公共事务过程中所做出的决定,并且认为它是公共管理的首要环节,贯穿于整个公共管理过程的始终。该章首先研究了公共决策系统的活动特质,并通过对不同决策模式的系统梳理概括出公共政策制定的几个主要原则。然后从不同维度出发考察了公共决策中的风险因素和伦理价值。

第五章认为,政策信息系统是公共政策系统中的一个基础性子系统,其运行影响整个政策过程的运行效果甚至直接影响一项公共政策的成败,其基本运作原理是为了特定的目的进行信息的收集、加工、分析和发布。电子政务建设对于公共政策信息系统的功能价值就在于通过促进政策信息资源的公共获取、信息传递的电子参与、政策信息分析处理过程中的电子咨询和政策信息存储的电子服务,促进政策信息系统的优化。但是由于诸多因素的制约,电子政务促进政策信息系统优化的功能具有其现实限度。在我国电子政务建设中,应通过坚持信息公开、消弭信息鸿沟、扩大电子咨询、打通信息孤岛等主要路径,促进公共政策信息系统的优化。

第六章认为,任何公共政策从其制定到执行的整个过程都充满了各种政策冲突。公共政策冲突反映了社会政治生活中不同政治力量之间的对抗、竞争、争执等紧张态势,也体现了政治系统在结构、组织、权力分配等方面所存在的问题。公共政策冲突不仅是体现为物质利益的冲突,而且也包括价值观念的冲突。公共政策冲突主要表现为政策目标的冲突、府际政策的冲突、政策工具的冲突和政策效益的冲突。公共政策冲突的形成机理体现在多个方面,主要包括:政策价值观分歧、政策部门区隔、政策利益博弈,以及政策信息阻隔等。新时期我国公共政策冲突的消解机制建构应包括政策价值引导机制、政策部门整合机制、政策利益协调机制和政策信息共享机制。

第七章通过对民主社会中公共政策执行主体的研究认为,公共政策目标的实现既依赖于公共权威系统制定出正确的公共政策,更有赖于政策主体的有效政策执行。影响公共政策有效执行的因素是多方面的,但公共政策主体则是其中的关键因素。在公共政策执行的实际过程中,政策执行主体自身的态度、素质和能力等因素都会影响公共政策的有效执行。公共政策执行主体本身又受到多种因素的影响和制约,其政策执行行为是深受其背后的深层机制的影响。在政策执行过程中,必须采取相应的对策措施,通过授权、赋权和控权,建构问责和追责机制,明确政策执行者的角色要求,防止或纠正政策执行中的偏差行为,才能提高政策执行力。

第八章的主要观点认为,政策执行的核心就在于如何选择和设计有效的政策工具。作为政府政策工具和政策执行环节的政策宣传,直接影响公共政策的有效执行,关系到公共政策能否实现预期的政策目标和政策效果。政策宣传不仅是一种信息工具,而且也是一种引导性工具和劝诫性政策工具,是公共政策执行的重要工具、手段和方法,具有政策信息传播功能、政策行动引导功能和政策行为劝诫功能。同时,政策宣传作为一种非强制性的政策工具,其对于目标群体的影响力又有着现实限度。因此,新时期我国的政策宣传应随着其政策环境的变化而不断创新,即更新宣传理念、改进宣传方式、创新宣传体制、优化宣传环境以及提升宣传效果。

第九章将公共政策评估界定为特定的评估主体,根据一定的标准和程序,通过考察公共政策过程的各个阶段、各个功能环节,从而对公共政策的效果、效能及价值所进行的检测、评价和判断的一种政治行为。如果说公共政策过程是公共权威机关基于公共权力运作而进行公共资源分配,进而实现公共目标和公共利益的过程,那么,公共政策评估就是促进公共权力合理配置公共资源,追求公共价值,维护公共利益的基础,也是实现公共政策过程民主化、科学化和规范化的必由之路。但是,成功的公共政策评估是建立在公共权力的公开化运行基础之上的。没有公共权力的公开化运行,客观、公正、规范的公共政策评估就无从谈起。

第十章的基本观点认为,公共政策终结是公共权威部门基于公共权力在公共政策运行过程中主动实施的一种公共政策行为,它通过对政策进行慎重的评估后,采取必要的措施终止那些过时的、多余的、不必要的、无效的或完全实现政策目标的公共政策的一种行为。政策终结是与公共政策评估相联系的一种政策现象,是公共政策运行过程的最后一个环节。如果在对一项公共政策的评估和监控中发现,该项公共政策已经完全实现了先前所预期的公共政策目标,或者根本不可能实现预期的政策目标甚至根本无法继续运行下去,则该项公共政策就应该被终止或者被新政策取代。公共政策终结是公共政策运行过程中的一个必不可少的环节,是政策发展和政策创新的基础。

全书以公共权力为基本视角,在政策过程理论的分析框架下,对公共政策过程中的几个重要功能环节进行了深入的探讨和系统的分析。部分内容以已经发表的成果作为基础。其中有些内容则在硕士研究生(包括 MPA)研讨班和国家公务员考试面试考官培训班上系统讨论过。

此外,需要强调指出的是,中国的公共政策学已经进入学科制度化阶段,学科分支目前正在进一步细化和体系化,所以,本书的基本取向是运用马克思主义的立场、观点和方法,放眼国际公共政策学的先进理论和最新成果,立足于我国公共政策学学科发展的实际需要和具体国情,结合我国公共政策学的学科化、规范化和本土化的目标,服务于我国公共决策科学化、民主化和规范化的现实需要,作者真诚希望能够对我国的公共政策研究贡献一点绵薄之力。

# 目　　录

主编前言 …………………………………………………………………… 1

前　言 ……………………………………………………………………… 1

**第一章　公共政策的本质与价值** ……………………………………… 1
　　一、公共政策的公共权力基础 ………………………………………… 1
　　二、公共政策研究的主题论域 ………………………………………… 15
　　三、公共政策的价值 …………………………………………………… 24

**第二章　政策问题及其构建路径研究** ………………………………… 31
　　一、作为公共政策客体的政策问题 …………………………………… 32
　　二、政策问题构建：公共政策分析的逻辑起点 ……………………… 37
　　三、公共政策问题构建的多维理论视角分析 ………………………… 41
　　四、公共政策问题构建的路径选择 …………………………………… 44

**第三章　国家与社会关系视角中的民间思想库** ……………………… 49
　　一、作为社会第五权的思想库 ………………………………………… 50
　　二、民间思想库兴起的国家-社会关系背景考察 …………………… 62
　　三、民间思想库的功能及其在我国的现实限度 ……………………… 65
　　四、新时期我国民间思想库发展的路径选择 ………………………… 75

**第四章　公共决策的多维度研究** ……………………………………… 81
　　一、公共决策系统及其政策制定原则 ………………………………… 82
　　二、公共政策制定中的决策模式 ……………………………………… 86
　　三、公共决策的风险维度 ……………………………………………… 92
　　四、公共决策的伦理维度 ……………………………………………… 97

**第五章　电子政务、阳光政府与政策信息系统** ……………………… 106
　　一、公共政策信息系统及其结构-功能分析 ………………………… 106

二、电子政务促进公共政策信息系统优化的功能及其限度 ……… 113
　　三、从行政公开到开放政府：美国"阳光政府"建设及其启示 ……… 121
　　四、电子政务优化我国政策信息系统的路径选择 ……………… 132

第六章　公共政策冲突及其消解机制 …………………………………… 138
　　一、理解公共政策冲突 ……………………………………………… 138
　　二、公共政策冲突的形成机理分析 ………………………………… 142
　　三、新时期我国公共政策冲突的消解机制建构 …………………… 148

第七章　公共政策执行主体研究 ………………………………………… 153
　　一、政策执行主体的多元化 ………………………………………… 153
　　二、政策执行主体的偏差行为分析 ………………………………… 156
　　三、影响政策执行主体的政治社会化机制分析 …………………… 163
　　四、通过公共权力运作提升政策执行主体执行力 ………………… 168

第八章　政策执行中的政策宣传工具及其创新 ………………………… 171
　　一、作为一种政策工具的政策宣传 ………………………………… 171
　　二、政策宣传之于政策执行的功能及其限度 ……………………… 178
　　三、新时期我国政策宣传工具创新的路径选择 …………………… 182

第九章　基于公共权力公开化运行的政策评估 ………………………… 188
　　一、公共政策过程中的政策评估 …………………………………… 188
　　二、公共政策评估中的公共权力博弈 ……………………………… 196
　　三、我国公共政策评估的权力逻辑分析 …………………………… 205

第十章　基于公共权力博弈的政策终结 ………………………………… 219
　　一、公共政策终结的理论基础 ……………………………………… 220
　　二、公共政策终结阻力中的权力因素分析 ………………………… 231
　　三、公共政策终结的权力博弈策略 ………………………………… 238

参考文献 …………………………………………………………………… 246

后　　记 …………………………………………………………………… 262

# 第一章 公共政策的本质与价值

公共政策(Public Policy),是目前世界上公共管理研究的主要范畴,也是人类社会活动和公共生活的组织性、计划性、目标性的集中体现。社会活动中的人们为了有效地实现自己的活动目标,必须通过一定的活动规则和行为准则、明确的活动计划和具体的行动方案来组织公共生活,规范集体行动。公共政策是公共权力机关经由政治过程所选择和制定的为解决公共问题、达成公共目标、以实现公共利益的行为准则和行动方案。在一个国家的社会政治活动过程中,始终贯穿着各种公共政策的制定、执行、监控和评估。公共政策学是一门应用性极强的综合性社会科学,它运用一定的研究程序和方法,研究政策系统及其环境,以及政策过程诸功能环节,探索公共政策过程的基本规律,以期改进政策系统,提高公共政策制定与执行的质量。

## 一、公共政策的公共权力基础

公共政策是一门新兴学科。它产生于二战之后的美国。在 20 世纪 50 年代,美国政治学界发生了一场革命性的变化,即政策科学从传统政治学中开始脱出,并逐渐生长成为一门新的学科。1951 年,美国著名政治学家哈罗德·D. 拉斯韦尔(Harold D. Lasswell,1902—1978)和丹尼尔·拉勒(Daniel Lerner)合编的《政策科学:范围与方法的新近发展》(*The Policy Sciences: Recent Developments in Scope and Method*)一书正式出版,提出了"政策科学"(policy science)这一概念,也标志着政策科学的诞生。而拉斯韦尔本人则被誉为"现代政策科学的创立者"。政策科学的产生促进了公共政策研究的蓬勃发展。

1. 理解公共政策

目前,学术界对于公共政策的定义尚无一致的看法。学者们关于公共政策概念的界定仁者见仁、智者见智。因此,了解中外学者关于公共政策的具体定义,对于我们准确地理解公共政策概念的涵义是很有帮助的。

公共行政学的创始人之一、美国学者伍德罗·威尔逊(Woodrow Wilson,

1856—1924)认为,公共政策是由政治家即具有立法权者制定的而由行政人员执行的法律和法规(Public Policy is for the legislators to make and for the administrators to implement)。① 威尔逊对于公共政策的理解实际上是基于其对于政治与行政的"二分法",即以政治－行政二分原则为前提,政治是公共意志的表达,而行政则是公共意志的执行,从而强调了公共政策是政治背景下的政策制定和行政生态中的执行操作相统一的过程。

现代政策科学之父哈罗德·D.拉斯韦尔和另一位学者亚伯拉罕·卡普兰(Abraham Kaplan)在他们于1950年合著的《权力与社会》(*Power and Society*)一书中指出,"政策是一种为某项目标、价值与实践而设计的计划"(Policy is a projected program of goals, values and practices)。政策过程(policy process)则包括关注自身未来人际关系的各种认同、需求和预期之规划、颁布及执行。② 他们认为,公共政策是一种经过设计和论证的、具有明确目标和价值选择的行动计划,强调了公共政策的目标取向、价值取向和实践取向。

美籍加拿大学者戴维·伊斯顿(David Easton,1917—)认为,公共政策是政府对整个社会的价值作权威性的分配(authoritative allocation of values)。所谓的"价值"则是社会上一般人都想得到的有形或无形的东西,如权力(power)、财富(wealth)、技能(skill)、知识(knowledge)、安全(security)、声望(prestige)等。"权威性分配"是指政治系统(system)经由决策制定,将各种价值分配于体系内的成员。③ 这一界定突出了三个方面思想:制定公共政策是为了对社会价值进行分配;分配的范围涉及全社会成员;分配的主体是政府这样的社会公共权威,而其分配的影响力则是权威性的,即具有强制性。

美国著名政治学家托马斯·R.戴伊(Thomas R. Dye)在其所著的《理解公共政策》(*Understanding Public Policy*)一书中认为,"公共政策就是政府选择要做的或者不要做的事情"(Public Policy is whatever governments choose to do or not to do)。④ 这一观点首先强调了公共政策是一种具有选择

---

① 转引自张金马:《政策科学导论》,中国人民大学出版社1992年版,第17页。
② Lasswell, Harold D. and Kaplan, A. 1970. *Power and Society* (2nd). New Haven: Yale University Press. p.71.
③ Easton, David. 1953. *The Political System*. New York: Knopf. pp.125—141.
④ Dye, Thomas R. 1987. *Understanding Public Policy*, 6th ed. Englewood Cliffs, N.J.: Prentice-Hall. p.2.

性的政府行为；同时它也包含了一个有价值的见解，即公共政策在本质上是一门实践科学，政策是一个行动过程，而不仅仅是一个关于如何行动的决定。

罗伯特·艾斯通（Robert Eyestone）对于公共政策的界定最为宽泛，他是从行政生态学的角度来理解公共政策的。他认为，公共政策就是"政府机关和它周围环境之间的关系"（the relationship of a government unit to its environment）。① 用公式表达即为 P＝f（G，E），P 指公共政策，G 指政府系统，E 指生存环境。它表明政府做出的公共政策，是政府与环境相互作用的一个函数，因此，其本质上必须考虑政府之外的其他许多因素的影响。

以色列行政学家、耶路撒冷希伯来大学政治学和公共行政学教授艾拉·夏坎斯基（Ira Sharkansky）认为，"政府的重要活动即为公共政策"（the important activities of the government）。② 显然，这也是一个非常宽泛的定义，但是它强调了政策制定在政府活动中的重要性。

美籍德国政治学家卡尔·J. 弗里德里希（Carl J. Friedrich，1901—1984）认为，政策是"在某一特定的环境下，个人、团体或政府有计划的活动过程，提出政策的用意就是利用时机、克服障碍，以实现某个既定的目标，或达到某一个既定的目的（a proposed course of action of a person, group, or government within a given environment providing obstacles and opportunities which the policy was proposed to utilize and overcome in an effort to reach a goal or realize an objective or a purpose）"③。弗里德里希的理解不仅强调了政策的计划性和目的性，而且突出了政策主体与政策环境的互动作用。

早期在公共政策领域作出杰出贡献的奥斯汀·兰尼（Austin Ranney）则认为，公共政策是所选择的一种行动路线或者意图的宣示（a selected line of action or a declaration of intent）。④ 兰尼还认为，公共政策的意义包含五个要件：①有一个或一组特定的目标；②有一个拟定的方针；③有一条已经选定的

---

① Eyestone, Robert. 1971. *The Threads of Public Policy: A Study in Policy Leadership*. Indianapolis: The Bobbs-Merill Company. p. 18.
② Sharkansky, Ira. 1972. *Public Administration: Policy Making in Government Agencies*. Chicago, I. L.: Markham Publishing Company. p. 2.
③ Carl J. Friedrich. 1963. *Man and His Government*. New York: McGraw Hill. p. 79.
④ James P. Lester & Joseph Stewart, Jr. *Public Policy: An Evolutionary Approach*. Second edition. 中国人民大学出版社 2004 年版，第 4 页。

行动路线;④意图(intent)的宣布;⑤意图的执行。[①] 兰尼对公共政策的界定明确指出了公共政策作为一种行动路线或方案的选择性和目的性。

美国公共政策学者斯图亚特·S.那格尔(Stuart S. Nagel, 1934—2001)认为,"公共政策就是政府为解决各种各样的问题如环境保护、犯罪和失业而作出的决定(Public Policies are decisions made by the government to solve various problems such as environmental protection, crime and unemployment)"[②]。那格尔的观点反映了公共政策的一个重要特点,即公共政策往往是针对各种问题的。解决现实问题既是政策制定的最初动因,也是政策过程的出发点。但是,需要指出的是,并非所有解决问题的政府决定都可以成为公共政策,如一些未经过合法化程序、不具有合法性的政府决定就不能成为真正意义上的公共政策。

美国公共决策学者詹姆斯·E.安德森(James E. Anderson)认为,"公共政策是由政府机关或政府官员制定的政策(Public Policies are those policies developed by governmental bodies and officials)";而政策则是"一个有目的的活动过程,这些活动过程是由一个或一批行为者为处理某一问题或相关事务而采取的(a purposive course of action followed by an actor or a set of actors in dealing with a problem or matter of concern)"[③]。这一界定强调了公共政策的目标取向性(purpose-oriented)。

英国公共政策学者韦恩·帕森斯(Wayne Parsons)在谈到政策的概念时曾经指出,莎士比亚(William Shakespeare, 1564—1616)曾以多种不同的方式使用政策一词:"政策蕴含着假象和政策欺骗的艺术。外在的形式和表象是构成权力的要素。莎士比亚运用了马基雅维利哲学意义上的政策;恰如作者在《雅典的泰门》(Timon of Athens)中所说的那样,'政策引导意识'(policy

---

[①] Ranney, Austin. 1968. The Study of Policy Content: A Framework for Choice, in Austin Ranney, ed. *Political Science and Public Policy*. Chicago: Markham Publishing Company. pp. 3—22.

[②] Nagel, S. S. 1984. *Public Policy: Goals, Means and Methods*. New York: St. Martin's. p. 3.

[③] Thomas R. Dye. 1975. *Understanding Public Policy*, Second ed. New Jersey. p. 1. Also see James E. Anderson. 1984. *Public Policy-Making*. Orlando, Florida: Holt, Rinehart and Winston, Inc. p. 3.

sits above conscience)。"① 毕业于英国伦敦大学、现为美国普林斯顿大学名誉教授的著名中东学家伯纳德·刘易斯(Bernard Lewis)曾经引用过 19 世纪巴格达一位哲人的话:政府的基础是欺骗,一旦欺骗成功并延续下去,就转变为政策。② 这说明,政策一词实际上常常被看作是政策策略中的一种重要要素。美国著名公共政策学者 B. 盖伊·彼得斯(B. Guy Peters)认为,政府官员向公众撒谎被认为是正当的,主要是从公众自身利益的角度考虑。赞同这种家长作风观点的政治领导者们假定政府官员拥有更多的信息而不愿意发布,有的是因为安全的原因,或者是因为他们相信这些信息只会使公民更加困惑。他们之所以向公众撒谎是为了使普通公众能够按照他们,也就是政府官员的要求行事。他们也似乎相信如果公众获得了和政治领导者们一样多的信息,他们还是会做和现在一样的事情。彼得斯指出,"当作出政策选择或评估政府绩效的时候,这样的谎言明显限制了普通公民的自主权。即使是善意的谎言也是有问题的"③。

日本公共政策学者、庆应大学教授药师寺泰藏(やくしじ たいぞう)认为,"公共政策"的意思与其字面意思相同,即为"公共"而制定的"政策"。"公共政策"一词本身具有平平常常、陈旧不鲜、司空见惯的色彩,但是,"公共政策学"则是一门与众不同的学问,"是一门范围宏大的学问。它所涵盖的政策领域也非常广泛,无论进行多少案例研究,到头来也像盲人摸象一样,看不到事物的全貌"④。药师寺泰藏的理解突出了公共政策的公共性本质。

我国台湾学者林水波、张世贤先生根据托马斯·戴伊的观点,认为公共政策是指"政府选择作为或不作为的行为"。⑤ 曾经担任联合国公共行政处处长的台湾学者伍启元先生认为,"公共政策是政府所采取对公私行动的指引",⑥强调了公共政策的行为导向功能及对社会生活的引领作用。另一位台湾学者

---

① Parsons,W. 1995. *Public Policy: An Introduction to the Theory and Practice of Policy Analysis*. Cheltenham, U.K.: Edward Elgar. p.14.
② [英]迈克尔·希尔:《现代国家的政策过程》,赵成根译,中国青年出版社 2004 年版,第 8 页。
③ Peters, B. Guy. 2007. *American Public Policy: Promise and Performance*, (7th edition). Washington, D.C.: Congressional Quarterly Press. p.459.
④ [日]药师寺泰藏(薬師寺 泰藏,やくしじ たいぞう):《公共政策》,张丹译,经济日报出版社 1991 年版,第 9—10 页。
⑤ 林水波、张世贤:《公共政策》,台北五南图书出版公司 1982 年版,第 9 页。
⑥ 伍启元:《公共政策》,香港商务印书馆 1989 年版,第 4 页。

朱志宏先生认为公共政策应该包含下述五个条件:"①公共政策是由伊斯顿所谓之政治体系中的'当局'——即政府——所制定;政府制定的政策具有公开性及强制性。②公共政策涵盖政府的活动与不作为;政府的活动固然构成政策,但因其不作为对社会亦可能发生重大的影响,所以政府的不作为亦不容忽视。③公共政策主要是指政府的重要活动,即动员大量的人力与资源,并可能影响到大多数人利益的政府活动。④公共政策是政府有目标取向的活动;公共政策的目标,在谋求公共问题的解决。⑤公共政策的过程,包括引起政府对公共问题的注意,政策的规划、合法化、执行、评估等重要手段。"①

改革开放以来,我国内地学者也对公共政策概念进行了广泛而深入的研究。孙光认为,政策是国家和政党为了实现一定的总目标而确定的行动准则,它表现为对人们的利益进行分配和调节的政治措施和复杂过程。"政策体现阶级之间的相互关系。"②桑玉成、刘百鸣认为,公共政策是社会公共权威在一定历史时期为达到一定的目标而制定的行动方案和行为依据。③张金马认为,公共政策就是党和政府用以规范、引导有关机构团体和个人行动的准则或指南。其表现形式有法律规章、行政命令、政府首脑的书面或口头声明和指示、行动计划与策略等等。④陈庆云认为,公共政策是政府依据特定时期的目标,在对社会公共利益进行选择、综合、分配和落实的过程中所制定的行为准则。⑤朱崇实、陈振明等人认为,公共政策是国家(政府)执政党及其他政治团体在特定时期为实现一定的社会政治、经济和文化目标所采取的政治行动和所规定的行为准则,它是一系列谋略、法令、措施、办法、方法、条例等的总称。⑥

虽然中外学者们对于公共政策概念的理解莫衷一是,但是我们仍然可以从中归纳出关于公共政策的基本含义。综合各种看法,我们可以看到公共政策应包含以下几点:①公共政策是由公共权力机关所制定的计划、规划或采取的行动(行动包括了作为和不作为)构成;②该计划、规划或被采取之行动系由某权力中心做出;③该计划、规划或行动并非是孤立存在的,它必定是从一系

---

① 朱志宏:《公共政策》,三民书局1991年版,第19页。
② 孙光:《现代政策科学》,浙江教育出版社1998年版,第27页。
③ 桑玉成、刘百鸣:《公共政策学导论》,复旦大学出版社1991年版,第3页。
④ 张金马:《政策科学导论》,中国人民大学出版社1992年版,第19页。
⑤ 陈庆云:《公共政策分析》,中国经济出版社1996年版,第9页。
⑥ 朱崇实、陈振明等:《公共政策》,中国人民大学出版社1999年版,第2页。

列相关的计划、规划或行动中被选择出来的;④这种选择带着人们的价值观和偏好在里面。

概括说来,所谓公共政策,就是政府等社会公共权威部门为解决公共问题、实现公共目标、维护公共利益而制定的公共行动计划、方案和准则,它具体地表现为一系列的法令、策略、条例、措施等。

首先,公共政策是政府等社会公共权威的一种行为。公共政策不同于个人决策,而是公共决策;公共政策也不同于一般的组织决策,如企业发展战略、销售策略,而是一种政府决策;公共政策不是社会中的微观决策,而是一种宏观决策。从这个意义上说,公共政策更多地是一种政府行为或者其他社会公共权威的公共行为。制定公共政策是政府基于公共权力而执行的一项重要职能。公共政策的出台能有效解决一些市场没办法解决的公共问题或预防特定社会问题的发生,推动社会和谐发展。同时,随着社会的进步和经济的发展,公共行政管理的职能不断扩展,政府逐步从"无限政府"向"有限政府"转型,许多权力下放给了市场、地方或基层单位。公共管理部门迅速增加,不仅包括医疗卫生、教育机构、政治团体,还包括非政府组织等第三部门组织。正如唐纳德·F.凯特尔(Donald F. Kettl)指出的,我们生活在一个权力分享的世界里,在这个世界中,政府组织、准政府组织、非营利组织、私人组织共同参与了政策的制定和政策的执行。① 日本学者松下圭一(まつした けいいち,1929—)甚至认为,作为个人的市民,比老资格的政治家或夸耀专门技术的官僚更具有制定政策的能力,这是因为政策制定已不再是统治的秘密仪式。政策本身是以个人思考为单位的探索和设计问题的解决办法。②

第二,公共政策是政府等社会公共权威的一种选择行为。公共政策具有特定的价值取向,服务于一定的利益追求。例如,资本主义公共政策常常服务于一定的利益集团,帮助其实现经济利益的最大化。如英美等西方大国,其政府的职能就是对外推行霸权主义、强权政治,在国际社会上制定霸王条款,企图实现其争霸世界的目的,对内制定有利于资产阶级利益的公共政策。虽然表面上看来其所制定的公共政策在维护社会秩序方面也发挥了许多的作用,

---

① Kettl, Donald F. 1993. "Public Administration: The State of the Discipline." in Ada Finifter, ed. *The State of the Discipline*. Washington, D. C.: American Political Science Association (APSA), pp. 107-128.
② [日]松下圭一:《政策型思考与政治》,蒋杨译,社会科学文献出版社2011年版,第9页。

但其根本目的是为了维护阶级统治。社会主义社会中的公共政策则是为了不断地满足人们日益增长的物质文化生活的需要。诚然,政策主体尤其是执政党和政府等社会公共权威总是选择那些能够实现自己的价值目标的行动方案。但是,广泛的公众参与正在不断促进公共政策过程切实以公共利益为出发点和落脚点。

第三,公共政策是政府等社会公共权威为解决某种社会问题而作出的选择行为。公共政策来源于解决政策问题,政策问题来源于社会问题。任何社会的运行发展过程都难免会出现种种矛盾和障碍,都可能会产生各种各样的社会问题。所谓社会问题,就是由于社会结构在其运行发展过程中出现了失调,从而造成社会生活和社会发展的障碍,引起了人们的普遍关注并需要运用社会力量才能加以解决的问题。社会问题的产生具有多因性,影响具有广泛性,而社会问题的解决则具有综合性,即必须依赖于政府等社会公共权威的力量,调动与该社会问题有关的所有部门的力量甚至全社会的力量,通力协作,综合治理,才能得到解决。无论是出于主动还是出于被动,解决社会问题都是政府等社会公共权威的重要职责,因而,也必然是政府公共政策的重要内容。

第四,公共政策是政府等社会公共权威作出的一定的行为准则。人类社会生活的正常运转依赖于一定的社会规范体系的引导和控制。离开了一定的社会规范,社会就会出现"失范"状态,正常的社会秩序就无法维持,更谈不上解决社会问题,实现社会目标。公共政策既是政府等社会公共权威的一种行为,同时也是其根据社会需要所作出的一种行为规范和行为准则。作为一种行为规范和行为准则,公共政策有其具体的作用对象或客体,即目标团体,它规定了目标团体应该做什么或不应该做什么,并制定具体的奖惩措施。因此,公共政策作为一种行为规范和行为准则,是使其在实践中得到执行的重要手段。

第五,公共政策是一个动态的过程。制定和实施公共政策是公共管理的重要内容,公共政策过程是公共管理运行的重要过程,致力于解决公共问题。从问题的发现、提出,进入公共政策议程,直到最终解决问题,实现公共目标,维护公共利益,需要一定的时间周期和运作过程。正如英国公共政策学者理查德·罗斯(Richard Rose)在《英国的政策制定》(*Policy Making in Great Britain*)一书中指出的,不应把公共政策只看作是孤立的决定,而应把它看作是由"或多或少有联系的一系列活动所组成的一个较长的过程,以及这些活动对有关事物的作用和影响"(a long series of more-or-less related activities and their consequences for those concerned rather than as a discrete decision)。① 美国政策学者、加州大学戴维斯分校环境科学与政策系教授保罗·A. 萨巴蒂尔(Paul A. Sabatier)教授认为,"政策过程通常需要10年的时间"②。总之,公共政策是一个活动过程或一种活动方式,而不单单只是一个关于做什么事的决定。

2. 公共政策的公共性本质

既然公共政策是由政府等社会公共权威制定出来的有明确目标的行动方案和行为准则,而政府作为国家机关是在阶级社会形成之后才出现的,因此,公共政策必然是阶级社会中的现象。一切国家的政府机关为了分配公共利益、维护其政治统治,都必须借助于公共政策这一工具和手段。虽然在不同的社会形态和不同的国家中,公共政策有不同的表现和具体内容,但是,公共政策的本质属性则在于公共性。"公共性"主要体现在两个方面:一是社会生活空间所具有的"公共性",即我们所共处的公共生活空间是开放而又多元的,我们并不是隔绝于社会之外,我们共享一个公共领域;二是社会公共生活的管理过程必须具有"公共性",即个人生活只能服从于公众意愿、公共目的,并服务于公共利益;个人价值必须获得公众认可并接受公众监督。同时,我们可以说,一切公共政策都是基于公共权力运作的结果。

(1)以公共权力为基础。一切公共政策都是基于公共权力的运作而形成的,这是公共政策的本质特征,因而也就决定了公共性是公共政策的本质属性。公共权力,即"公权",首先表现为政治权力。政治权力是"政治主体对一定政治客体的制约能力和力量"。③ 公共权力指的是公共行为主体对公共行为客体的制约能力和力量。公共政策是政府等社会公共权威为实现一定的公共目标、解决某一社会公共问题而制定或者选择的行动方案和行为准则。它首先是政府或其他社会公共权威的基于政治权力的一种政治行为。政府是统治阶级行使国家权力、实现政治统治的核心工具,而政治统治其实就是政治斗争中最强大的势力对于社会的支配和控制。恩格斯曾经指出:"由于国家是从控制阶级对立的需要中产生的,同时又是在这些阶级的冲突中产生的,所以,

---

① Richard Rose. 1969. *Policy Making in Great Britain*. London: Macmillan.
② [美]保罗·A. 萨巴蒂尔:《政策过程理论》,彭宗超、钟开斌等译,三联书店2004年版,第5页。
③ 袁祖社:《"公共哲学"与当代中国的公共性社会实践》,载《中国社会科学》2007年第3期。

它照例是最强大的、在经济上占统治地位的阶级的国家,这个阶级借助于国家而在政治上也成功地成为占统治地位的阶级,因而获得了镇压和剥削被压迫阶级的新手段。"①公共政策则是统治阶级借助于社会公共权力实现其统治的重要工具和手段,它集中地反映或体现统治阶级的意志和愿望,统治阶级的政治倾向和利益追求,都必然会强烈地表现于每一项公共政策之中。因此,公共政策具有鲜明的阶级性,一定的公共政策总是要为一定的统治阶级的利益服务的,超阶级的公共政策是不存在的。封建社会的各项政策是为封建地主阶级的利益服务的;资本主义社会的公共政策是为资产阶级统治和一些大型利益集团的利益直接服务的;社会主义社会的公共政策则集中反映占统治地位的工人阶级和广大人民群众的根本利益,为满足人民群众日益增长的物质和文化需要服务。然而,无论在何种社会,当公共管理者行使的公共权力分裂出它的对立面并变成外在的异己力量时,都会导致公共权力的异化。英国著名社会学家安东尼·吉登斯(Anthony Giddens)曾详细阐述过权力关系中的结构二重性,并且赞同美国政治学者彼得·巴克拉(Peter Bachrach)和莫顿·S.巴拉茨(Morton S. Baratz)关于权力具有两副"面孔"的探讨:一副是行动者实施合乎自己心意的决策的能力,另一副则是融塑在制度中的"偏向的动员"(mobilization of bias)。②历史上的契约论者认为,公共权力是由人民让渡自身的权利而产生,作为一种超越于个人之上的公共力量,霍布斯认为,为了摆脱一切人反对一切人的战争(every man is enemy to every man)的自然状态,必须寻求能使大家畏惧,并指导其行动以谋求共同利益的公共权力。而公共权力必须经订立契约才能产生。公共权力来自每个人所转让的自然权利,而自然权利的转让只能通过订立契约来完成。所以,社会契约是人类摆脱自然状态的必经之路。③洛克则指出为使天赋权利得到可靠保护,就需要一种凌驾于个体之上,具有有限权力的公共权威来作为裁判者调整或解决人与人之间的利益冲突关系,而其"起源于契约和协议,以及构成社会的人们的同意"④。所以,防止公共权力异化,必须首先确保公共权力运行的公开化,同时

---

① 恩格斯:《家庭、私有制和国家的起源》,见《马克思恩格斯选集》第四卷,人民出版社1995年版,第172页。
② [英]安东尼·吉登斯:《社会的构成》,李康、李猛译,三联书店1998年版,第77页。
③ [英]霍布斯:《利维坦》,黎思复、黎廷弼译,商务印书馆1985年版,第112—132页。
④ [英]洛克:《政府论》(下),瞿菊农、叶启芳译,商务印书馆1964年版,第105页。

要实行权力监督。

(2)以公共利益为目标。目标是一切社会组织活动的最重要的构成要素,是组织活动的灵魂。在公共政策中,目标集中体现了社会成员的需要和利益追求。公共政策总是政府为实现特定时期的经济社会目标而采取的政治行为。公共性是公共政策的本质属性,公共利益是公共政策的价值基础和核心目标。诚然,公共权力具有权威性和至高无上性,但是,公民权利同样具有神圣不可侵犯性。公共权力的来源和基础是公民大众及其个人权利,公共权力部门(个人或机构)得到公众授权,代表公众行使公共权力,因而只能追求和实现公共利益。公共利益具有公共性和最高权威性,实际上,任何一项公共政策的制定和执行都是为了实现一定的社会目标,协调利益的划分,解决社会矛盾和社会问题,满足社会的需要。没有目标的公共政策是毫无意义的。正如詹姆斯·安德森所说的,"我们所关心的是有目的或者目标取向的行动,而不是随意行为或偶然事件。现代政治系统中的公共政策基本上不是那些偶然发生的事情。它们是有意识地要产生一定结果的(尽管说这些结果并非总能实现)"[1]。有些公共政策则是为了解决具体社会问题而制定的,具有很强的针对性。针对性很强的公共政策依赖于对社会生活和现实国情的准确把握,依赖于大量的社会调查研究。列宁指出:"马克思主义的政策是以现实的东西,而不是可能的东西为依据的。"[2]只有通过社会现实情况的调查研究和深入分析,才能了解现实情况的区别及其联系,分清主次矛盾,从而制定出明确的政策目标。而只有目标明确的公共政策,才能在现实中真正成为指导实践活动的行动准则。所以列宁说:"方针明确的政策是最好的政策。原则明确的政策是最实际的政策。"[3]查尔斯·T.古德塞尔(Charles T. Goodsell)曾经把公共利益在公共行政和公共政策上可以发挥的功能概括为凝聚功能(unifying)、合法化功能(legitimating)、授权功能(delegating)和代表功能(representing)。[4]就凝聚功能而言,公共利益是团结的象征,可以融合歧见,形成同盟;就合法化功能而言,公共利益向公民确保公共政策所达成的利益平

---

[1] James E. Anderson. 1984. *Public Policy-Making*. Orlando, Florida: Holt, Rinehart and Winston, Inc. p.4.
[2] 《列宁全集》第35卷,人民出版社1959年版,第256页。
[3] 《列宁全集》第12卷,人民出版社1959年版,第9页。
[4] C. T. Goodsell. 1990. Public Administration and Public Interest, in G. L. Wamsley et al. eds. *Refounding Public Administration*. Newbury Park, C.A.: Sage. pp.96—113.

衡是值得期待的,也是值得支持的,从而使公共利益的诉求获得更大的合法性;就授权功能而言,政府受托于民,被赋予维护和保障公共利益的职责,行政机关能够运用公权力解决因私利而侵犯公共利益的现象,从而解决公民个体无力应付的社会问题;就代表功能而言,公共利益提醒公共管理者不可忽视弱势群体的利益,在公共政策上不可在公平正义上有失偏颇。①

(3)以强制力为手段。由于公共权力表现为在全社会范围内对全体社会成员具有的普遍约束力,因此,公共政策作为社会公共权威所选择或制定的一种行为规范和行为准则,首先在社会中获得其合法性基础并且具有权威性,进而它对于社会成员特别是目标团体具有约束性和强制力。如果一项公共政策本身符合目标团体的利益追求,该项公共政策的约束性和规范性就会被他们自觉自愿地服从和遵守。然而,并不是所有的公共政策都能够符合所有人的利益,个人利益与集体利益之间、团体与团体的利益之间、眼前利益与长远利益之间都会存在着各种各样的矛盾和冲突。在这种情况下,公共政策必须通过强制力才能实现自己的价值追求。恩格斯指出,国家的最初产生,就是因为社会陷入了不可解决的自我矛盾,分裂为不可调和的对立面而又无力摆脱这些对立面,"为了使这些对立面,这些经济利益互相冲突的阶级,不致在无谓的斗争中把自己和社会消灭,就需要有一种表面上驾于社会之上的力量,这种力量应当缓和冲突,把冲突保持在'秩序'的范围以内"②。而国家政府等社会公共权威正是通过公共政策来强制性地调整社会的利益分配。正如戴维·伊斯顿所说的,公共政策就是对全社会的价值做权威性的分配。所以,他特别强调政策中的权威力量,认为决策、服从和执行都是必须具备的,"首先,系统必须提供决策的方式;其次,系统必须能够拥有系统相关成员的责任,正是这种责任,促使相关系统成员采取和达到系统目标,或者可以使反对者的态度中立化;第三,系统必须提供持续的能量以把决策付诸于实施"③。

实际上,一切公共政策都带有强制性。作为一种行为规范和行为准则,公共政策要求目标团体的成员必须遵守。④ 正如美国政治学家西奥多·J.罗威

---

① 张成福、李丹婷:《公共利益与公共治理》,载《中国人民大学学报》2012年第2期。
② 恩格斯:《家庭、私有制和国家的起源》,见《马克思恩格斯选集》第四卷,人民出版社1995年版,第166页。
③ [美]戴维·伊斯顿:《政治生活的系统分析》,王浦劬译,华夏出版社1999年版,第241页。
④ [美]雷蒙德·塔塔洛维奇、拜伦·W.戴恩斯:《美国政治中的道德争论》,吴念等译,重庆出版社2001年版,"前言",第1页。

(Theodore J. Lowi,1931—)所指出的,"所有公共政策都必须理解为强制性的。它们的制定可以是出于最好的和最善意的愿望,执行时可以尽可能做到公正和宽容。然而,这并不能减弱它们的强制性"。公共政策的强制性往往通过具体的奖惩措施来实现。例如计划生育政策是我国的一项重要的人口公共政策,自觉遵守这一公共政策的夫妇都会受到国家的一定的物质和精神奖励;而以任何理由违反这一政策的超生者,都要受到相应的处罚。没有具体奖惩措施的公共政策,其强制性是难以实现的,在实践中只能成为一纸空文或空头口号。

但是,公共政策的强制性是有一定限度的,如果一项公共政策违背了大多数人的利益,就会出现"上有政策,下有对策"的现象,致使该公共政策失去其合法性和强制性。由于公共政策的实施需要政府人员与社会组织、目标群体以及公众的良好配合,因此,公共政策执行过程中存在着非强制性的因素。在中国,由于受到传统家族等因素的影响,人际关系产生出"差序格局",表现为非强制性与不平等的特性。这种人际关系特性会通过各种方式影响公共政策执行效力。公共政策的实施需要协调社会组织与公众间的利益,而有些矛盾无法通过强制性方式加以梳理,只有凭借非强制性的方式如教育、协商才能使其显示出有效性。这就存在着公共政策本身的强制性与执行过程中存在着非强制性的整合问题。①

(4)以相对稳定性为标志。任何公共政策都必须保持一定的稳定性。这首先是因为 项公共政策目标的实现都需要一定的时间甚至相当长的一段时期;其次是因为只有保持政策的一定的稳定性,才能有利于特定社会问题的最终解决和公共政策目标的实现。朝令夕改、变化无常的政策,不仅会丧失政策的权威性和严肃性,而且还会使公共政策的目标团体无法执行,甚至广大民众无所适从,影响人们对公共政策的信心。所以,邓小平同志说:"政策不但要对头,而且要稳定,要有连续性。"②在谈到香港等问题时,他说:"香港在1997年回到祖国以后五十年政策不变……香港的地位五十年不变,对澳门的政策也不变,对台湾的政策按照'一国两制'方针解决统一问题后五十年也不变,我们对内开放和对外开放政策也不变。"③而政策的稳定性是必须建立在政策制定

---

① 徐家良:《公共政策:价值与途径的内在平衡》,载《北京行政学院学报》2000年第1期。
② 1987年4月18日邓小平同志会见外宾时的谈话,见《人民日报》1987年4月19日。
③ 《邓小平文选》第三卷,人民出版社1993年版,第215页。

的科学化、民主化和规范化基础之上的,是以公共理性(Public Reason)为根基的。约翰·B.罗尔斯(John Bordley Rawls,1921—2002)在《政治自由主义》(Political Liberalism)一书中指出:"公共理性是一个民主社会人民的特征(Public reason is characteristic of a democratic people)。它是公民的理性,是那些共享平等公民身份的人的理性。他们的理性目标是公共善(the good of the public),此乃政治正义观念对社会之基本制度结构的要求所在,也是这些制度所服务的目标和目的所在。"① 后来罗尔斯又发表了《公共理性观念再探》(The Idea of Public Reason Revisited)一文认为,秩序良好的宪政民主也可以理解为协商民主(deliberative democracy)。当公民们进行协商的时候,他们就公共政治问题(public political questions)交换看法,并就他们关于公共政治问题观点的论据(supporting reasons)进行辩论。他们假定通过与其他公民的讨论,他们自己的政治见解(political opinions)可能会得到修正;因而,这些见解不是他们既存个人利益或非政治利益的一种简单固定的结果。正是在这一点上,公共理性是至关重要的。其原因在于,公共理性规定着协商民主中公民推理的本质特征,即公民关于宪政根本要旨和正义基本问题推理的本质特征。② 总之,只有建立在公共理性基础上,经过反复论证、公开辩论的民主化的公共政策,才有可能成为好政策,才能保持相当的稳定性。

  同时,公共政策的稳定性又是相对的。由于公共政策是社会公共权威在一定历史时期根据当时的具体现实制定的,而人类社会无时无刻不在发生着这样那样的变化,随着社会生活的变迁,经济、政治、文化系统中的具体状况也发生种种变化,因此,公共政策也必然要在政策评估的基础上相应地进行政策调整、甚至实施政策终结。列宁说:"一种现象转变为另一种现象是可能的,所以我们的策略不是一成不变的。"③ 此外,公共政策自身的生命周期以及人们认识能力的局限性也都决定了社会公共权威必须对公共政策作出适时的调整,以适应不断发展变化的社会需要。

---

  ① John B. Rawls. 1996. *Political Liberalism*. New York, N. Y.: Columbia University Press. p.213. 另参见[美]约翰·罗尔斯:《政治自由主义》,万俊人译,译林出版社2000年版,第225—226页。

  ② John B. Rawls. The Idea of Public Reason Revisited. *The University of Chicago Law Review*, Vol. 64, No. 3 (Summer, 1997):765—807. 另参见[美]约翰·罗尔斯:《公共理性观念再探》,时和兴译,载哈佛燕京学社、三联书店主编:《公共理性与现代学术》,三联书店2000年版,第8页。

  ③ 《列宁全集》第35卷,人民出版社1959年版,第256页。

## 二、公共政策研究的主题论域

美国著名公共行政学者尼古拉斯·亨利(Nicholas Henry)认为,理解公共政策这一分支领域的一种途径是将它一分为二。其中一个分支是实质性的、过程性的、描述性的以及客观性的。就是说它是关注某些问题的实质性的,如环境、犯罪或者别的什么。其焦点在于公共政策过程,即特定领域的政策过程是如何运行的,并且试图客观地描述这一过程。第二个分支是理论性的、效果性的、指示性的以及规范性的。也就是说,它主要研究公共政策理论的发展过程以及这些理论在实践中的产出与效果。它主要关注于指出制定与执行更好政策的更优化的途径,而不太考虑公共政策可能涉及的实际问题和领域。① 从最一般的意义上说,公共政策的研究任务主要包括以下几个方面:

1. 研究公共权力主体构成的公共政策系统

基于戴维·伊斯顿(David Easton,1917—)的政治系统理论模型(如图1-1所示)②研究公共政策系统。伊斯顿提出,政治系统的政治决定源自其环

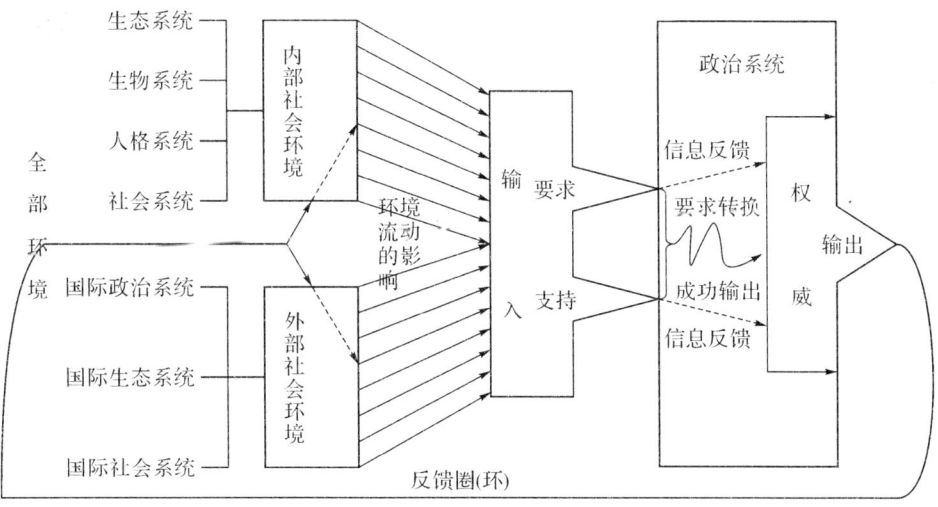

图1-1 公共政策系统与环境

---

① Nicholas Henry. 2004. *Public Administration and Public Affairs*, 9th ed. Englewood Cliffs, N.J.: Prentice-Hall. pp.306—307.

② David Easton. 1965. *A Framework for Political Analysis*. Englewood Cliffs, N.J.: Prentice-Hall. p.110.

境的要求(demands)与支持(support),而公共政策的制定正是政治系统对来自环境的要求与支持的反应。公共政策直接作用于政治系统的环境,而环境又会对政治系统提出新的要求与支持,政治系统则必须作出新的反应。公共政策实质上就是政治系统与其环境中的诸多因素相互作用的一种反映。

伊斯顿认为,政治系统是由政治团体、体制和权威机构等部分构成的。它受到自然的、生物的、社会的以及心理的等外部和内部环境的包围,同时对环境的压力有适应能力和反馈信息的功能。系统和环境形成互动的联系,系统的持续和维系是通过不断的输入、输出、反馈、再输入过程实现的。伊斯顿的输入—输出系统分析模式,适用于分析从国际社会到国家内部各种规模的政治系统,同时又包括社会当中各种政治行为和行为关系。研究公共政策的组织系统,就是指从静态角度来研究公共政策及其构成状况、公共权力主体构成的公共政策系统,以及公共政策的生态环境。它包括对于构成公共政策的主体和客体的研究;对于公共政策与政策环境之间的关系的研究;现代思想库;公共决策体制,等等。

公共政策的主体与客体构成了政策过程中的一对矛盾。一方面,政策主体解决政策问题的目标和努力规定着政策客体的范围和性质,但是,另一方面,政策客体也不是消极被动的,它既有内在的结构和类型,也对政策主体起着限制和约束的作用。例如政治系统和政治生态对于公共政策的影响,正如黛博拉·A.斯通(Deborah A. Stone)在《政策矛盾和政治情理》(*Policy Paradox and Political Reason*)一书中指出的,政策是政治过程的产物(policy is the output of the political process),在政治共同体中,(政策)理念处于所有政治冲突的核心地位。[①] 所以,公共政策系统研究重在对于政策系统环境以及系统组成部分中的影响政策行为的各种因素的研究。托马斯·R.戴伊认为,公共政策所关心的问题是政府行为所涉及到的许多内容,例如:它们如何控制社会内部的冲突;它们如何将社会组织起来,处理同其他社会的冲突;它们如何为社会成员提供许多不同的象征性奖励和物质性奖励;它们如何从社会中吸纳资金,这中间最常见的形式当然是税收。因此公共政策可能涉及对行为的管理、组织官僚体系、分配利益或提取税收——或者同时包括所

---

① Stone, Deborah A. 1988. *Policy Paradox and Political Reason*. New York: Karper-Collins Publishers. p.7.

有这些事情。① 思想库等现代政策研究组织是公共政策主体的一个重要组成部分,在公共政策过程中发挥越来越重要的作用。

2. 探讨基于公共权力运作的公共政策过程

即从动态角度研究公共政策运行过程的各个阶段,包括公共政策制定、公共政策执行、公共政策评估等。其目的在于提高公共政策运行效率,实现公共政策目标。在 20 世纪 80 年代以前,政策过程研究的基本和主导的途径是阶段途径,即把政策过程分为若干阶段来加以分别的研究,这种研究途径被称为阶段启发法(the stages heuristic)。近二十年来,这种阶段途径受到了批评与挑战,人们提出了各种新的替代途径或概念框架,从而丰富了政策过程的理论。但是迄今为止,了解政策过程的最成熟和最有影响的途径仍然是发源于拉斯韦尔的这种阶段途径。拉斯韦尔在《政策科学》(1951)、《决策过程》(1956)和《政策科学展望》(1971)等著作尤其是在《决策过程》这一论著中,他将决策过程划分为情报、建议、规定、行使、应用、终结和评价七个阶段。② 这是政策科学中关于政策过程的阶段划分的起源。叶海卡·德洛尔(Yehezhel Dror,1928—)在《公共政策制定检讨》一书中,将政策过程或者政策系统的运行分为如下四个阶段 18 个环节(见表 1-1 所示):①元政策制定阶段——即对制定政策的政策进行分析,包括处理价值,处理实在,处理问题,调查、处理和开发资源,设计、评估与重新设计政策系统,确认问题、价值和资源,决定政策战略等七个环节;②政策制定阶段——包括资源的细分,按优先顺序建立操作目标,按优先顺序确立其他一系列主要的价值,准备一组方案,比较各种方案的预测结果,并选择最好的一个,评估这个最优的方案并确定其好坏等七个环节;③后政策制定阶段——包括发起政策执行,政策的实际执行,执行后的评估三个环节;④反馈阶段——多层面联结所有阶段的交流与反馈。

---

① Dye, Thomas R. 2002. *Understanding Public Policy*, 10th ed. Englewood Cliffs, N. J.: Prentice-Hall. p. 1.

② [美]保罗·A.萨巴蒂尔:《政策过程理论》,彭宗超、钟开斌等译,三联书店 2004 年版,第 23 页。

表 1-1　德洛尔的政策过程阶段划分

| 主要阶段(Major stages) | 次阶段(Sub-stages) |
| --- | --- |
| 元政策制定阶段<br>Meta-policymaking stage | 1. 处理价值(Processing values) |
| | 2. 处理实在(Processing reality) |
| | 3. 处理问题(Processing problems) |
| | 4. 开发资源(Developing resources) |
| | 5. 设计政策制定系统(Designing the policymaking system) |
| | 6. 确认问题、价值和资源(Allocating problems, values and resources) |
| | 7. 决定政策制定战略(Determining the policymaking strategy) |
| 政策制定阶段<br>Policymaking stage | 8. 资源的细分(Sub-allocating resources) |
| | 9. 按优先顺序建立和排列操作目标及其他重要价值(Making and prioritising operational goals and other significant values) |
| | 10. 准备一组主要的政策方案选项,包括一些"好"政策(Preparing a set of major alternative policies, including some "good" ones) |
| | 11. 预测那些政策的成本和收益(Predicting benefits and costs of those policies) |
| | 12. 选择最好的政策(Identifying the best policies) |
| | 13. 评估这些最优的方案并确定其好坏(Deciding whether the best alternatives are "good" policies) |
| 后政策制定阶段<br>Post-policymaking stage | 14. 发起政策执行(Motivating the execution of the policy) |
| | 15. 政策的实际执行(Executing the policy) |
| | 16. 执行后的评估(Evaluating the results) |
| 反馈阶段<br>Feedback stage | 17. 交流(Communication) |
| | 18. 反馈(Feedback) |

同时,德洛尔还进一步认为,"政策研究的核心是把政策制定作为研究和改进的对象,包括政策制定的一般过程以及具体的政策问题和领域;政策研究的范围、内容、任务是:理解政策如何演变,在总体上特别是在具体政策上改进

政策制定过程"①。

公共政策作为一个动态过程(dynamic process)是通过政策终结实现的。新政策所要解决的问题,往往是从现行政策中衍生出来的。"政策很少在一段时间里保持不变。相反,它们一直在变化,这些变化有时候是评估的直接结果,但更多的时候是出于适应社会经济与政治环境的变化,项目中管理者认识的变化,或者是对现有结构或想法的细化。此外,在工业化国家(如美国)的政策制定中,许多政策制定是出于试图改革政策,而不是公共部门第一次碰到的需要解决的新问题。"政策评估的结果可能是维持不变、政策终结,或政策更新(policy succession)。政策更新包括线性更新(linear)、合并(consolidation)、分解(splitting)、非线性更新(nonlinear)。② 只有及时终结旧政策并且适时推行新政策,才能有效实现政策的动态发展,因此,政策终结是政策过程中的一个重要环节。但是,政策的动态并非意味政策多变。从公共政策科学的意义上说,"政策多变"实际上是指政策终结和政策调整的随意性、不规范性和非程序性(non-procedural)。政策过程一般是指政策制定、政策执行、政策评估和政策终结的演变过程,也就是说政策终结应在科学的政策评估之后进行。一项政策要终结首先需要经过政策评估才能进行,否则就违背了政策发展的基本规律。

公共政策本身不仅是一个动态的过程,而且是一个周期性的演变过程。一方面,从某项特定的政策来看,它总会经历一个从制定、执行、评估到终结的多阶段、多功能环节的发展过程;另一方面,从整个公共政策体系来看,旧的公共政策渐趋终结,新的公共政策不断产生,从而形成公共政策过程的循环往复、生生息息的周期性现象。公共政策周期的研究,有助于防止公共政策僵化,不断促进新的、充满活力的公共政策的产生。

最早形成政策周期理论和政策周期分析框架的是美国威斯康星大学教授、布鲁金斯学会兼职研究员、著名公共政策学者查尔斯·O.琼斯。他认为,政策过程的分析框架包含认知/界定(Perception/ Definition)、聚合(Aggregation)、组织(Organization)、表达(Representation)、议程设定(Agenda-setting)、规划(Formulation)、合法化(Legitimation)、预算

---

① [美]斯图亚特·S.那格尔:《政策研究百科全书》,林明等译,科技文献出版社1990年版,第7页。

② Hogwood, Brian W. and B. Guy Peters. 1983. *Policy Dynamics*. Brighton, England: Wheatsheaf Books. pp.61—84.

(Appropriation)、执行(Implementation)、评估(Evaluation)以及调整/终结(Adjustment/Termination)等11个环节。之后,他又从系统分析的角度,将政策分析过程分为七个阶段:问题认定(problem identification)、方案规划(program development)、项目合法化(program legitimation)、项目预算(program appropriation)、项目执行(program implementation)、项目评估(program evaluation)和问题解决或项目终结(program termination)。[①]

日本公共政策学者宫川公男(みやがわ ただお)也认为,公共政策过程包括政策决定、政策实施(执行)、政策评价、政策继续或变更、政策终结等阶段(见图1-2所示)。[②]

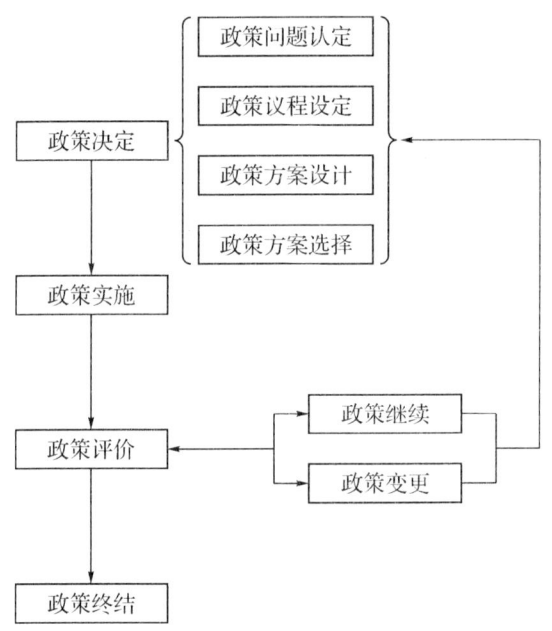

图1-2 公共政策过程图示

公共政策的运行过程是一个完整的整体,其各个功能环节既相对独立,又

---

① Jones, Charles O. 1984. *An Introduction to the Study of Public Policy*, 3rd ed. Monterey, C. A.: Brooks/Cole Publishing Company. p. 215.

② [日]宫川公男(みやがわ ただお),《政策科学入门》,东洋经济新报社,1995年版,173页。

相互联系,构成一个有机的政策过程运行系统。

实际上,公共政策过程不仅是一个完整的动态运行过程,而且还具有周期性的特点。澳大利亚公共政策学者彼得·布里奇曼(Peter Bridgman)和格林·戴维斯(Glyn Davis)认为,公共政策过程包括政策问题认定(issue identification)、政策分析(policy analysis)、政策工具(policy instruments)、政策咨询(policy consultation)、政策协调(policy coordination)、政策决定(policy decision-making)、政策执行(policy implementation)、政策评估(policy evaluation)等阶段和功能环节,从而构成有序的(ordered)、周期性的(periodical)政策发展结构(policy development structure)(如图1-3所示)。同时,他们还指出,政策发展并非一个线性的过程,并不是整齐地、可预料地按部就班发展,而是一个积极的、互动的过程(It is appreciated that policy development is not a linear process, neatly and predictably following a sequence of steps, but an active and iterative process)。①

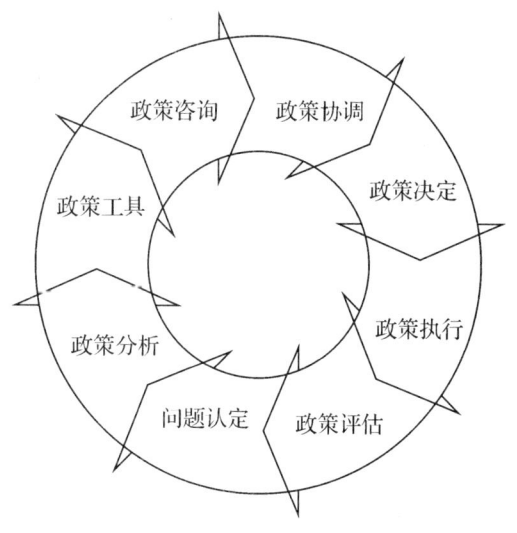

图1-3 公共政策周期图示

公共政策的发展是一个动态的和持续进行的变迁过程,它由几个关键的

---

① Bridgman P. and Davis G. 2000. *Australian Policy Handbook*, 2nd ed. Sydney: Allen and Unwin. pp.28—29.

组成部分构成,即政策制定、政策执行和政策评估。一项公共政策在经过制定、执行、评估等阶段后,必然发展到一个终止阶段。

公共政策周期的基本内涵是指公共政策在经过制定—执行—评估—终结等几个阶段后所形成的比较完整的政策过程;同时它也表明,新的公共政策的产生常常是原有公共政策的延续、修改或调整,从而实现新老公共政策的交替循环。由于公共政策周期还意味着新旧公共政策的循环,因此,公共政策周期理论(the theory of public policy cycle)的研究还包括对新旧公共政策二者之间关系的研究。在原政策基础上进行政策调整之后而发展形成的政策周期通常被称为连续性的政策周期(the continuing public policy cycle);而在原政策被完全终结之后通过新政策的发展而形成的政策周期则被称为断续性的政策周期(the discrete public policy cycle)。无论是连续性的政策周期(successional policy cycle)还是断续性的政策周期(intermittent policy cycle),公共政策周期理论都要研究其中旧公共政策成功或失败的原因是什么,导致该政策失败或成功的具体因素有哪些,新公共政策应如何吸取旧公共政策失败或成功所提供的经验教训。公共政策制定者可以根据这些经验教训,使建立在原公共政策基础上的新公共政策在新一轮的周期中不重蹈覆辙,从而更好地解决社会问题,实现政策目标。

3. 研究公共权力运行失当造成的公共政策风险

公共政策的根本目标在于解决社会问题,创造公共价值,实现公共利益。然而,公共政策过程不可能是一帆风顺的,相反,它常常会遇到种种不确定性、风险和危机。人类社会中各种风险的存在自古至今都是无法避免的,而现代社会则更是一个充满着种种风险的社会。从亚洲金融风暴(Asian Financial Crisis)到疯牛病(Mad Cow Disease),从艾滋病(获得性免疫功能丧失综合征,AIDS, abbr. Acquired Immune Deficiency Syndrome)到像切尔诺贝利的核泄漏(nuclear leaks like Chernobyl),从"9·11"(September 11th)到"非典"(SARS, the Severe Acute Respiratory Syndrome),风险几乎存在于人类社会生活的方方面面。[1] 高风险是现代社会的典型特征之一,以至于社会学家将现代社会称为一个"风险社会(Risk Society)"(贝克语),一个"失控的世界(Runaway World)"(安东尼·吉登斯语)。对于风险的理解有三个要点:其

---

[1] 钱再见:《失业弱势群体及其社会支持研究》,南京师范大学出版社2006年版,第115页。

一,风险是关于不愿发生的事件发生的不确定性之客观体现;其二,风险是"可测定的不确定性";其三,风险并非只是在实现决策时带来的损失,而且也指偏离决策目标的可能性。① 高风险社会带来的变化是全方位的,其中的关键是公共政策的改变,因为高风险社会所讨论的主要是公共安全的问题,其实质是公共事务,而且是最基本、最纯粹的公共事务。②

英国公共政策学者迈克尔·希尔(Michael Hill)认为,20 世纪 80 年代,政策科学研究重点发生了两个方向性的转变(orientational transition),其一是要求政策分析应该更多地植根于古典经济学(classical economics)技术方法,公共管理(public administration)应该吸收利用企业管理(business administration)的理念;其二是曾经喧嚣一时的发展一种政策设计(policy design)的"科学"方法的幻想破灭,越来越多的人认识到,政策过程(policy process)是复杂的,受到一系列外在因素的影响,这些因素难以控制,在某些方面甚至是随意的。③

在实际的公共政策运行过程中会有各种各样的政策问题出现,既可能有政策制定方面的问题,也可能有政策执行方面的问题,还可能是公共政策过程中的公共性衰减。而无论是哪个方面或者环节发生问题,都会导致政策主体权威的削弱、政策功能失效和公共利益受损,④都会增加公共政策运行的成本,甚至会导致公共政策失败。正如托马斯·R.戴伊所认为的,公共政策的过程并不总是能够符合人们的意愿⑤。他还指出,风险政策的理性途径认为,人类活动总是伴随着一定程度的风险,政府应当比较处理不同种类、不同程度风险的相对成本。⑥ 因此,必须对公共政策的运行过程实行监控,降低公共政

---

① 宋林飞:《中国社会风险预警系统的设计与运行》,载《东南大学学报(社科版)》1999 年第 1 期。

② 张海波、童星:《高风险社会中的公共政策》,载《南京师大学报(社会科学版)》2009 年第 6 期。

③ [英]米切尔·黑尧(Michael Hill):《现代国家的政策过程》,赵成根译,中国青年出版社 2004 年版,第 2 页。

④ 童星、高钿翔:《公共政策的公共性衰减:风险分析及其治理》,载《社会科学》2009 年第 5 期。

⑤ Dye, Thomas R. 2002. *Understanding Public Policy*, 10th ed. Englewood Cliffs, N.J.: Prentice-Hall. p. 7.

⑥ Dye, Thomas R. 2002. *Understanding Public Policy*, 10th ed. Englewood Cliffs, N.J.: Prentice-Hall. p. 209.

策风险。通过对政策过程各个环节的监控,有助于实现政策合法化,也有助于保证政策贯彻实施及评估,是实现既定政策目标的有力保障。通过对政策过程进行科学的评估活动,人们才能判定某项政策本身的价值,从而决定公共政策的延续、革新或终结。同时,通过公共政策评估对公共政策过程的各阶段进行全面的考察和分析,可以总结经验,吸取教训,为后续的公共政策过程奠定基础。

### 三、公共政策的价值

公共政策在社会生活中起着十分重要的作用,正如美国著名经济学家 N. 格雷戈里·曼昆(N. Gregory Mankiw)所指出的,一个社会的兴衰在某种程度上取决于政府所制定的公共政策。因此,公共政策具有重要的价值,从一般意义上讲,任何公共政策的制定与执行都是为了实现一定的公共目标,解决特定的公共问题的,也就是说,公共政策都是具有一定的社会功能的。但是,在实际运作过程中,一项公共政策的制定与执行在社会生活中所产生的作用是多方面和多向度的,既可能有积极的功能价值,也可能会产生消极的影响;既有显性功能,也会有隐性功能。从其对社会所起到的基本积极作用来讲,主要有以下几个方面价值:

1. 分配公共资源

公共政策是社会公共权威的一种选择性行为,是政府等社会公共权威基于公共权力运用其物质力量对社会公共事务作出的权威性决定,而这种权威性决定的主要内容就是对社会资源的分配和各种利益关系的协调。政府制定与实施公共政策的目的就是要将社会公共资源合理有效地在它所服务的公众中加以分配,以实现公共目标,维护公共利益。

任何政府在分配社会公共资源时,总是要解决向谁分配,怎样分配等问题。用拉斯韦尔的话说,就是"谁得到什么?何时和如何得到?(Who gets What? When and How?)"。公共政策正是围绕这些问题而被制定与实施的。在民主社会中,公共政策表现为集体选择的结果,因而在理论上,公共政策的制定应该具备帕累托最优(Pareto Optimum),以社会利益最大化为目标。多数学者都认同这一论点,即公共政策是政治过程的产物。而且,许多学者试图通过建立模式来更好地理解决策过程的复杂性,其中较有影响的是建立在多元主义理论上的系统分析模式。多元主义理论以一系列的价值为原则基础,包括:政治上的平等、公开参与的政治过程以及受私有制市场经济和强大的公民社会制衡的有限的国家权力。多元主义最基本的信条是:社会分化为不同的利益团体,这些利益团体应该有权利通过影响政府的政策来追求自身的利益。为保护社会中利益团体的这种权利,政府的角色应该是回应公众的要求和对公众负责,使对立的利益达成和解,解决和管理各种冲突,促进妥协及社会和谐。

为了维护社会的稳定、促进社会的进步与发展,公共政策必须在公平目标和效率目标之间作出合理的选择与平衡。在现实社会生活中,人们所希望得到的社会资源是有限的,不可能满足所有人的所有需要,因而人们的生存机会实际上是不均等的。社会学家拉尔夫·达伦多夫(Ralf Dahrendorf,1929—2009)指出:"生存机会的分配从来就不是均衡的。我们没有看见过一个社会,在那里所有的男人、妇女和儿童都能享有同样的应得的权利和同样的供给。其原因就在于每种社会都必须协调人的不同的任务,不过也必须协调人的利益和能力。"[①] 有限的社会资源是社会中的个人或群体追逐的对象。然而,一部分人得到了就意味着另外一部分人的失去;一部分人得到的多了就意味着另外一部分人得到的少了。这样就势必会造成社会冲突,影响社会的稳定。因此,社会公共权威就要通过公共政策来分配社会资源,协调社会中的各种利益关系。这种利益关系不仅包括人与人之间的关系,而且包括群体与群体、组织与组织之间的关系,包括各种社会团体、各党派、各级国家机关等等方面的利益关系。

公共政策作为政府或社会公共权威的政治行为和管理活动,实际上是一种利益调节杠杆。政府或社会公共权威正是利用这一杠杆,协调各种利益关系,使社会资源能够得到合理利用和公平分配。

2. 规范公共行动

公共政策是社会公共权威为了实现一定的目标而制定的行动方案和行为依据。由于社会生活的多样性以及人们之间的利益关系的复杂性,现实生活中人们的社会行为是多指向性的,甚至是相互冲突的。因此,要使这些"无数个力的平行四边形"变成一种"合力",就需要有种种行为规范来约束人们的社会行为,并且将各种社会行为纳入到统一的、明确的目标上来。而公共政策正是承担了这方面的功能,它首先对其标的团体(target groups)产生行为约束作用。任何公共政策的制定都是具有指向性的,其所指向的客体,无论是团体

---

① [英]拉尔夫·达伦多夫:《现代社会冲突》,林荣远译,中国社会科学出版社2000年版,第38页。

还是个体,都是公共政策直接作用的对象。例如,经济政策规范经济主体的经济行为方式以及相互之间的经济关系;计划生育政策对于已婚育龄夫妇的约束作用;环境保护政策对排污企业的限制作用,等等。

其次,公共政策对于广大社会成员都具有行为导向作用。这方面的功能体现了公共政策对于社会生活的积极干预,即通过公共政策目标的确立,统一社会成员的价值观念,规范社会行为的方向。公共政策作为对社会组织和个人行为的规范和指导,其功能是多方面的。主要的功能有导向功能和调控功能。所谓导向功能是指公共政策在引导人们的行为方式和事物发展的方向等方面的作用。公共政策的制定往往是为了解决某些政策问题或者实现某种社会公共目标。

公共政策的协调功能既可以在社会常态运行下表现出来,也可以在社会的非常态运行下表现出来。在社会常态运行时,由于社会经济、政治、文化环境的变化,会导致社会现象、社会过程的变动,从而产生利益矛盾,甚至会出现利益冲突。公共政策的作用就是对这些在一定范围内产生的利益矛盾、冲突加以缓解、协调,使之趋于和谐。在社会非常态运行时,即社会处于急剧变迁、较大转型的时期,公共政策的作用还在于重新调整和规范人们之间的行为和行为关系,以保证新的体制、制度和模式的建立和有序运行。

在我国,党和政府不但在公共政策的制定和实施等方面发挥着主要作用,而且在政治与经济改革和社会发展等重大决策和方案设计等方面也起着主导作用。在这种情况下,公共政策的研究较多注重公共政策如何很好地体现党和政府的既定目标,如何有效地指导和规范社会行为等方面。[①]党和政府制定与实施公共政策,正是针对社会利益矛盾而引发出来的社会公共问题去确立一定的行为准则,凭借这些准则规范和指导人们的行为,协调各种利益关系,从而改变社会的人力、物力、财力等资源在空间的分布与时间流动上的配置,对社会过程的发展方向、速度、规模进行约束,使社会生活中基于利益的、复杂的、相互冲突的行为被有效地纳入到统一的轨道上来,保证社会形成合理的秩序,促进既定公共目标的实现。

3. 解决公共问题

公共政策具有"问题取向性"(problem-oriented)。公共政策的制定与执

---

① 徐湘林:《面向二十一世纪的中国政策科学》,载《北京大学学报(哲学社会科学版)》2000第4期。

行,其直接目的在于解决社会问题。所谓社会问题,是指由于社会结构或社会关系失调,导致社会全体或部分社会成员的正常社会生活和社会进步发生障碍,并且需要依靠社会力量加以解决的问题。社会问题不同于个人问题或个人烦恼,也不同于社会生活中的局部问题,而是社会的公共问题。其公共性在于该问题影响的广泛性,阻碍了大多数人的社会生活,影响了社会的发展和进步,引起了社会成员的广泛关注。对于这样的公共问题,仅仅依靠个别部门或社会的局部力量是无法解决的,必须要基于公共权力制定社会的公共政策,发挥社会各方面力量,通力协作,综合治理,才能有效地加以解决。

民众的自主性固然是民主社会强调的特质,但是社会整体性与长期性的发展更是众人关切的焦点。因此,如何解决社会问题才是研究社会问题的真正目的。人类针对社会问题进行社会改良工程大概是从 19 世纪中叶开始的。当时的欧洲社会受到工业革命与资本主义盛行的影响,出现了资本家与劳工阶级,资本家统制生产工具与分配权力,不断累积财富,而成为社会的第一阶级,劳工则沦为资本家支配的无产阶级,双方因利益冲突而逐渐形成对立的关系,致使劳工生活陷入贫穷与艰困。劳工问题遂成为当时工业国家致力解决的社会问题。

1873 年德国学者古斯塔夫·冯·施默勒(Gustav von Schmoller,1838—1917)、瓦格那(Adolph Wagner,1835—1917)与布尔塔诺等人成立德国社会政策学会,建议政府以制定社会政策取代社会革命的方式来解决社会问题,从事社会改良,得到当时德国政府与大多数民众的支持。德国的劳资问题与劳资关系因而获得改善并建立积极的合作模式,也成为日后其他国家借鉴的对象。

社会政策(social policy)就是指政府等社会公共权威在一定历史时期下为实现社会目标、解决社会问题而制定或者选择的行动方案和行为准则。它具体地表现为一系列的法令、策略、条例、措施等。社会政策具有阶级性、目标指向性、强制性和相对稳定性等特征。社会政策作为国家政策,是以人为本的,以提高生活水平和生活质量为目标、以公正为价值取向的。社会政策产生的根本原因即在于保护弱势群体、解决社会问题、缓解社会矛盾,从而推动经济、社会的发展,促进社会稳定和社会整合。英国学者霍华德·格伦内斯特(Howard Glennerster)认为,社会政策研究对经济学、社会学及政治学兼收并蓄,试图理解社会所选择的满足人类基本需求的各种方式。学者这样做不仅出于学术研究的兴趣,而且意在改善最不幸者的境遇。①

对于民主国家而言,社会问题与社会政策具有相互依存的关系,社会政策透过资源再分配的方式减轻、解决或预防社会问题,而社会政策的主题与内容也会因应社会问题的变化而修改或消失。可以举一些例子来说明两者之间的对应关系(见表1-2所示):

表1-2 社会问题与社会政策

| 社会问题内涵 | 社会议题 | 相关政策 |
| --- | --- | --- |
| 收入低、住宅缺、食物乏 | 社会资源缺乏 | 社会救助政策、住房政策等 |
| 婚姻冲突、亲子关系紧张 | 家庭危机 | 儿童保护政策、人口政策、家庭教育政策 |
| 生理或精神疾病 | 各种身心残障 | 残障福利或保健政策 |
| 缺乏自由与人权、社会与种族歧视、性别歧视、宗教歧视 | 个人权利侵害 | 种族平等政策、两性平等政策等 |
| 失业、教育资源不公平或不充足等 | 机会剥夺 | 教育政策、就业训练、失业保险、劳工保障等 |

\* 此表根据李钦涌《社会政策分析》,57页,图3-1修改而成。②

由于社会问题是因集体生活而产生的,因此也必须透过集体力量才能够解决,现代法治社会大多以制定社会政策的方式来解决社会问题。当代中国社会发展过程中形成的优质资源正在被强势群体、富裕群体所拥有,而弱势群体、穷人正在失去享有社会发展成果的机会,至少失去享有社会发展成果的几率在增大。这些现象表明,来自社会发展过程中的公共性诉求正在被忽视。换句话说,社会正在放大强势群体的诉求而忽视弱势群体的诉求。③

4. 实现公共目标

公共政策是政府或社会公共权威的一种选择性行为,它首先是社会阶

---

① [英]霍华德·格伦内斯特:《英国社会政策论文集》,苗正民译,商务印书馆2003年版"中文版序",第1页。
② 李钦涌著:《社会政策分析》,台北巨流出版公司,第81—258页。
③ 袁祖社:《"公共性"的价值信念及其文化理想》,载《中国人民大学学报》2007年第1期。

级、社会阶层以及团体或群体利益的表达与实现。但是同时,公共政策又服务于社会的总体发展目标,致力于实现公共利益。当然,在现实生活中,公共利益往往难以界定。在何谓公共利益这个问题上,似乎永远也无法形成广泛的共识。人们甚至认为,公共利益如同一个空盒,每个人都可以将自己的理解装入其中,而且随着时间和场合的不同而变化。正如黛博拉·A.斯通所指出的:"公共利益是大多数人在某个时候所想要的东西,因而它是随时间的变化而变化的。"[1]公共政策通过公平、合理地分配社会公共资源、协调社会利益关系,通过约束、规范人们的社会行为和组织行为,通过解决种种社会公共问题,追求社会的公平与效率,进而致力于实现公共目标,追寻公共利益。美国政策学者斯图亚特·S.那格尔(Stuart S. Nagel,1934—2001)认为:效能、效率和公平的'三E'传统目标"应该通过高层次目标的'三P'——公共参与、可预测性和程序化的正当过程——来进行平衡。公共参与指目标群体、普通公众和其他相关的利益集团作出决策;可预测性涉及到决策问题,其他人通过同一标准也能够作出相类似的决策;程序的正当过程或程序公正意味着那些受到了不公正待遇的人有求助于其他申诉渠道的权利。[2]托马斯·R.戴伊曾指出:"政策不仅会产生改变社会状况的效果,它们还能帮助将人们团结起来,维持一个稳定有序的状态。"[3]所以,公共政策的最终功能在于努力实现社会公平与效率的价值目标,维护公共利益,促进社会发展。

首先,通过政策调查和政策问题搜寻机制,敏锐地把握社会发展过程中存在的种种问题。政策问题是有待实现的价值、需要和发展机会,它不管是怎样被确定的,都可以通过公共行为实现。台湾学者林水波、张世贤在他们所著的《公共政策》一书中认为:"所谓政策问题,乃是在一个社群中,大多数人觉察到或关心到的一种情况,与他们所持有的价值、规范或利益冲突时,便产生一种需要、受剥夺或不满足的感觉,于是通过团体的活动,向权威当局提出,而权威当局认为所提出的属其权限范围内的事务,具有采取行动、加以解

---

[1] Stone, Deborah A. 2002. *Policy Paradox: The Art of Political Decision Making*. New York: W. W. Norton. p.21.
[2] Nagel, Stuart S. 1990. "Conflicting Evaluations of Policy Studies." in Naomi B. Lynn and Aaron Wildavsky, eds. *Public Administration: The State of the Discipline*. Chatham, N.J.: Chatham House Publishers. p.429.
[3] [美]托马斯·R.戴伊:《理解公共政策》,彭勃等译,华夏出版社2004年版,第283页。

决的必要者。"①政策问题的界定是公共政策运行过程的起点;政策问题建构的正确与否决定了政策的成败;而针对重大公共政策问题进行早期预警研究(early warning system)等,更是公共政策研究推动社会发展所面临的重大挑战。

其次,通过政策分析和政策研究,针对政策问题设计出处理和解决政策问题的各种政策方案。改革开放以来,经济改革和社会发展刺激了中国知识精英从事政策研究和政策分析的极大热情。这些知识精英大多数具有某一领域的专业知识,并在相关政府部门的政策研究机构工作,比其他人有更多的便利和特权接触政府内部的政策信息,因此对相关的政策和政策问题的来龙去脉十分熟悉。他们的研究一般注重对某项具体政策或政策问题的深入研究,他们在注重理论和方法论同时,更加重视对实际政策问题的研究;在研究方法上包括定性分析(qualitative analysis)和定量分析(quantitative analysis),但是,定性分析的使用远多于定量分析的使用。研究成果多表现为政策问题的分析报告,政策方案规划和政策建议,政策内容的注释,以及政策历史演进的阐述和分析。他们的研究成果对政府相关部门的政策制定有一定的影响。

最后,通过公共政策的执行,致力于具体解决社会公共问题,实现公共目标。政策执行是在公共政策方案被采纳后,通过具体的政策实施将政策内容转变为现实的过程,所以,它是政策过程的实践环节,是将政策目标转化为政策现实的唯一途径。而政策监控和政策评估的目的则在于,通过对政策过程和结果的观察和分析,评价公共政策解决公共问题和实现公共目标的程度,以及政策运行过程中存在的问题。一旦发现问题,政策决策者和决策部门就会及时采取措施,进行政策调整,甚至终结该项政策而以新政策取而代之,以更好地解决政策问题,实现政策目标,从而促进社会发展,维护公共利益,推动社会进步。

---

① 林水波、张世贤:《公共政策》,台北五南图书出版公司1995年版,第72页。

# 第二章　政策问题及其构建路径研究

政策科学从一开始就是问题导向的。拉斯韦尔在《政策取向》(Policy Orientation)一文中指出，问题态度是政策取向的一个重要特征，"源于创造性想象力的行动会为历史进程引入全新的、成功的政策，这是极具重要性的。成功的理念并不能事先得到保证。但问题态度是可以被培养的，正是由于这种态度，思想者更有可能如同妇产医院一般行为，从而产生有望成功的历史性政策建议"。[①] 但是，以往关于政策形成的研究，通常不太关注问题、公共问题以及政策问题的性质。它们被认为是既定的，是分析的出发点。"然而，如果政策分析不考虑那些促进政府作为以及政策所指向问题的不同维度，那么这样的政策分析就是不完整的。"[②] 其实，在公共政策制定过程中，政策问题构建是一项重要而又复杂的工作。一个社会问题上升到公共政策问题一般需要具备三个条件：一是该问题已经被社会大多数人所感知和察觉；二是该问题使人们感到有强烈的改变现状的需求；三是该问题必须由有关政府组织采取相应的行动来加以解决。从这个意义上说，公共政策问题是指已经被社会上大多数人所感知、察觉甚至搜寻到的问题情势、引起社会广泛关注和热议，并且经过政策分析人员陈述而由政府或其他公共权威机构认定，认为应该而且可以制定适当的公共政策加以解决的问题。这一从问题感知或问题察觉到问题认定的演变过程就是政策问题构建过程，也是真实权力得以体现的过程。通过公共政策问题构建来分析政策过程的视角，对理解政策过程、政策变迁和政策分析等方面都具有重要的理论价值和现实意义。

---

① Lerner, Daniel & Harold D. Lasswell, eds. 1951. *The Policy Science: Recent Development in Scope and Method*. Stanford, C.A.: Stanford University Press. p. 12.

② Anderson, James E. 1984. *Public Policy-Making*, 3rd ed. Orlando, Florida: Holt, Rinehart and Winston, Inc. p. 44.

## 一、作为公共政策客体的政策问题

人类社会总会产生这样或那样的失调现象,并由此带来各种不同类型的社会问题。但正如美国公共政策学者查尔斯·O. 琼斯(Charles O. Jones)所指出的,并非所有的问题都能成为公共问题;也不是所有的公共问题都能成为议题;同样,也不是所有的议题都能获得政府作为(government action)而成为政策问题。① 从一般意义上说,政策问题是社会生活中人们所感知和察觉到的"矛盾和不一致",是通过公共活动能够实现的未实现的需要、价值或改进的机会。②

1. 理解政策问题

问题是客观存在的不足与主观认定的需求两者的统一。客观存在的不足是指行为加价值的实际系统状态同价值加规范的应有系统状态之间发生的差距。③ 社会生活中存在着大量的问题,其中有些是个人烦恼(personal puzzles)或私人问题(private problems);另一些则是公共问题(public problems)。美国著名哲学家约翰·杜威(John Dewey,1859—1952)认为,人们行为的后果可分为两类:"一类对参与互动者有直接的影响(those which affect the persons directly engaged in a transaction),另一类则除了对直接有关者有所影响外,还影响其他人(and those which affect others beyond those immediately concerned)。在这种分类上,我们可以找到区分公共问题和私人问题的方法。"④根据杜威的观点,私人问题是影响比较有限的问题,如个人经济危机、人际关系紧张、家庭生活矛盾等;公共问题则是会产生普遍影响(broad effect)的问题,如环境污染、人口爆炸、分配不公、失业增加、能源危机、核威胁等。

显然,公共问题中有多数问题属于社会问题。社会问题是社会学中的一个概念,社会学家对其有多种多样的解释和界定。对社会问题最简洁的定义莫过于美国社会学家赖特·米尔斯(C. Wright Mills)的论述,他指出,个人

---

① Jones, Charles O. 1977. *An Introduction to the Study of Public Policy*, 2nd ed. Belmont, C. A.: Wadsworth Publishing Company. p. 15.

② Dery, David. 1984. *Problem Definition in Policy Analysis*. Lawrence, K. S.: University Press of Kansas. pp. 21—27.

③ 林德金:《政策研究方法论》,延边大学出版社 1989 年版。

④ John Dewey. 1927. *The Public and Its Problems*. Denver: Alan Swallow. p. 12.

困扰产生于个体的性格之中,产生于他与别人的直接联系之中,这些困扰与他自身有关,也与他个人所直接了解的有限的社会生活范围有关。社会问题也即公众的问题,即不是个人的困扰,而是社会中许多人遇到的公共麻烦。当一座10万人口的城市只有一个人失业时,那么这是他的个人困扰,但是如果一个有5,000万雇佣大军的国家,却有1,500万人失业,这就该是公众论题。他在定义社会问题时这样写道:"社会的公众问题常常包含着制度上、结构上的危机,也常常包含着马克思所说的'矛盾'和'斗争'。"[1]美国社会学家乔恩·谢泼德(Jon M. Shepard)和哈文·沃斯(Harwin Voss)在《美国社会问题》一书中认为:"一个社会大部分成员和社会一部分有影响的人物认为不理想、不可取,因而需要社会给予关注并设法加以改变的那些社会情况即为社会问题。"[2]

但是,并不是所有的问题都会成为公共问题;并不是所有的公共问题都会成为议题;也并不是所有的议题都会成为使政府采取行动的公共政策问题。其中能够进入政府考虑范围而成为公共政策问题的,只是其中的一小部分。因为只有那些促使人们去行动的问题才是政策问题。也就是说,公共政策起源于公共问题的出现,但是如果公共问题没有得到表达,就不可能构成政策问题。从这个意义上说,政策问题(policy problems)是公共政策分析的逻辑起点。

那么什么是政策问题呢? 美国公共决策学者詹姆斯·E. 安德森(James E. Anderson)认为,政策问题可以定义为某种条件或环境,这种条件和环境引起社会上某一部分人的需要或不满足,并为此寻求援助或补偿(a condition or situation that produces needs or dissatisfactions on the part of people for which relief or redress is sought)[3]。而在查尔斯·O. 琼斯看来,社会问题可以定义为产生"一些人的需要、挫折或不满足,由本人所认定,或被他人所认定,而寻求解决方法"的环境或状况。[4] 美国公共政策分析学者威廉·N. 邓

---

[1] Mills, C. Wright. 1959. *The Sociological Imagination*. New York: Oxford University Press. pp. 8—9.

[2] [美]乔恩·谢泼德、哈文·沃斯:《美国社会问题》,乔寿宁、刘云霞译,山西人民出版社1987年版,第93页。

[3] James E. Anderson. 1984. *Public Policy-Making*, 3rd ed. Orlando, Florida: Holt, Rinehart and Winston, Inc. pp. 44—45.

[4] Jones, Charles O. 1977. *An Introduction to the Study of Public Policy*, 2nd ed. Mass.: Duxbery. pp. 15—19.

恩(William N. Dunn)认为,政策问题(policy problems)是指:"有待实现的需要、价值或机会,不论其是怎样实现的,都可以通过公共行为实现。"①我国台湾学者林水波、张世贤在他们所著的《公共政策》一书中认为:"所谓政策问题,乃是在一个社群中,大多数人觉察到或关心到的一种情况,与他们所持有的价值、规范或利益冲突时,便产生一种需要、受剥夺或不满足的感觉,于是通过团体的活动,向权威当局提出,而权威当局认为所提出的属其权限范围内的事务,具有采取行动、加以解决的必要者。"②

综上所述,公共政策问题就是人们在社会生活中为实现一定的利益诉求和价值追求而经过一定的渠道和途径反映到政府部门,需要通过制定和执行某项政策才能加以解决的一种客观的社会状况。

2. 政策问题的基本属性

准确理解政策问题的含义,还需要从以下几个方面进一步把握公共政策问题的基本属性:①政策问题的客观性。在被定义为政策问题的社会状况中,客观存在性是首要特征和基本属性。客观的情境也是构成政策问题的前提条件。政策问题一定是一个已经发生或已经存在的问题,并且是对社会相当一部分成员的社会生活包括其利益、生存、发展条件和价值规范甚至是社会运行机制产生影响的问题。如一定的失业率(unemployment rate)、基尼系数(Gini Coefficient)较高的社会分配不均、严重的环境污染等。主观臆断的公共问题不能成为真实的政策问题。②政策问题的主观性。政策问题是在一定程度上能够被一定范围内或相当一部分的社会成员所感知和觉察到的状况,是由于价值、规范和利益冲突引起的且需要加以解决的状况。因此,人的价值判断起着一种非常重要的作用。威廉·N.邓恩(William N. Dunn)认为,"产生问题的外部条件是被有选择地确定、分类、解释和评估的。尽管我们可以看到问题是客观的——例如空气污染可按空气里的废气和颗粒物的含量等级来确定——但有关污染的同样数据可以用不同的方式得出大相径庭的解释"③。一种社会状况构成社会问题或政策问题与否,问题的严重性程度如何是与人的主观判断密切相关的。美国公共政策分析学者罗杰·W.科

---

① [美]威廉·N.邓恩:《公共政策分析导论》,谢明等译,中国人民大学出版社2002年版,第94页。

② 林水波、张世贤:《公共政策》,台北五南图书出版公司1995年版,第72页。

③ [美]威廉·N.邓恩:《公共政策分析导论》,谢明等译,中国人民大学出版社2002年版,第159页。

布(Roger W. Cobb)等人也认为,"一个公共问题要列入政策议程,必须有相当充分的社区成员认为这个问题是属于政府适当管辖权之内的事务"①。由此可见,社会问题以及政策问题不仅仅是一种客观的存在状况,而且也是人们主观构造的产物。③政策问题的依存性。某一领域的政策问题往往会影响到其他领域的政策问题,如教育问题会影响就业问题、贫困问题和科技问题等。根据美国学者拉塞尔·L.阿克奥夫(Russell L. Ackoff)的观点,现实中的政策问题并非独立的实体,它们都是被最恰当地称之为"馄饨"的整个问题系统的组成部分,即在社会的不同地方产生不满的外部条件的系统。②辩证唯物主义关于客观世界的普遍联系与辩证发展规律告诉我们,对任何社会现象和社会问题都不能孤立地看待,而要注意从这些现象和问题与其他现象和问题的相互联系中去把握、去认识。④政策问题的动态性。公共政策问题的动态性首先是指政策问题的形成有一个时间发展过程。同时,政策问题被人们感知和认定需要一定的时间和认识过程。此外,政策问题的存在与解决也具有一定的时效性。

3. 政策问题的类型

公共政策问题数目庞大、种类繁多,而且各种问题相互交织在一起,因此,如何加以分类也是一个值得注意的问题。

美国政治学家西奥多·J.罗威(Theodore J. Lowi,1931—)根据受问题影响的人数多少及其相互关系,将问题分为分配性的(distributive)、规制性的(regulative)和再分配性的(redistributive)三种。分配性问题只与少数人相关,可以逐个处理(Distributive problems involve small numbers of people and can be treated one by one);规制性问题要求对他人的行动进行限制和制约(Regulative problems produce demands for the restriction or limitation of the action of others);再分配性问题要求在社会中主要集团或阶级中进行资源转移(Redistributive problems are those that call for the transfer of resources among large groups, or classes, in society)。那些把收入不平等界定为公共问题的人,要求实行累进所得税制和其他能使资源从所有者向非所有者转移的公共政策(Those who define income inequality as a public

---

① Roger W. Cobb, Ross J. K. and Ross M. H. Agenda-Building as a Comparative Political Process. *American Political Science Review*, Vol. 70(March 1976):127.

② Russell L. Ackoff. 1974. *Redesigning the Future: A System Approach to Societal Problems*. New York: Wiley. p.21.

problem often demand graduated income taxes and other public policies intended to transfer resources from the haves to the have-nots)。人们所提出的关于解决再分配性问题的政策通常很容易引起冲突,并常常会牵涉到阶级冲突和诸如此类的斗争(Proposed policies to deal with redistribution problems are customarily highly productive of conflict and tend to involve class conflict or something akin thereto)。①

美国公共政策分析学者威廉·N.邓恩(William N. Dunn)按问题的特性,将政策问题分为三类,即结构良好问题(well-structured problems)、结构适中问题(moderately-structured problems)和结构不良问题(Ill-structured problems)(如表 2-1 所示)。②

表 2-1 政策问题的结构

| 要素(Element) | 问题的结构(Structure of Problems) | | |
|---|---|---|---|
| | 结构良好<br>(Well Structured) | 结构适中<br>(Moderately Structured) | 结构不良<br>(Ill Structured) |
| 决策者<br>(Decision makers) | 一位或数位<br>(One or few) | 一位或数位<br>(One or few) | 许多<br>(Many) |
| 备选方案<br>(Alternatives) | 有限<br>(Limited) | 有限<br>(Limited) | 无限<br>(Unlimited) |
| 效用(价值)<br>Utilities (Values) | 一致<br>(Consensus) | 一致<br>(Consensus) | 冲突<br>(Conflict) |
| 结果<br>(Outcomes) | 确定性或风险<br>(Certainty or risk) | 不确定<br>(Uncertainty) | 未知<br>(Unknown) |
| 概率<br>(Probabilities) | 可计算<br>(Calculable) | 不可计算<br>(Incalculable) | 不可计算<br>(Incalculable) |

有的学者把社会问题或政策问题划分为实质性问题(substantive problems)和程序性问题(procedural problems)两种。程序性问题则与政府如何组织和如何采取行动有关(Procedural problems relate to how government is organized, and how it conducts its operations and activities);实质性问题涉及人类活动所产生的实际后果(如言论自由、废旧汽车交易或

---

① Lowi, Theodore J. 1964. American Business, Public Policy, Case Study and Political Theory. *World Politicas*, 16:667—715.
② [美]威廉·N.邓恩:《公共政策分析导论》,谢明等译,中国人民大学出版社 2002 年版,第 163 页。

环境污染等)。

查尔斯·O.琼斯(Charles O. Jones)将公共政策问题按问题的实质内容划分为外交问题(foreign problems)、国防问题(defense problems)和内政问题(domestic problems)三类:

外交问题包括国家与国家之间的关系,个别的或者联盟的(Relations with nations, individually and in alliances)、对其他国家的经济援助(Economic assistance to other nations);

国防问题:美国军事(U. S. forces)、对其他国家的军事援助(Security assistance to other nations);

内政问题:人力资源(Human resources)包括卫生(health)、教育(education)、福利(welfare)、职业训练(job training);物理的和自然资源(Physical and natural resources)包括环境(environment)、能源(energy)、交通(transportation)、住房(housing)、农业(agriculture)、科学(science);公民权(civil rights);社会控制包括加强法制、药物控制和社区支持等(Social control including law enforcement, drug control and community support);经济控制(economic control);政府组织(government organization);税收(taxation)、对州和地方政府的资金援助(financial assistance to state-local governments)。①

概括说来,可以按社会生活领域的不同将政策问题分为政治、经济、社会(狭义)和文化等领域的问题,即:①政治领域问题,包括政治体制、机构、外交、军事、行政、民族、阶级阶层等方面的问题;②经济领域问题,如生产、流通、分配、消费等生产过程各环节的问题,或财税金融、产业、分配、劳动就业等方面的问题;③社会领域问题,如环保、人口、治安、福利、保障等方面的问题;④文化领域的问题,包括科学技术、文化教育、体育卫生等方面的问题。解决不同领域的政策问题,需要制定相应的公共政策。

## 二、政策问题构建:公共政策分析的逻辑起点

卡尔·波普尔(Karl Popper)曾断言,"科学和知识的增长永远始于问题,

---

① Jones, Charles O. 1977. *An Introduction to the Study of Public Policy*, 2nd ed. Mass.: Duxbery. pp.19-20.

终于问题——愈来愈深化的问题,愈来愈能启发新问题的问题"①。所谓问题,如上文所述及,就是"矛盾和不一致",哪里有没有解决的矛盾,哪里就有问题。科学家的任务总是通过提出解决这种问题的理论,以求得这个问题的解决。公共政策分析则是对政策主体为解决社会公共问题而设计并制定政策及其实施效果的专门研究,并致力于改善和提高委托人解决实际问题的政策能力。无论是简单的、断续的,或是战略层次上的政策分析②,实际上都是针对政策问题的研究。

首先,政策问题构建是公共政策过程的首要环节和政策分析的逻辑起点。从政策过程论的观点来看,公共政策的运行包括政策制定、政策执行、政策评价、政策调整、政策终结等功能环节。公共政策制定则是公共政策全部过程的起始阶段,其首要的任务就是将特定的社会问题界定为政策问题并进而列入政策议程。美国公共政策学者保罗·A.萨巴蒂尔认为,公共政策的制定包括如下几个过程:界定问题,并提交给政府,由政府寻求解决的途径;政府组织形成若干备选方案,并选择政策方案;方案得以实施、评估和修正。③至于如何界定政策问题,则不仅需要广泛收集信息和征求民意,同样需要科学的政策分析。也就是说,政策问题的建构和界定既是公共政策过程的首要环节,也是政策分析的逻辑起点和首要任务。解决问题固然是政策分析方法论的关键目标,正如爱德华·S.奎德(Edward S. Quade)所认为的,从广义上说,政策分析是应用研究的一种形式,用来获得对社会技术问题的更深刻理解,并提出更好的解决办法。政策分析者试图利用现代科学技术去解决社会问题,探寻可行的行动路线,产生信息,整理排列出利好证据及采纳和执行后的可能结果,以帮助政策制定者选择最有优势的行动方案。④ 但是,在政策分析中同样重要甚至更为关键的是对问题进行识别、阐释和界定。

其次,政策问题构建决定了政策过程的发展方向。诚然,发现问题

---

① [英]卡尔·R.波普尔(Karl Raimund Popper):《猜想与反驳》,傅季重等译,上海译文出版社1986年版,第318页。

② Lindblom, C. E. 1959. The Science of Muddling Through. *Public Administration Review*, Vol. 19 (2):79—88. Also see Charles E. Lindblom. Policy Analysis. *American Economic Review*, 48 (June 1958):298—312.

③ Sabatier, Paul A., ed. 1999. *Theories of the Policy Process*. Boulder, C.O.: Westview Press. p. 3.

④ Quade, Edward S. 1982. *Analysis for Public Decisions*, 2nd ed. New York: North Holland. p. 5.

(problem finding)本质上是一个概念和理论上的活动,它首要考虑的是问题的本质,而不是很关心选择那些有利于解决问题的行动方案。[1] 但是,众所周知,有什么问题,就有什么样的解决办法。政策问题构建具有主观性和人为性的特点,它是对人们察觉的或体验的问题进行人为的确认。一种社会现象之所以成为政策问题,最终还要取决于人们的主观认定,从这个意义上说,政策问题是人们主观判断的产物。对于同一个政策问题,不同的人有不同的界定方法,因而也就有不同的解决方案。同时,由于政策问题的识别与建构包括确立所设计问题和议题的界限,确定分析议题和政策发挥功能的背景,阐明可能采取的行动路线的限制,并且识别政策影响到的目标群体。[2] 这就是说,对政策问题的分析和判断启动并且决定了随后的政策方案设计和选择,进而决定了公共政策的制定和执行。正如邓恩所指出的,正确建构政策问题"有助于发现隐含的假设、判断成因、勾画可能的目标综合冲突的观点以及设计新的政策选择方案"[3]。美国政策学者艾伦·B. 韦尔达夫斯基(Aaron B. Wildavsky)认为,政策分析的创造力存在于发现问题且知道应该和能够做什么。[4] 他还强调说,解决问题的办法部分地来源于问题的界定。戴维·J. 休斯顿与利里亚德·E. 理查德森(David J. Houston and Lilliard E. Richardson Jr.)则认为:"问题界定对于政策理论的重要性在于两个方面:其一是它们影响到哪些议题将会上升到公共议程上,问题界定提供了一个框架,通过这一框架,一些社会情形被感知为是有问题的,并且需要政府作为。所以,政府官员积极考虑的那些议题部分地解释了正是问题界定的成功使其在一个拥挤不堪的议程表上获得了关注。其二是问题界定观点能够帮助解

---

[1] Dunn, William N. 1994. *Public Policy Analysis: An Introduction*, 2nd ed. Englewood Cliffs, N.J.: Prentice-Hall. p. 81.

[2] Walker, Warren E. 2000. Policy Analysis: A Systematic Approach to Supporting Policymaking in the Public Sector. *Journal of Multi-Criteria Decision Analysis*, 9:11—27.

[3] Dunn, William N. 1994. *Public Policy Analysis: An Introduction*, 2nd ed. Englewood Cliffs, N.J.: Prentice-Hall. p. 17.

[4] Wildavsky, Aaron B. 1978. *Speaking Truth to Power: The Art and Craft of Policy Analysis*. Boston: Little, Brown. p. 3.

释政策过程的结果。"① 确实,作为一种政治话语,问题界定的功能既是解释、描述、建议,同时也是更重要的说服。② 政策分析中的问题构建在政策制定过程中并不只是简单的问题描述、理论解释和政策建议,而且发挥着积极的说服影响作用和规范的功能。

第三,政策问题构建的正确与否决定了政策执行的成败。构建公共政策问题不仅是整个公共政策过程的首要环节,而且在公共政策过程中起着决定性作用。因为准确的政策问题界定有助于找出产生问题的原因和多种可能的演变方向,进而综合各种利益要求,拟定政策制定所要达到的目标。公共政策制定实质上就是政府决策系统对已经界定的政策问题采取行动的过程。而政策问题的正确建构则是政策行动获得成功的前提和条件。在公共政策制定过程中,最为致命的错误就是为解决一个错误的问题进行政策决策,因为这不仅必然要浪费许多宝贵的精力、智力、时间和其他政策资源,而且这种浪费又是以将真正的政策问题搁置起来不予处理为代价的。拉塞尔·L. 阿克奥夫(Russell Lincoln Ackoff,1919—2009)曾指出:"我们经历的失败常常更多的是因为解决了错误的问题,而不是我们为真正的问题找到了错误的解决方案。"③ 威廉·N. 邓恩(William N. Dunn)也曾感叹:"选择'正确'的政策备择方案解决'错误'的政策问题,这是政策分析中最大的危险。"他强调指出,在政策分析中,对问题的建构优先于对问题的解决。④ 找准了政策问题等于完成了一大半的政策制定工作。

从科学发现的逻辑上讲,一种理论对科学知识增长所能作出的最持久的贡献,就是它所提出的新问题。同样,在政策分析和政策研究中,最关键的工作就在于准确构建政策问题。

---

① Houston, David J. & Lilliard E. Richardson, Jr. 2000. The Politics of Air Bag Safety: A Competition Among Problem Definition. *Policy Studies Journal*, Vol. 28, No. 3:485—501.

② Rochefort, D. A. & Cobb, R. W. 1994. Problem Definition: An Emerging Perspective, in D. A. Rochefort & R. W. Cobb, eds. *The Politics of Problem Definition: Shaping the Policy Agenda*. Lawrence, K. S.: University Press of Kansas. p. 15.

③ Ackoff, Russell L. 1974. *Redesigning the Future: A Systems Approach to Societal Problems*. New York: John Wiley & Sons, Inc. p. 8.

④ Dunn, William N. 1994. *Public Policy Analysis: An Introduction*, 2nd ed. Englewood Cliffs, N. J.: Prentice-Hall. p. 81, p. 148.

## 三、公共政策问题构建的多维理论视角分析

公共政策问题总是复杂的、相互依存的,既是客观存在的,同时也具有主观认定的特性和动态性。很少有纯粹是经济的、技术的或政治的政策问题。阿克奥夫称政策问题为"乱糟糟的一团"(a mess),很难把它们分成独立的部分加以解决。对于政治学、公共管理学以及其他相关学科来说,结构优良的问题(well-structured problems)和结构适度的问题(moderately-structured problems)很少出现在复杂的政府环境中。相反,很多重要的政策问题都是结构不良的问题(ill-structured problems)。因此,只有从多学科角度出发,运用多维理论视角,才能对其进行全方位的考察和分析。

1. 制度主义理论视角

在公共政策的制度主义视角中,政治活动一般围绕着一些特定的制度展开——例如国会、总统、法院、官僚体系以及州、市政府等等。[①] 政府作为社会权威部门的代表,对社会公共问题的态度往往具有很大的权威性和强大的影响力。因此,某一特定的公共问题能否成为政策问题并纳入政策议程进而得到有效地解决,与政府态度积极与否有很大的关系。查尔斯·O.琼斯认为,在不同的政治体制中,政策问题的确认有着不同的特征。在民主体制中,问题的识别与确认更倾向于是"主观的";而在专制体制中,则是更加"客观的"。[②] "客观的"途径力图利用科学方法界定问题事件对民众的影响,几乎不考虑民众对于问题事件的解释;而"主观的"途径更加依靠受问题事件影响的民众来解释其需求。

2. 理性主义理论视角

理性主义(Rationalism)是建立在承认人的推理可以作为知识来源的理论基础上的。理性则是指能够识别、判断、评估实际理由以及使人的行为符合特定目的等方面的智能。理性通过论点与具有说服力的论据发现真理,通过符合逻辑的推理而非依靠表象而获得结论、意见和行动的理由。在政策问题构建中,广博理性模型强调用最佳的手段、完整的信息,并通过规范的程序

---

① Dye, Thomas R. 2002. *Understanding Public Policy*, 10th ed. Englewood Cliffs, N. J.: Prentice-Hall. p. 11.

② Jones, Charles O. 1977. *An Introduction to the Study of Public Policy*, 2nd ed. Belmont, C. A.: Wadsworth Publishing Company. pp. 17—18.

来达成理性的政策问题界定和决策。① 然而在实际生活中,由于受到知识、能力、智慧、经验、资源、时空以及其他环境因素的限制,结构不良的问题(ill-structured problems)、"糟糕型"政策问题(wicked problems)日益凸显,而且各种问题具有相互依赖性与多层面的因果关系、价值差异明显、利害关系冲突,政策问题往往难以被理性地界定。事实上,正如托马斯·R.戴伊所认为的,理性主义模式面临如此多的障碍,以至于它很少真正在政府中成为现实。林德布洛姆对理性主义模式的批评,其中一个重要的方面就是指责其过于突出理性分析,强调决策的技术性特征,因而容易导致专家治国和加强政府集权,违背民主政治原则。

3. 精英主义理论视角

精英主义关注社会的权力结构及其特性。在政治理论上,精英主义反对大众民主,主张精英治国。在政治认知上,精英主义贬低理性的作用,推崇政治现实主义。精英主义政策模型的基本假设前提是:社会是分化的和分层的,分化的社会上存在着两大集团,即有权力的少数人和没有权力的多数人。前者是有组织的、自觉的团体,因而能够对社会价值进行分配,并能享受权力带来的好处;后者则是分散的、无意识的团体,因而只能服从权威的分配。在精英主义理论视角中,知识精英、财富精英特别是权力精英对政策问题构建过程实施干预和操控,因为"议题的确定本身就意味着权力"②。政治精英常常试图把政策问题的性质界定到符合或者有利于其政治意志和意识形态的方向上来。

4. 团体主义理论视角

针对精英主义理论模式对现代民主国家中公众政治参与的愿望与能力的忽视和低估,团体主义理论模式则提出,利益集团构成了现代民主政治的原动力和实质,团体之间的交互作用与交互影响是现代政治生活中最重要的事实,而公共政策正是在各种团体的目标或利益冲突中所达成的一种妥协和平衡状态。在特定社会条件下,各种不同的行为主体都受到社会问题的影响与制约,必然要从自身利益出发,依据一定的利益诉求、价值观念与行为规

---

① Rochefort, David A. & Roger W. Cobb. 1993. Problem Definition, Agenda Access, and Policy Choice. *Policy Studies Journal*, Vol. 21. No. 1.

② Schattschneider, E. E. 1960. *The Semi-sovereign People: A Realist's View of Democracy in America*. New York: Holt, Rinehart and Winston. p. 66.

范,表明自己对该问题的态度,从而造成了彼此间的合作、结盟或冲突。如果结盟成为压力团体联盟、议题网络(issue networks)①或政策网络(policy networks),或者如果冲突激烈到一定程度,就会引起政策当局的重视与行动,此时社会问题就被构建为政策问题。总之,传统意义上的政策问题构建机制由政府或权力精英所操控,其有效性取决于政府能力的强弱。现代政策问题构建机制的主体则相当广泛,除广义上的政府及其公务员外,还应包括公民、社区、利益团体、媒体和非政府组织等。

5. 社会建构主义视角

问题构建的逻辑实证主义(logical positivism)观点认为,问题的构建是一种发现,而不是一种创造或发明,公共问题是客观存在的现象。但是,社会建构主义的观点把社会问题定义为"群体表达不满和要求尊重某些一致认定的条件的活动"。社会问题不再是某种应该加以研究和改正的客观情境,毋宁说是一种诠释(hermeneutics)的过程。建构论强调,政策问题不是简单的既定事实,也不是现实状况的问题,它们乃是解释与社会性定义的情势。② 政策问题是人类主观判断的产物,政策问题的建构活动在立意及取向上是一种修辞、做出宣称的过程,亦即选用恰当词汇去定义某种特殊社会环境而给出名称的过程。诠释过程中往往融入了个人的价值偏好,具有价值导向。

6. 政策病理学视角

在对人类社会的研究中,社会病理学观点来自于有机体类比,关心的是社会的疾病或社会的病态,认为凡是妨碍正常社会机能的人们或情况皆可视为社会问题。布莱恩·W. 霍格伍德(Brian W. Hogwood)和B. 盖伊·彼得斯(B. Guy Peters)等学者进一步提出了"政策病理学"(policy pathology)的概念,并且认为,政府,像人一样,在其内部功能紊乱时也会面临各种不同类型的苦痛。但是,与医学病理学不同的是,关于公共政策制定的故障并没有公认的分类系统。在将政治体与人类有机体进行类比的基础上,公共政策的病理学视角将病理学的一些概念和思考方式应用于公共政策分析,特别是问题构建。正如医生通过望、闻、问、切和一些辅助手段给病人诊断疾病一样,

---

① Heclo, H. 1978. The Issue-network and the Executive Establishment, in A. King, ed. *The New American Political System*. American Enterprise Institute for Public Policy Research, Washington D. C.

② Cobb, R. W. & Elder, C. D. 1983. *Participation in American Polices: The Dynamics of Agenda Building*. Baltimore: Johns Hopkins University Press. p. 172.

公共政策分析人员也是通过调查研究和其他辅助手段诊断社会问题，进而识别、界定和构建政策问题。多数政策问题与一些疾病一样具有自我限制（self-limiting）的性质，即不会即刻危及病人的生命，但是，如果不逐步加以处理，日久天长，会日趋严重。① 同时，政策病理学的研究也认为，为错误的问题界定提出的正确解决方案，乃是"致命的治疗方法"。

## 四、公共政策问题构建的路径选择

问题情境是客观的，而问题的构建则是人类思维作用于社会环境的产物。如果没有准确的政策问题构建，就可能用正确的方法解决了错误的问题，最终导致政策失败。笔者认为，只有通过不断强化相关制度建设，切实推进信息公开、优化专家咨询和扩大公众参与，才能全面了解问题情势的实际情况和发展趋势，从而实现准确的政策问题构建。

1. 推进信息公开

社会生活中总是潜在着各种各样的问题，而对于问题情势（problem situation）的"感知"以及在问题感知和问题察觉基础上进行的问题搜寻（problem search），不仅需要政策主体的问题意识与问题态度，更依赖于制度化的信息公开。政策分析专家邓恩认为，政策问题构建提供有关政策问题相关条件的知识，"知道解决什么问题要求关于问题的前因方面的信息（例如辍学是失业的一个前因），也需要关于其实现有助于问题解决的价值方面的信息（例如，好的学校教育或充分就业）。提供关于政策问题的信息是政策分析最关键的任务，因为问题界定的方式决定着我们寻找和确定解决问题恰当方法的能力。在分析的这一阶段中，不充分信息或错误信息会导致致命的错误"②。如前文所述，理性主义视角的政策分析，需要完整的信息，这固然难以实现。但是，制度化、法律化的信息公开措施则是问题搜寻和问题界定的必要条件。因此，政策问题构建首先需要进一步强化信息公开制度，信息不对称是政府管理与市场运作存在的一大难题，也是公共政策问题搜寻机制的最大障碍。

从开放政府理论视角看，透明性（Transparency）是现代开放政府三个支

---

① Hogwood, Brian W. & Peters, B. Guy. 1985. *The Pathology of Public Policy*. Oxford: Clarendon Press. pp. 11—12.

② Dunn, William N. 1994. *Public Policy Analysis: An Introduction*, 2nd ed. Englewood Cliffs, N.J.: Prentice-Hall. p. 69.

柱之一。所谓透明性,一般是指使公众获得一个特定实体的业务和结构方面信息的原则,①政府透明性的对立面是暗箱操作。戴维·伊斯顿的政治系统理论认为,政府决策过程常常处在黑箱(black box)之中,②而政治系统的正常运转关键在于政府系统的开放性和政府决策过程的透明化。政府透明化的核心思想是各级政府掌握的公共信息向社会公开,实施"阳光法",即政府不再保持神秘感或神圣感,真正实现利益分配的公开化而不是传统的暗箱操作。开放政府的透明性要求政府有解释的责任,告知公民政府正在做什么,同时,政府也有责任通过合适的渠道及时发布信息,方便大众知晓和使用。政府改革与信息公开先进技术工具的结合,使人们再次强调民主政府应该开放、可及和透明。③

在开放政府建设的大背景下,需要切实建构起不断扩大的信息公开渠道,增强各级政府部门及公务人员主动采集和传递社会问题信息的意识和能力。

2. 优化专家咨询

在精英主义理论中,政策问题构建主要是"内在创始模式"的,即主要是由政府中的权力精英们确定有关社会公共生活的政策问题,圈定"重大事项"。然而,现代政府所面临的不是个别的、稳定的或反复出现的社会矛盾和问题,而是大量复杂的社会问题和矛盾。在此背景下,政策问题的构建必然出现"政治求助于科学,官员求助于学者"的局面,政府邀请专家对社会问题进行诊断,通过"望、闻、问、切"为社会问题把脉。为了推进专家咨询,各国甚至建立多种多样的政策研究组织即智库或思想库,来从事主要政策议题的研究工作。一些政策研究组织为中央政府工作,有些为立法机关工作,也有一些是为公众工作的,通过大众传播媒体发布其研究成果。④ 无论是民主体制或是专制体制的国家中,专家咨询都发挥了重要的作用。特别是民主体制国

---

① David Heald. 2006. Varieties of Transparency, in Christopher Hood and David Heald, eds. *Transparency: The Key to Better Governance?* Oxford: British Academy/Oxford University Press. pp. 23—45 at p. 26.

② Easton, D. 1965. *A Systems Analysis of Political Life*. New York: John Wiley and Sons, Inc. p. 32.

③ Dawes, S. S. 2010. Stewardship and Usefulness: Policy Principles for Information-based Transparency. *Government Information Quarterly*, 27(4):377—383.

④ Dror, Y. 1971. *Design for Policy Sciences*. New York: Elsevier. p. 78.

家中更是形成了比较规范的"旋转门"机制,部分专家由咨询对象转而进入体制内决策层。总体上看,政策问题构建中专家咨询的主要功能,首先表现在专家的专业知识、研究方法和调查技术对于问题搜寻、问题识别和问题界定具有不可替代性,其次,专家的政治超脱和价值中立可以充分发挥其专业优势,在喧嚣多变的社会舆论和错综复杂的问题情势面前,有助于保持问题构建的客观性。

但是,专家咨询作为一种制度,走的是精英治国路线,因而其弊端和局限性也是客观存在的。首先,专家的政治超脱固然有助于其保持良好的公众形象,却也可能因此而导致其"不接地气",对社会问题和基层民众的需求了解不透彻,对民间疾苦缺乏感同身受,进而陷入"坐而论道"的空谈,导致政策问题构建的失败,延误政策议程设立的时机,甚至造成"空谈误国"。其次,从专家咨询的角色、身份和地位来看,专家进行政策问题构建的过程容易演变成为对政府所关注的"重大事项"进行咨询与论证的过程。第三,专家也会失灵,从知识、技术角度说,"智者千虑,必有一失",人类的理性总有其盲点;从公共选择理论视角来看,专家也有自身的利益追求和价值立场。总之,在针对具体问题时,专家由于专业视野的局限,常常使其立场与观点带有片面性。美国学者卡尔·V. 帕顿(Carl V. Patton)和大卫·S. 沙维奇(David S. Sawicki)提出,要向专家请教(consult experts),但必须确认他们真正是某一特定论题方面的专家。[①] 因此,在政策问题构建过程中,不能盲目迷信专家的权威,应该坚持走群众路线,广泛依靠各方面的力量,依据事实作出判断。

3. 扩大公众参与

对于搜寻得到的问题以及各种议题,特别是部分人或部分群体的个人困扰或局部问题,如何进行问题识别,也是问题构建过程中至关重要的环节。按照美国公共政策学者拉雷·N. 格斯顿(Larry N. Gerston)的解释,"所有问题都源于个人问题,只有个人问题演化为达成广泛共识的、激化的公共问题,进而造成了政治上的'困境',才会成为政策问题选项"[②]。识别个人困扰、局部问题与公共问题的关键在于衡量其是否具有公共性。约翰·杜威把公共定义为"由所有受到交互过程间接影响的,而且这种影响达到了必须认真

---

① Patton, Carl V. and David S. Sawicki. 1986. *Basic Methods of Policy Analysis and Planning*. Englewood Cliffs, N. J.: Prentice-Hall. p. 112.

② Gerston, Larry N. 2004. *Public Policy Making: Process and Principles*, 2nd ed. Armonk, N. Y.: M. E. Sharpe, Inc. p. 23.

对待的程度的人所组成"①。其实,关于公共问题的共识并不容易达成,英国公共政策学者韦恩·帕森斯(Wayne Parsons)指出,政策始于对问题的识别。他通过一个案例描述了从问题到政策议案的逻辑次序(见图2-1所示):议题(露宿街头的人们)→问题(无家可归)→政策(提供更多的住房)。

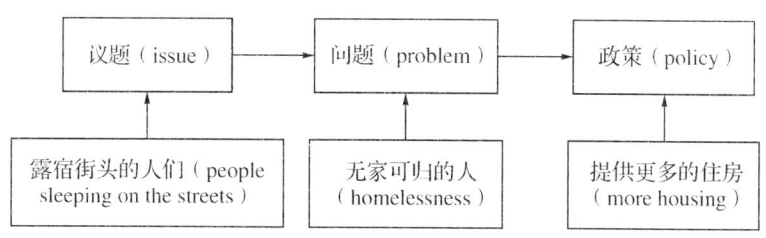

图2-1 政策议案的逻辑次序

帕森斯指出,对于议题(issue)是什么,我们可能会达成共识,但是至于问题(problem)确切地是什么,并因而应该采取怎样的政策来解决问题,则无法形成一致的意见。② 因为,问题界定中有很多政治上的利害关系。有些人得到帮助,而另一些人则受到伤害,这取决于问题是如何界定的。③ 在现代民主社会背景下,问题识别与共识的达成只能通过公众参与的途径,透过民主协商的管道来实现。

公众参与是现代民主政治的核心问题之一,没有公民参与,就没有民主政治。早期封闭决策模式的理论认为,公民虽然可以自由表达个人观点,但是他们缺乏就复杂政策问题进行判断的能力。民主悲观论者更是警告,政府官员应该免受麦迪逊在《联邦党人文集》第10篇中所担心的派系化公众的影响。只有政府中非政治化的职业官员才具备公正性、专长、资源、纪律和时间进行政策问题的构建和政策决策。现代民主研究者们则认为,知识和信息广泛分布于社会之中,政府官员如果能够接触到这些分散的知识,便可以集思广益,使公共机构受益于这一巨大的知识和信息源。如果运用得当,公民的

---

① Dewey, John. 1927. *The Public and Its Problems*. New York: Henry Holt & Company. pp. 15—16.

② Parsons,W. 1995. *Public Policy: An Introduction to the Theory and Practice of Policy Analysis*. Cheltenham, U.K.:Edward Elgar. p. 87.

③ Kingdon, John W. 1995. *Agendas, Alternatives, and Public Policies*, 2nd ed. New York: Harper Collins. p.110.

地方性知识、智慧、承诺、权威,甚至他们的正直,都可以解决代表和官僚机构在合法性、正义和有效性方面的邪恶失败。① 公共选择理论模式在假定政府决策者也是经济人的基础上,认为决策者在构建政策问题过程中会有意无意地被自身的经济人动机所左右,并且依据自己所获得的信息和自身利益最大化原则来界定政策问题,因而难以符合公共利益的要求。因此,必须限制政府中政策决策者的特权,建立约束和监督机制,实现公共政策问题构建的公开化。透过协商民主机制,如自由表达、交流对话和公共辩论,不断拓宽公众参与的渠道包括网络公共领域中的公众参与,在民主协商中构建政策问题。美国学者 B. 盖伊·彼得斯(B. Guy Peters)指出,"参与式政府"主张公众对政府行政行为有更多的参与,参与是一种权利,"如果没有公众的积极参与,政府很难使其行动合法化"。同时,参与的基本观点还认为,官僚体制内的专家无法获得制定政策所需要的全部信息,甚至得不到正确的信息。② 如果排除公众对重要决策的参与,将会造成政策上的失误。

---

① Fung, Archon. 2006. Varieties of Participation in Complex Governance. *Public Administration Review*, 66(1):66—75.

② Majone, Giandomenico. 1989. *Evidence, Argument, and Persuasion in the Policy Process*. New Haven, C. T. : Yale University Press.

# 第三章　国家与社会关系视角中的民间思想库

从一般意义上说,思想库就是从事公共政策分析和政策设计的研究组织,也叫智库。近年来,针对思想库参与公共政策过程的研究逐渐成为学术界关注的热点问题之一。2009年初,中国前副总理曾培炎"出山"组建中国国际经济交流中心,并在随后成功主办了全球智库峰会,使"智库""思想库"开始成为热门词汇。根据服务对象、资金来源以及所属体制的不同,思想库分为官方思想库、半官方思想库和民间思想库。事实上,中国的官方和大学附属型思想库已经比较成熟,据美国思想库研究专家詹姆士·G.迈克甘(James G. McGann)2007年的研究报告认为,中国社会科学院、上海国际问题研究所已进入世界前30位具有全球影响力的思想库。[①] 但是,中国的思想库主要是以官方思想库为主,例如,中国社会科学院、国务院发展研究中心等机构都是重要的官方"思想库"。而当下中国的崛起与发展正面临着来自国内外日益增多的挑战,政府需要在公民社会成长的基础上借助于更多的民间思想库广泛集中民智、综合民意,以进一步提升公共政策制定的科学化、民主化水平,民间思想库正是在此背景下应势发展。尽管国内有大量以"思想库"或"智库"名义存在的民间咨询公司,但其目标定位、功能、发展方向等都与真正的"思想库"相去甚远。中国民间思想库目前尚处于发展初期,无论其数量还是影响力都非常薄弱。其功能的发挥和发展路径既有赖于法律保障和制度支撑,更应该坚持其民间道路。

---

① McGann, James G. 2007. *The Global "Go-To Think Tanks": The Leading Public Policy Research Organizations in the World*. Think Tanks and Civil Societies Program, Foreign Policy Research Institute. Philadelphia, P. A., USA, Available from: www.fpri.org.

## 一、作为社会第五权的思想库

俗话说,"三个臭皮匠,顶个诸葛亮",由此可见,社会生活中"智囊"[①]"智囊团"的力量不可忽视。在现代社会,"智囊团"又称智库、思想库、智囊机构、顾问班子,是一种特殊的生产知识和思想的研究组织和咨询机构,也有人把它比作人的"外脑"。在现代公共管理中,随着科学技术的迅猛发展,以及信息化、城市化和全球化的巨大挑战,世界范围内的竞争愈演愈烈,现实世界发展的速度及其复杂性、多变性已经远远超过了任何个人努力所能达到的程度。面对这个现实,任凭管理者具有多大的才智能力,有多么丰富的知识经验和多么大的魄力,都无法独自胜任管理任务。在此背景下,现代思想库应运而生。

### 1. 理解思想库

"思想库"(think tank),也称为"脑库"(brain trust),顾名思义,就是研究和分析公共政策、储备和提供政策思想的"仓库",现代专门从事政策分析的政策研究组织。美国研究思想库发展史的学者詹姆士·A. 史密斯(James Allen Smith)曾指出,思想库是一个并不精确的概念,它是被用来泛指从事公共政策分析和研究,并经常提出政策方案的非赢利性的研究机构。其中有一些是严格地超党派性质的(nonpartisan),即研究一些并不考虑其政治后果的政策议题;而另一些则将为政治家或政党提供智力支持视为其功能之一。在美国,思想库和利益集团、媒体顾问(media consultants)、"舆论导向医生"("spin doctors")[②]以及政党一样无处不在。[③]

美国《韦氏大词典》(*Webster Dictionary*,1959)则将思想库界定为致力于跨学科研究(如同技术与社会问题)的学会、社团或群体,也被称为思想工

---

[①] 智囊,是现代流行的说法。历史上曾有过多种称呼,如门客、军师、谋士、参谋、顾问等等,智囊在古代军事及其他政治活动中起着十分重要的作用。如史书、兵书中有记载的孙武为吴王阖闾献计献策、吴起为魏文侯献计献谋、孙膑为齐威王出谋划策,孙武、吴起、孙膑都是历史上著名的谋士,他们在为各自的国君在治国安邦事业中立下了汗马功劳,作出了不可磨灭的贡献。

[②] spin doctors:负责舆论导向工作的人被称作"舆论导向医生",影响和争取公众和媒体以积极的态度诠释某一事件。

[③] Smith, James A. 1991. *The Idea Brokers: Think Tanks and the Rise of the New Policy Elite*. New York: Free Press.

厂（an institute, corporation, or group organized for interdisciplinary research, as in technological and social problems, called also think factory）。进行跨学科合作研究是当今思想库的典型特质,也是思想库获得成功的重要路径和手段。

美国著名政治学家、政策研究专家托马斯·R.戴伊认为,政策研究组织（思想库）是掌权阶层整个政策制定过程中起协调作用的中心点,它们把企业、金融机构、大学、基金会、新闻机构、律师事务所的最上层人物,以及高级知识分子、政府中有影响的成员等结合在一起。它们审核得到大学和基金会支持的重要题目的调研。更为重要的是,它们力求就正在研究中的全国性问题应采取什么行动,达成一致意见。它们的任务是拟订行动建议,即提出明确的政策或计划,以便解决或改进全国性的问题。① 按照戴伊的理解,政策研究组织实际上就是一种存在于强有力的团体互动网络之中的、由私人基金资助的政策方案规划机构。

美国著名思想库研究专家保罗·迪克森（Paul Dickson）认为,思想库是政府为解决各种问题所求助的对象,是利用现有知识以跨学科方法进行政策研究的持久性机构（Think tank："Utilization of existing knowledge, an interdisciplinary approach, a permanent organization..."）。②

日本学者增田米二（ますだ よねじ）曾说,脑库（シンクタンク；頭脳集団）是以开发大型科学（如开发宇宙和海洋）和开发社会（如防治公害,城市建设）等更加综合性的技术和系统为对象的研究咨询机构,它强调设计未来,跨学科研究和系统分析方法。③

现代政策研究组织是指具有不同学科知识背景的专家、学者和有丰富的政策实践经验的实际工作者（如前政治家、行政人员等）组成的组织,主要从事政策理论研究、政策设计、政策咨询、政策分析、政策评估等工作,以帮助提高公共政策制定与执行的质量。

简单地说,作为现代政策研究组织的思想库,是以政策研究为核心,以直接或间接服务于政府政策制定为目的的、非营利性（non-profit）的独立研究机构。思想库是公共政策主体的一个重要组成部分,被认为是社会中的"第五

---

① ［美］托马斯·R.戴伊:《谁掌管美国——卡特年代》,梅士、王殿宸译,世界知识出版社 1980 年版,第 263 页。
② Paul Dickson. 1971. *Think Tanks*. New York: Atheneum. p.3.
③ 陈振明主编:《政策科学》,中国人民大学出版社 1998 年版,第 123 页。

种权力"(The Fifth Power)。思想库的成熟程度是衡量一个国家公共决策水平高低的重要尺度。

2. 思想库的特质

作为政策主体的一个重要组成部分,现代政策研究组织(思想库)具有如下几个基本特质:

(1)政策研究和政策分析的针对性

这是思想库作为现代政策研究组织的宗旨和首要特质。无论哪种类型的思想库,都把改进政策制定作为最终目标,它的一切活动都是朝着这一目标努力的。虽然它提供服务也收取报酬,但不以盈利为目的,只是为了维持组织的继续运转,为研究工作提供更好的环境和条件,所以,总的说来,思想库作为政策研究组织是一种非营利性的组织(non-profit organization),它的目标始终是改进有关机构和部门的政策制定,促进决策科学化、民主化。在西方国家,思想库被称为"头脑公司",实际上也就是说,它是一种政策咨询研究机构。这种机构常常没有实验室和仪器设备,也不生产任何物质产品,而是聚集一大批专家、学者,运用集体的智慧,为社会、经济、军事、科学技术等的重大决策和组织管理提供科学依据,或提供最优化的理论、策略和方案,以供选择。有的国家把承担战略咨询(stratagem consultation)任务的机构称为"智囊团"(brainpower),而把专门进行战术咨询(tactics consultation)的机构叫作"思想库"(think tank)。实际上,无论是战略咨询机构,还是战术咨询机构,也都是专门生产精神产品的"思想的脑力劳动工厂"(think factory)。因此,可把这两种咨询机构通称为"思想库",即现代政策研究组织。研究思想库,重要的是要研究智囊机构如何实现对政策的影响,以及为衡量或评估智囊机构的影响力所必须克服的种种障碍。例如美国著名政治学家、政策研究专家托马斯·R.戴伊就认为,在政策制定过程中,各个政策规划组织之间是中心的、协调的节点。某些政策规划机构如对外关系委员会、美国企业研究所(American Enterprise Institute, AEI)、传统基金会(The Heritage Foundation)和布鲁金斯学会(The Brookings Institution)在广泛的关键性的政策领域具有很大的影响力。其他决策团体如城市研究所、未来资源协会、人口委员会则在某个专业的政策领域具有影响力[1]。根据加拿大专门研究美

---

[1] Dye, Thomas R. 2002. *Understanding Public Policy*, 10th ed. Englewood Cliffs, N.J.: Prentice-Hall. p.42.

国思想库的学者唐纳德·阿伯尔森(Donald Abelson)的研究,至少有一点是必须认识到的,即在决策周期的不同阶段,智囊机构施加的影响不尽相同。有些智囊机构,如美国企业研究所和传统基金会,善于设计组织政策辩论,例如对导弹防御的辩论;而其他一些智囊机构,如兰德公司等,则更善于通过与决策者一道评估发展新军事技术的成本和效益而施加影响。

(2)研究人员构成的多学科性

思想库为了有效地进行政策理论研究、政策设计、政策咨询、政策分析、政策评估等工作,实现影响政策制定过程、帮助提高政策制定质量的目标,对其构成人员的学科背景和知识专长有着相当的要求,即要求构成人员的学科背景和知识专长上的异质性和多样性。这是因为,现代政策研究组织面对的是各种各样的复杂政策问题,具有高度综合性特征,涉及到众多学科领域和社会生活的方方面面。显然,要探索解决一系列极为复杂的政策问题,仅靠单一学科的知识、方法是难以奏效的。作为现代社会发展的产物,政策研究组织广泛采用了跨学科(interdisciplinary)、跨领域的研究方法,强调多学科(multi-disciplinary)合作。所以,研究人员构成的多学科性也是现代政策研究组织的重要特征。例如,兰德公司(The RAND Corporation)的研究人员中,配备了工程技术、物理学、计算机、数学、统计学、经济学、医学、教育、法律、社会学、心理学和政策分析学家。各学科的人员比例大体是:经济学家15%,数学家14%,计划统计专家9%,工程技术人员28%,物理学家12%,社会学家6%,运筹学家4%,此外,还有军事、文艺和决策分析等方面的专家效力。西方思想库在开展课题研究时,有关各个学科的专家组合在一起,开展协作,以便起到互相补充、拓宽思路的作用。巴特尔研究所(Battelle Memorial Institute)也十分重视社会科学家与自然科学家、工程技术人员合作研究,即使是一个冶金方面的研究,也要成立由各行业专家组成的临时"研究项目组",科学家、工程师研究新技术、新工艺和新材料,经济学家研究冶金工业的经济学,管理学家研究大规模生产的系统管理技术,心理学家研究冶金工人以及科技人员创造力激发等等。[①] 成立于1996年的清华大学21世纪发展研究院(Development Research Academy for the 21st Century)是我国从事发展战略与公共政策研究科研和教学的知名政策研究组织。它的一个重要特色就是充分发挥清华大学科研力量雄厚、学科综合、智力集中的优势,采取跨院系合作、多学科交叉、文理工兼顾等科研组织和协作方式,进行多层

---

[①] 冯之俊、张念椿:《现代咨询学》,浙江教育出版社1998年版,第231页。

次、多角度、跨系统的综合研究。

(3)研究活动的相对独立性

研究活动的相对独立性是思想库进行客观的政策研究和政策分析的前提。古代智囊人物凭个人智慧和学识为一个官僚贵族私人服务,他们之间的关系是人身依附的,"士为知己者用"的关系。如周朝开国功臣吕望(即姜太公,姓姜名尚,字牙,尊称子牙,又号太公望。因其先祖受封于吕,又从封地之姓,也称吕尚。怀有兴邦立国之才,权谋之术,用兵之计。曾佐周文王和周武王,推翻了商王朝,建立了西周王朝),春秋齐桓公时期的管仲,汉朝刘邦时代善于运筹的张良(张子房,汉初"三杰"之一),三国鼎立时提出隆中对的诸葛亮等,都是我国历史上家喻户晓的智囊人物,但他们都是直接依附于自己的国君的,是国君的谋士。而现代思想库的研究活动则是相对独立的,是在尊重科学和实践基础上,从经济、社会和政治的实际情况出发,依靠科学的实验、分析和论证,作出科学的结论。这就使得现代思想库具有了颇为独特的超脱地位,即他们具有独立的或相对独立的研究环境和条件。他们接受委托进行研究活动,有时甚至不了解委托单位的初始意见,因而也就能够比较客观地研究问题。大多数的现代政策研究组织都是属于有自主权的机构,如美国著名思想库兰德公司在组织上是独立的,不隶属于任何机构,其研究项目也不需要得到政府或有关部门的认可;同时,它还鼓励调研人员不受委托者的影响,不被任何框框所束缚,弘扬科学精神和个性,即使与委托者或权威者的意见大相径庭也无妨。他们认为,"研究自由是兰德公司取得进步的基础"。[①] 国外学者也常常称思想库为"连接知识与权力的桥梁"。如20世纪70年代兰德公司总裁唐纳德·赖斯就曾形容非营利思想库位于由政府、企业和大学组成的三角形的中心。政府和企业是问题和财力的贮藏地,企业同时又是技术和设备的来源;大学是输送人才和产生学术思想的基地,又是进行学术思想交流和传播的地方。

布鲁金斯学会为了保持研究的独立性,曾强烈表示不受理资助研究以外的任何研究,并规定了接受政府资助的限度控制在总收入的20%以内。在一定意义上可以说,独立自主的地位和研究活动,是现代政策研究组织(思想库)取得成功的一个重要条件。

加拿大著名的思想库研究者唐纳德·阿伯尔森(Donald Abelson)在谈到思想库的特质时也指出:"这些机构在不同寻常的环境中诞生,但都意在鼓励

---

[①] 冯之俊、张念椿:《现代咨询学》,浙江教育出版社1998年版,第229页。

学者调查社会、经济、政治问题。这些机构吸引了政治信念各异的政策专家，但他们努力使其不变成意识形态的战场。学者本人有时会明显支持或反对政府的政策，但这些机构的首要目标不是介入决策过程，而是作为一个提供政策专才的渠道。"[1]

(4)研究方法和研究技术的先进性

思想库的政策研究和政策分析离不开科学的研究方法、分析模型及行之有效的研究技术，实际上现代政策研究组织的诞生和发展就是以科学方法的发展为背景的。现代思想库与古代智囊人物的一个重要区别是凭借现代科学理论和先进技术，而不是只凭个人经验、知识和能力进行经验推理和判断。相反，思想库作为现代政策组织是借助群体或团队的研究力量，并且在群体性的研究活动中，运用反映最新科学技术水平的大型实验设备，利用一整套科学的方法，在获取并及时处理大量信息基础上进行研究。这些方法和设备是现代思想库进行政策研究的物质基础。尤其是系统论、信息论、控制论、耗散结构论等，为现代思想库的政策研究和政策分析提供了直接的、有效的研究方法及手段；而这些方法和技术的科学性、实用性和有效性也在思想库的政策分析和研究过程中不断得到验证。

同时，由现代思想库自己不断探索而创造的一些理论模型和研究方法，也在其政策研究和政策分析中不断发挥巨大作用，如乔治城大学战略和国际问题研究中心（The Center for Strategic and International Studies，CSIS）提出估计世界各国实力的"战略发展趋势理论"，斯坦福国际咨询研究所（Stanford Research Institute, International，SRI. International）创造的"趋势估计与监视计划"借以跟踪不断发展的形势，兰德公司创造的系统分析（System Analysis）、德尔斐法（The Delphi Method）等方法，奠定了政策研究和政策分析方法的基础。其中，德尔斐法是一项技术性很强，也实用的预测、决策方法。现在，它已经成为全球120多种预测法中使用比例最高的一种方法。此外，在政策研究过程中，思想库还广泛借助电子计算机、现代通讯手段，广泛建立分析模型和数据库，建立决策支持系统（Decision Supporting System，DSS），有效地提高了政策研究组织研究成果的可靠性、可行性，缩短了政策决策过程，并且使政策决策更加科学、合理。

美国著名公共政策学者斯图亚特·S.那格尔认为，思想库的重要作用就

---

[1] Abelson, Donald E. 1996. *American Think-Tanks and Their Role in US Foreign Policy*. New York: St. Martin's Press. p. 97.

是发展了政策研究的方法论,特别是论证性方法,如系统分析和其他政策分析法,包括决策理论、可行性研究、预测技术、调查研究、PPBS、成本效用分析等方法,而这些方法与技术为思想库形成自己特色奠定了基础。在那格尔看来,思想库的出现,促使人们逐渐把政策分析看作科学研究的一部分,承认它符合科学方法论的规则和程序,具有潜在的"确定性";使我们完全开始把科学知识和社会政策联系在一起,认为社会政策是经得起科学发现定理的考验的。德洛尔认为,思想库的成熟,如兰德公司和布鲁金斯学会,是实用政策研究及其特有方法论发展的主要实验室。①

总之,思想库的基本特质在于把改进政策制定作为最终目标,强调研究人员构成的多学科性和研究活动的相对独立性,以及研究方法和研究技术的先进性。正如发明"思想库"这一术语的 H·德罗阿博士在访问日本综合开发机构时所指出的:"思想库的特点在于应由各学科领域的专家组成,能处理多领域、跨学科的问题,并具备新的研究方法。"思想库的特质和专业性是其实现相对独立地位的重要基础。

3. 作为公共政策主体的思想库

思想库作为现代社会中专业的政策研究组织,是公共政策主体系统的一个重要组成部分,具有十分重要的地位,在政治运行过程中起着十分重要的作用,发挥着不可或缺的功能。在西方国家中,思想库甚至被认为是社会政治生活中的"第五种权力"(The Fifth Power)。

从系统论的观点来看,公共政策是一个由政策制定子系统、政策执行子系统以及政策反馈子系统构成的政策系统。思想库则是属于政策制定子系统当中的一部分,具体地说,它是"决策中枢系统"的决策咨询系统(decision consultation system)或决策辅助系统(decision assisting system)。虽然它并不直接参与政策决断,但由于其所承担的政策方案设计和政策分析研究工作是政策决策者的决断依据,如果说,思想库的政策研究和政策分析以及政策方案的设计工作是一种"谋"的工作,那么,"决策中枢系统"的政策方案抉择则是一种"断"的工作。"谋"与"断"相互支持,相辅相成。因而,思想库对政策制定过程有着重要的影响,处于非常特殊的地位,具有十分重要的作用。从美国内外政策制定过程的实际情况来看,大体上可以说有两个过程:前一

---

① [美]斯图亚特·S.那格尔:《政策研究百科全书》,林明等译,科技文献出版社1990年版,第9页。

个过程是思想库对重大问题进行系统的政策调查(policy inquiry)、政策研究(policy study)和政策设计(policy design);后一个过程是联邦政府根据需要,按法定程序制定有关的法令,即政策合法化(policy legitimation)和政策采纳(policy adoption)。这两个过程决定了美国的重大方针、政策,成为美国社会中重要决策方式。

可见,思想库总是站在制定国家政策的最前沿,政府需要依靠来自思想库的政策建议和方案设计进行科学的政策决策。正如格兰特基金会(William T. Grant Foundation)的道格拉斯·邦德博士所说:"思想库所能起的最好作用,是发现某些有可能以后为政府所采用的思想,并使之实现……政府受着社会和政治危机的掣肘,以致不能把精力和财力用于培育新的思想、资助新的创造发明,思想库的任务就是要坚定地追求自己的目标,并为较长远的目的而牺牲眼前的目标。"①

美国著名政治学家、政策研究专家托马斯·R.戴伊则把思想库成员比喻成"深思熟虑的人",他并且认为,政治家靠"风度"和"形象"起家。但是,拟定国家的计划和政策的责任,往往落在白宫各级参谋人员和行政部门的首脑的肩上……一位总统不管是民主党人还是共和党人,他必须请同"深思熟虑的人"一类的人来管理政府。如美国前国务卿亨利·A.基辛格(Henry A. Kissinger)和美国前国家安全事务助理兹比格纽·布热津斯基(Zbigniew Brzezinski),他们实际上是"掌权的知识分子"。②

根据戴伊对"关于国家政策制定过程的寡头论模式"的研究,我们可以从美国政策制定过程的实际状况来探讨思想库在公共政策系统和公共决策过程中的地位(如图3-1所示)。③

图3-1中我们可以看出:首先,企业和私人财团为政策的研究、规划和发展提供了资金来源,有人称之为"种子钱"(seed money)。美国华盛顿的"K街"号称美国"智库一条街",这里可谓美国内外政策构想的一大诞生地。财界不惜为其慷慨解囊投以巨资,而且政界人士还频频前往那里进行研修。"K

---

① 转引自陈振明主编:《政策科学》,中国人民大学出版社1998年版,第130—131页。
② [美]托马斯·戴伊:《谁掌管美国——卡特年代》,梅士、王殿宸译,世界知识出版社1980年版,第82—85页。
③ [美]托马斯·戴伊:《谁掌管美国——卡特年代》,梅士、王殿宸译,世界知识出版社1980年版,第261页。另参见[美]莫顿·贝科威茨(Morton Berkowitz)等:《美国对外政策的政治背景》,张禾译,商务印书馆1979年版,第304页。

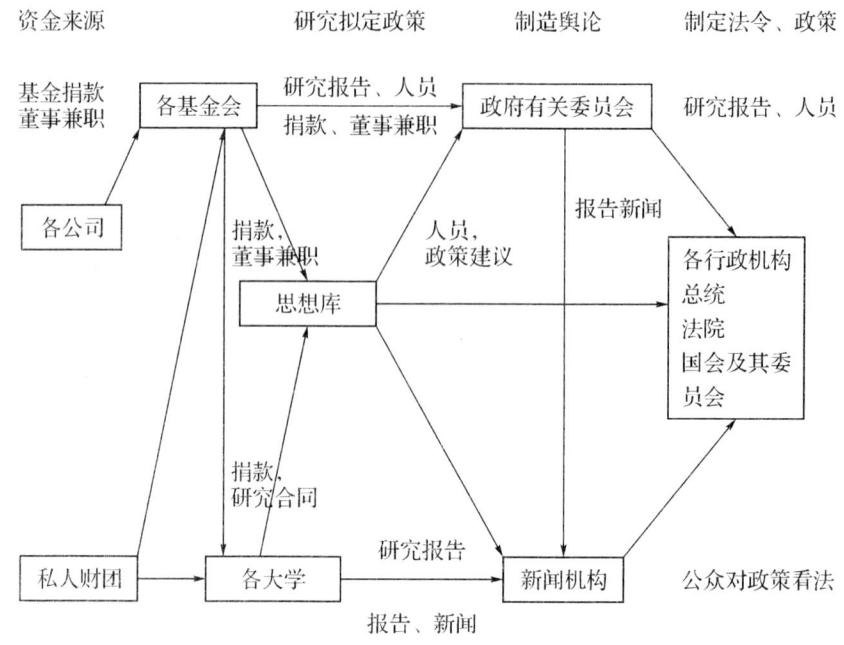

图 3-1 思想库在美国政策制定过程中的地位

街"俨然成了美国政治力量的基地,并在很大程度上影响着美国政治的运作方式。公共政策制定过程的寡头论模式的基本立论就是认为,最初用于国家政策的研究、调查、规划及制定的费用,的确是来自企业和私人财富。这些资金以基金捐赠、其他捐款和合同等形式分散到各基金会、大学和政策规划组织。此外,企业的经理、董事和大富豪也都是各基金会、大学和政策规划组织的理事会成员,以便监督其资金的使用。

其次,基金会是财团和知识界的主要纽带,它将权势集团的政治意图或政策目标与研究经费一起投向有关的政策规划、咨询机构,分析社会问题,确定全国性问题的轻重缓急,以及探明新的政策方向,这个阶段被称为"播种阶段"。思想库的研究者们要想使自己的意见得到重视,就必须按照基金会、公司和政府机构所确定的方向去进行研究,因为,如果他们提出的研究建议不符合根据基金会利益预先确定的"重点",则往往被束之高阁。

第三,思想库在整个政策制定过程中起着核心协调作用。"各政策规划组织是掌权阶层整个政策制定过程中起协调作用的中心点,它们把企业、金融机构、大学、基金会、新闻机构、有势力的律师事务所的最上层人物、政府中有影响的成员等结合在一起……力求就正在研究中的全国性问题应采取什么行动,达成一致意见。"①然后,思想库还要再对这些粗线条的政治意见、政策目标进行严格科学意义上的研究论证,使之转化为可操作的具体方案。有些思想库,如兰德公司、斯坦福国际咨询研究所(Stanford Research Institute, International,SRI. International)、赫德森研究所(Hudson Institute)等,所从事的研究工作同典型的学院式的研究相比,更加"着眼于行动"。正如斯图亚特·S.那格尔所认为的,"思想库是产生可靠的,可以被有关部门接受的政策研究成果的主要机构"②。

第四,思想库在制订出政策方案之后,将它分发到新闻媒体和大众传播机构,在舆论上为政策制定做好准备工作;思想库的精英们通过在电视、电影等大众媒体中的频频亮相,借助媒体强有力的听觉和视觉效果,一方面可以引发公众对于某一政策问题的关注;另一方面通过全民关注,形成有利于其政策被决策者采纳的公正舆论。此外,思想库还将各种政策方案提交政府及立法机构。如果提出的政策建议主张大幅度偏离当前计划或当前政策,或者,如果这些政策建议对政策有很大改动而不能为人们广为理解,那就需要另外采取措施使意见统一起来——这项工作由总统直属委员会来承担。

第五,政府和参、众两院参考各个思想库所设计的各种政策方案以及公众舆论反应,对于不同政策方案进行分析、综合、评估和选择,最终产生正式的官方法律、政策。作为"直接决策者"③的总统及白宫班子、行政部门的高级官员、国会委员会的工作班子,一般都同政策规划组织保持密切联系。当政府临近采取行动时,政策规划组织代表、基金会领导人和企业界代表同这些人的接触,则更加频繁。"直接决策者"只是在制定政策的日程、政策变动的主要方向已确定之后,才采取行动。

综上所述,美国的国家政策、法律由一个双层政治权力结构组成。一个是幕后的权势集团,它们代表了社会利益的主导,从它们当中产生政策意向,

---

① [美]托马斯·戴伊:《谁掌管美国——卡特年代》,梅士、王殿宸译,世界知识出版社1980年版,第263页。

② [美]斯图亚特·S.那格尔:《政策研究百科全书》,林明等译,科学技术文献出版社1990年版,第10页。

③ "直接决策者"是美国著名政治学家查尔斯·E.林德布洛姆(Charles E. Lindblom)最先使用的概念,意指总统、国会、联邦政府各部门、国会各委员会、白宫班子以及各利益集团。在他看来,并非全体公民都能成为直接决策者的……公民们把当前的(或者说直接的)决策任务交给极少数人。

决定政策目标,政策和法律本质上只是其利益的表达形式。另一个是台前的"直接决策者",它们负责最终选择和确定最能够反映社会主体利益的政策和法律。在二者之间起桥梁和纽带作用的则是思想库,它把权势集团对社会经济的控制转化为对公共政策的影响。① 因此,可以说,思想库作为公共政策主体的一个重要组成部分,在政策制定过程中具有十分重要的地位和影响力。但需要指出的是,智囊、参谋也好,现代思想库也好,他们从事政策咨询所提供的决策性意见,仅仅是可供政策制定者进行公共决策的一种方案,一种参谋性意见,而不是公共决策本身。决策者出于对决策后果负责任的需要,必须做出最终的决策,进行决断。这个决策可能是智囊团提供的各种方案的选择,也可能是各种方案的综合,也可能完全不同于这些备选方案。

4. 思想库类型学中的民间思想库

根据各思想库的服务对象、资金来源、研究领域和所起的作用不同,我们可以将思想库分为如下几种类型。

(1)官方思想库(Governmental or Official Think Tanks)

这类思想库通常隶属于政府及其职能部门,带有明确的官方色彩,反映了政府一定的态度、立场和感兴趣的问题。它们直接研究政策问题,进行政策分析,为官方决策提供咨询。官方思想库又有几种不同的类型:

一是最高行政长官的研究咨询机构,它们由最高行政长官的办事机构和专门委员会组成。比如美国总统科学咨询委员会(the President's Council of Advisors on Science and Technology, PCAST)、美国和平研究所(the United States Institute of Peace, USIP)②是分别属于美国政府和国会的重要思想库,而成立于1956年的防务分析研究所(the Institute for Defense Analysis)则是隶属于美国国防部长办公室的军事研究机构;另如荷兰政策科学评议会、日本审议会、法国总统府中的总秘书处等,也是各自政府最高行政长官的研究咨询机构。这类具有思想库性质的政策研究机构与最高决策者保持密切联系,及时提供各方面的情报和资料,拟定各种政策备选方案,作为政策制定者决策的依据与参考,对最高决策者的政策制定起着巨大的影响作用。我国的国务院发展研究中心(the Development Research Center of the State Council, DRC)也是直属国务院的政策研究和咨询机构。其主要职责是研究

---

① 陈振明主编:《公共政策分析》,中国人民大学出版社2003年版,第93页。
② 美国和平研究所是根据美国国会1984年的一项决议成立的国际政治问题研究机构,旨在研究各种国际冲突的解决办法,供美国国会与政府制定政策时参考。

国民经济、社会发展和改革开放中的全局性、综合性、战略性、长期性问题,为国务院领导提供政策建议和咨询意见。

二是相对独立的研究咨询机构,这类机构与行政系统关系密切,其成员也由政府任命,但又保持自己相对独立的组织体系和研究方法。如法国的经济和社会委员会,荷兰的国务会议和社会经济理事会。这类思想库在西方政治生活中地位重要,对国家的立法、行政和司法都有很大影响。[①] 如法国的经济和社会委员会(Le Conseil économique et social)素有"第三议会"之称。

三是部门的咨询机构,它们为各相关部门提供政策研究和政策分析咨询服务,其形式多样,层次分明,构成一个相互关联、各司其职的决策辅助系统。例如,日本政府各部都有相当数量的审议会作为咨询机构。通产省设有三个审议会,厚生省设有二十一个审议会,它们对有关专题进行政策研究,提出各种政策决策方案,供各相关部门决策选用和参考。如我国的国家体改委经济体制改革研究所、中国人民银行金融研究所等。

(2)半官方思想库(Semi-official Think Tanks)

半官方思想库也可分为如下几种不同的类型。

一是政府通过投资和资助重点研究领域和研究方向,把一些思想库纳入为政府服务的轨道。如作为日本"脑库总管"的综合研究开发机构(综合研究开发机构,National Institute for Research Advancement)的重要任务就是根据日本政府的需要拟订研究课题,分配给有关民间研究机构,并提供充足的资金保证。德国基尔世界经济研究所(The Kiel Institute for World Economics at the University of Kiel)一半以上的经费是由政府提供的。西方政府正是通过资金上的援助与这些思想库建立了长期的、稳定的、密切的合作关系。

二是政府通过和思想库签订研究合同,建立相互依存的关系。如斯坦福国际咨询研究所总收入的70%来自政府和军方的合同收入。因而可以说它是主要为政府和军方服务的半官方研究咨询机构,在美国国防、外交、经济、科研等方面都起着重要作用。最著名的政府资助型思想库是兰德公司,它从美国空军的附属研究机构演变而来,而且至今仍然是"美国政府机构提供最大份额支持"的思想库,其经费的80%以上来源于与政府的研究合同收入。这类思想库比较著名的还有美国国会于1960年授权在夏威夷大学(the University of Hawaii)成立的旨在加强美国与亚太地区的相互关系和相互理

---

① 陈振明主编:《政策科学》,中国人民大学出版社1998年版,第127页。

解的重在开展合作性研究和培训工作的东西方中心(The East-West Center)、伍德罗·威尔逊国际学者中心(The Woodrow Wilson International Center for Scholars)等,它们的主要资金来源都靠国会拨款。

三是与政府部门对口挂钩的思想库,虽然政府对这一类思想库的资助只占很小一部分,但由于它们与政府部门对口挂钩,并且直接为对口的政府部门提供政策研究和政策分析咨询服务。因此,它们实际上也是半官方的政策研究和咨询机构。如美国对外关系委员会(The Council on Foreign Relations)是与国务院对口挂钩的著名思想库;经济发展委员会(The US Committee for Economic Development,CED)是与商务部对口挂钩的思想库;税务基金会则是与财政部对口挂钩的思想库。

(3)民间思想库(Unofficial or Non-governmental Think Tanks)

民间思想库是指由民间发起成立,得到基金会和企业资助,为国家机构及其长官服务的政策研究和政策咨询机构,如美国企业公共政策研究所、外交政策研究所(The Foreign Policy Research Institute,FPRI),又如我国的中国管理科学院、天则经济研究所(Unirule Institute of Economics)、深圳的综合开发研究院(China Development Institute,CDI),以及上海法律与经济研究所等。民间思想库是思想库的典型形式,其最大特点是具有较强的独立性(independent)和客观性(objective),它熟悉技术方法,不为政治权力和个人意志所左右,直接体察民情,既超脱又接近实际,研究成果更具客观性、正确性、全局性、有效性。

## 二、民间思想库兴起的国家-社会关系背景考察

如前文所述,民间思想库是由民间发起成立的多学科专家、学者组成的跨学科、综合性政策分析、政策研究和政策咨询组织,其突出特征是民间性、非营利性、独立性和志愿性,属于第三部门。其主要的工作职能是进行政策咨询、政策宣传、政策评估和人才聚集等,帮助政府部门进行政策决策,以提高公共政策制定的科学化与民主化水平。

1. 民间思想库的兴起是公民社会成长的必然结果

诚如第三部门研究的权威学者赛拉蒙在1994年所指出的,人类正在经历的一场全球性的"结社革命"(associational revolution),对20世纪后期世界的重要性丝毫不亚于民族国家的兴起对于19世纪后期世界的重要性。其结果是,出现了一种全球性的第三部门即数量众多的自我管理的私人组织,它们不是致力于分配利润给股东或董事,而是在正式的国家机关之外追求公

共目标。这些团体的激增可能永久地改变了国家和公民的关系,它们的影响已经远远地超过了它们所提供的物质服务。① 在世界范围的"结社革命"中,涌现出一大批民间非营利、非政府组织,它们促进了社会的多元化、民主化发展。作为 20 世纪最后 25 年占主导地位的国家—社会关系分析范式,市民社会理论强调的是社会与国家相对的二元性质,关注的问题包括了"那些不能与国家混淆或不能被国家淹没的社会生活领域"。② 与"强人政治"背景下的精英决策不同的是,在公民社会兴起后的集体领导和民主政治的背景下,更加需要科学决策与民主决策的结合,需要借助民间思想库等外脑之力。公民社会的发育和成长孕育了大量的民智,也形成了广泛的民意。民智和民意就是那些不能与国家混淆或不能被国家淹没的社会生活领域中的力量,需要有子产不毁的"乡校",思想库作为一种民间组织,在某种程度上就具有这种"乡校"的性质,是人们聚会并议论执政的地方。现代民间思想库则不只是简单的议论执政,而是更加专业化的出谋划策即包括了公共政策分析、政策建议和政策方案的设计。改革开放以来,中国民间已经拥有较大的财富积累和一定程度的资源支配空间。同时,利益多元化、价值多元化、需求多元化的社会现实,在客观上为民间脑库提供了生存发展的空间。

2. 民间思想库的兴起也是提升国家能力的现实需要

自 20 世纪 90 年代以来,人们逐渐打破了国家-社会二分的分析视角和博弈的关系,而提出了国家在社会中、国家与社会共治、公与私合作伙伴关系等理论分析框架,认为国家与社会存在合作与互补的关系,二者是互相形塑的。新型国家-社会关系的突出特点是以"国家自主性"为出发点,强调国家对社会的主导作用,强调国家能力。回归国家学派的代表性人物之一西达·斯科克波(Theda Skocpol)把国家能力理解为国家贯彻自己的政策目标的能力,尤其是通过克服强有力的社会集团实际的或潜在的反对力量来贯彻这些目标的能力。③(pp.15—18) 乔尔·S. 米格代尔(Joel S. Migdal)把国家能力界定为国家领导人运用国家机器,控制社会民众,通过各种计划、政策和行动,实现其所

---

① Salamon, Lester. 1994. The Rise of the Nonprofit Sector. *Foreign Affairs*. Vol. 73, No. 4 (July/August):109—122.

② Charles Taylor. 1991. Models of Civil Society. *Pubic Culture*, 3 (1):95—118.

③ Theda Skocpol. 1992. "Bringing the State Back In: Strategies of Analysis in Current Research". in Peter B. Evans, Dietrich. Rueschmeyer, and Theda Skocpol, eds. *Bringing the State Back In*. N. Y.: Cambridge University Press.

寻求的社会变化的能力。这些能力主要表现为国家影响社会组织、规制社会关系、抽取资源和拨款或以特定的方式使用资源等方面。①米格代尔强调国家和社会的相互冲突、适应及创造，形成了"国家在社会中"（State in Society）的研究视角。米格代尔还指出了国家与社会互动的多元性，并强调国家与社会处于相互形塑的过程当中。②国家目标、意志的实现，凭借的不是国家的身份，而是国家的力量。国家的力量是由国家实际掌握的资源转化而成的，而国家的资源又总是在国家的行动中不断地消耗着，因此，从社会抽取资源的能力也就成为国家最基本的能力。王绍光和胡鞍钢应该是中国最早关注国家能力建设的学者，他们借鉴了回归国家学派的相关概念工具对中国的国家能力问题进行了研究，并且将国家能力定义为"国家将自己的意志、目标转化为现实的能力"。他们认为国家能力主要指中央政府能力，而不是泛指公共权威的能力。他们明确提出，财政汲取能力是最重要的国家能力，主张以汲取能力和调控能力作为衡量国家能力的指标。其实，无论是国家能力或者政府能力，其提升的基础在于国家与社会的良性互动。这首先是指国家政策能力的提升，突出表现即国家的政策制定与政策执行能力，同时也表现在国家对民智的吸纳能力和对民意的综合能力，而不只是财政的汲取。民间思想库作为一种民间组织，为国家吸纳民智和综合民意提供了又一种合适的通道。

3. 民间思想库的兴起还是思想库自身发展的内在逻辑和题中应有之义

"思想库"作为现代政策研究组织，不仅研究和分析公共政策，而且储备、提倡并提供政策思想。美国研究思想库发展史的学者詹姆士·A.史密斯曾指出，思想库泛指从事公共政策分析和研究，并经常提出政策方案的非营利性的研究机构。其中有一些是严格地超党派性质的，即研究一些并不考虑其政治后果的政策议题；而另一些则将为政治家或政党提供智力支持视为其功能之一。詹姆士·G.迈克甘和R.肯特·韦弗将思想库理解为"一个具有很

---

① Joel S. Migdal. 1988. *Strong Societies and Weak States: State-Society Relations and State Capabilities in the Third World*. Princeton, New Jersey: Princeton University Press.

② Joel S. Migdal. 2001. *State in Society: Studying How States and Societies Transform and Constitute One Another*. Cambridge, New York: Cambridge University Press.

大自治性的政策研究机构,它独立于政府和社会利益,如公司、利益团体、政党"①。安德鲁·莱克(Andrew Rich)也认为,思想库是"独立的、不以利益为基础的非营利性的研究组织,它们生产并且主要依靠专家意见和思想以获得支持和对政策过程的影响"②。从这个意义上说,思想库发展的内在逻辑就是基于超党派性质的价值观、非营利性的目标、独立性的设置和研究活动,获得客观性的研究结论和政策建议。民间性和独立性是思想库的基本特质,也是思想库自身演变发展的题中应有之义。

## 三、民间思想库的功能及其在我国的现实限度

如上文所述,民间思想库的最大特点是具有较强的独立性和客观性,它熟悉技术方法,不为个人意志所左右,直接体察社情民情,既超脱又接近社会现实,研究成果更具客观性、准确性和有效性,因而在公共政策过程中发挥着重要的影响力,突出地发挥了政策咨询、政策宣传和政策评估等方面的功能。但是,民间思想库在我国的功能发挥有其现实限度。

1. 民间思想库的功能

(1)政策咨询功能。思想库则是属于政策制定子系统当中的一部分,具体地说,它是"决策中枢系统"的决策咨询系统或决策辅助系统。虽然它并不直接参与政策决断,但其所承担的政策方案设计和政策分析研究工作是政策决策者的决断依据。如果说,思想库的政策研究和政策分析以及政策方案的设计工作是一种"谋"的工作,那么,"决策中枢系统"的政策方案抉择则是一种"断"的工作。"谋"与"断"相互支持,相辅相成。其实,思想库的功能不仅在于出"点子",为决策者提出具体的政策方案,而且在于通过政策理论研究,发现并传播那些短期内未必会成为政策的学术思想,或者可以说,造"主义"也是思想库的最基本的功能之一。德洛尔认为,就政策研究的组织意义而言,思想库不但是政治设计的有意义的发明,也是政策研究成长的摇篮……思想库是政策研究的最纯粹的组织体现。③ 民间思想库在政策研究和咨询服

---

① McGann, J. G. & Weaver, R. K., eds. 2000. *Think Tanks and Civil Societies: Catalysts for Ideas and Action*. London: Transaction Publishers. p.5.

② Rich, A. 2004. *Think Tanks, Public Policy, and the Politics of Expertise*. New York: Cambridge University Press. p.11.

③ [美]斯图亚特·S.那格尔主编:《政策研究百科全书》,林明等译,科学技术文献出版社1990年版,第9—10页。

务中有两大优势：一是由于民间政策研究组织具有一定的社会性基础（socially based），在获取真实经济社会信息方面有较多优势和有利条件，可以克服行政性政策研究机构在搜集真实政策信息上的局限性；二是可以保持政策研究的连续性（continuity）和系统性，克服行政性政策研究机构，因领导人更迭和领导注意力转移而影响政策研究课题和条件的弊端，有利于提高政策过程的透明度、开放度与民众参与度，对社会政治经济的稳定有积极意义。民间思想库虽不直接参与政策制定过程，但其对公共决策过程的影响作用依然十分巨大。如 20 世纪六七十年代的美国布鲁金斯学会出版的《制定国家优先项目》（每年 1 卷），由布鲁金斯学会的学者评价总统的全部规划，提出各种可供选择的政策方案，并对不同于总统设想的各种替代方案可能产生的影响作出估价，对政府的公共政策施加了很大的影响。① 这说明，思想库在公共政策过程中对政策方案规划以及议程设定也都发挥了积极的作用。

（2）政策宣传功能。一般意义上的政策宣传是指关于公共政策决定、政策内容和政策实施方式的宣布和传播，是政策执行功能环节的重要组成部分。其直接目的在于通过对政策目标和政策内容的宣示、宣布和传播，促进政策执行者、政策对象、目标群体，以及各利益攸关方对政策的理解和认同，从而推动公共政策的有效执行和政策目标的实现。而思想库的政策宣传功能还突出地表现在对于自己的政策主张和政策理念的宣示和传播，以及政策分析和政策研究成果的发布和推介。德洛尔认为，随着政策科学的发展，要有一些以政策研究机构（思想库）就一些长期的和短期的政策问题提出一些研究成果。这些研究成果应该是既全面又深入的，但是表达形式和语言应该容易为公众所接受；而且其目的应该是增加人们可以采取自主立场的机会，而不是向他们兜售这一个或另一个解决方案。所以，政策研究组织（思想库）的研究报告，应该通过通讯宣传工作，包括书面的报告，播放电视等各种手段广泛地传播出去。② 对公众进行政策启蒙教育是思想库一项基本工作和功能。其实，思想库不仅针对普通民众，也面向决策者和社会精英进行政策宣传。

思想库在进行政策宣传的时候，通常采取多种途径：

---

① 参见[美]伦纳德·S.西尔克、马克·R.西尔克：《美国的权势集团》，金吾辉、潘同文等译，商务印书馆 1994 年版，第五章"沉闷科学的改革：布鲁金斯学会"。
② [以色列]叶海卡·德洛尔：《政策科学的构想》，国家机械委经济技术政策研究所、机械工业经济政策研究中心印，第 151 页。

其一,出版书刊。主要思想库每年都出版大量专著、期刊、研究报告、简报,有些是政府官员和研究人员的必读刊物。比如,美国企业研究所每年的出版物达110种,布鲁金斯学会每年的出版物达84种,兰德公司每年发送给政府、大学、社会团体以及企业的出版物超过30万册。思想库还资助学者出版著作,如曼瑟尔·奥尔森在写作《国家兴衰探源》过程中,除了有未来资源基金组织、美国国家环保局与斯隆基金会给予了支持外,斯坦福大学的胡佛研究所和伍德罗·威尔逊国际学者中心(The Woodrow Wilson International Center for Scholars)也提供了研究基金,使作者得以有数月的自由时间从事写作。[①] 20世纪70年代末期以来,美国思想库除了借助传统的印刷品推销研究成果外,更多地通过现代电子媒体来介绍自己的研究成果与政策主张。

其二,在主流媒体上接受采访、发表评论、举办媒体吹风会。比如,美国企业公共政策研究所对每月一次的"AEI公共政策讨论会"进行录像、录音,然后在美国的200个电视台和400个广播电台播放。又如美国对外关系委员会(The Council on Foreign Relations,CFR)以"重大决定提纲"为中心的外交政策讨论,参加者多达20余万人。借以引起公众和舆论对有关政策问题的关注,启发人们的兴趣,从而达到政策宣传效果,以影响甚至左右政策决策。思想库的政策精英们通过在电视、电影等大众媒体中的频频亮相,就有关政策问题接受采访、发表政策评论,"上镜率"也反过来成了衡量思想库影响力大小的重要标志之一。

其三,举办各种讲座、报告会和培训班,提供访问学者资助。美国思想库经常召开大大小小、各种各样的讲座、专题研讨会、纪念会、答谢餐会等,受邀参加这种会议的往往是政商学各界名流。政府重要决策人士也以出席著名思想库组织的各种会议为荣。这些活动既带有"启蒙"作用,也有助于同政府和各界建立关系网。如布鲁金斯学会专门设立一个"高级研究计划部",每年邀请500名左右的政府司、局级高级官员与学者、议员、企业家讨论政府面临的问题。又如,胡佛研究所(The Hoover Institution)自1980年开始在华盛顿举办研讨会,其研究报告宣称,"这些会议和研讨会在继续保持学者与政策制定者密切关系中发挥关键作用"。而阿斯平研究所(The Aspen Institute)也从1980年起每年夏天在科罗拉多州举办"战略小组"研讨会,专门讨论美国的对外战略和政策问题,参加者包括前国防部长、国会议员及学者。

---

① [美]曼瑟尔·奥尔森:《国家兴衰探源》,吕应中等译,商务印书馆1999年版"译者前言"。

其四,出席国会听证会、参与政府政策咨询。思想库成员凭借自己对某些领域的深入研究,在这些场合的发言往往具有一言九鼎的分量。如传统基金会专门设有负责国会关系的部门,这些部门同国会议员及其工作班子保持着密切的联系,并通过协助制订议案等活动来影响国会决策,以实现保守派的思想主义。2001年"9·11事件"之后的第8天,位于华盛顿的国际战略研究中心(Center for Strategic and International Studies,CSIS)就向布什政府提出了发动反恐怖主义战争的7点精确建议,对后来布什政府的反恐战略产生了重大影响。

总之,在西方国家特别是在美国,思想库作为政府的"外脑"在政策宣传和传播中发挥了重要的作用。思想库在国家政治生活中,主动充当政策宣传机构,对公众、决策者和社会精英进行政策宣传。在政策宣传过程中,思想库常常借助大众传播媒体的力量,①如通过出版书刊,在主流媒体上接受采访、发表评论,举办媒体吹风会,举办各种讲座、报告会和培训班,提供访问学者资助,以及出席国会听证会、参与政府政策咨询等多种途径,思想库进行广泛而深入的政策宣传。可以说,思想库独特的政策宣传功能在公共政策过程中所起到的作用是无可替代的。

(3)政策评估功能。在现代公共政策过程中,政策评估是一个重要的功能环节。正如安德森所指出的,很多政策评估是由非政府部门作出的,如大众传媒、大学的学者与研究中心、思想库(如布鲁金斯学会、城市研究所、美国企业研究所等)、压力团体和公益组织等。许多思想库把大部分或全部的时间都投入到评估执行的研究当中。② 思想库的政策分析专家要进行科学的政策研究和政策分析,就必须要对政策运行过程,特别是对政府各种政策和计划进行评估。因此,思想库常常通过对公共政策进行政策评估,来评判政府政策的利弊得失,公共政策运行的有效程度,并且从政策评估中不断地寻找和发现现行政策所存在的问题,从而提出政策调整的方案或政策终结的建议。可以说,从事政策评估也是思想库的立身之本和强身之道,是其能够生

---

① Weiss, Carol H. 1999. Helping Governement Think: Functions and Consequences of Policy Analysis Organizations, in Tadao Miyakwa, ed. *The Science of Public Policy: Essential Readings in Policy Sciences* I. London/New York: Routledge. pp. 288—303.

② Anderson, James E. 2003. *Public Policymaking: An Introduction*, 5th ed. Boston: Houghton Mifflin. pp. 253—254.

存发展和获得更多资助的必不可少的条件。美国学者托马斯·R.戴伊认为，由于政策制定和政策评估之间有着非常密切的、不可分割的关系，由各基金会资金支持、各智囊团实施的研究，通常都是对现行政策的效果加以评估。所以，各基金会和智囊团在自上而下的政策评估中扮演着与其在政策制定过程中所发挥的同样关键的角色和作用（如图 3-2 所示）。①

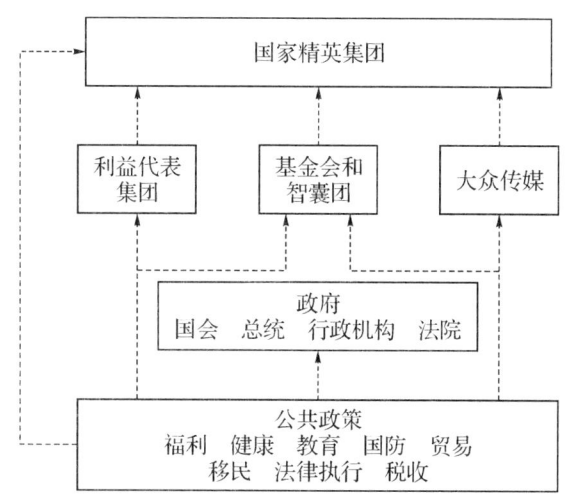

图 3-2 思想库与自上而下的政策评估

在政治生活中，思想库由于有其独到的政策评估功能而起着一种"社会医师"的作用。如日本综合研究所在其国内就有"诊断社会机能的医生"的美称。

（4）人才聚集功能。民办思想库是一个创造思想和汇集与培养人才的场所，不仅如此，它还在公共决策者、高等学校、专家学者和民众需求之间，架起了一座沟通的桥梁和交流的机制。在美国思想库的发展过程中，形成了一种叫作"旋转门"（revolving door）的交流机制，所谓"旋转门"，是学界与政界之间的一种交流互动机制。具体说来，就是指各种思想库为政府各部门储备人才，并且适时向政府输送官员和专家，充当人才交流、储备机构。在美国，新上任的总统总是从各大思想库中选用一批专家学者"投笔从政"，充任内阁成

---

① ［美］托马斯·R.戴伊：《自上而下的政策制定》，鞠方安、吴忧译，中国人民大学出版社 2002 年版，第 207—208 页。

员、局长、处长等各种职位。而总统四年一选,一旦总统离任,牵涉官员的变动达千人之多。这些官员离开政府后,便"辞政而治学",其中有相当一部分人就进入各大思想库,调养生息,伺机而动,等待自己所认同的政党东山再起。一方面,思想库往往热衷于将其精英安排到政府机构任职,使研究人员从政策分析家蜕变成为决策者;另一方面,由于美国政治是典型的"政党分肥制"(Spoils System),不论谁当总统,他都必须聘请思想库这些"深思熟虑"的人来管理政府。正如美国学者伦纳德·S. 西尔克(Leonard Solomon Silk, 1918—1995)和马克·R. 西尔克(Mark R. Silk)在《美国的权势集团》(*The American Establishment*)一书中所说的:"华盛顿卫队换岗,就是对一位新总统来说,提携那些支持总统任职目标的杰出思想库成员,同时又把他们的对手从前一届政府中辞掉,送回到思想库中去。"[1]据统计,美国政府中约有1/3以上的高级官员来自著名的思想库。例如美国前总统乔治·W. 布什就是对外关系协会、美国企业协会的成员。企业研究所30多名高级研究员中有一半在政府中担任过要职。小布什在第一任内就有许多著名思想库的成员在政府任职(如表3-1所示)。由于思想库一般都承担人才培养、储备和交流三方面的功能,因而与政府机构和大学之间都存在着通畅的人员交流渠道。

表3-1 小布什第一任内思想库成员的任职情况[2]

| 姓名 | 职务 | 所属思想库 |
| --- | --- | --- |
| 康多莉扎·赖斯 (Condoleezza Rice) | 总统国家安全事务助理 (Assistant to the President for National Security Affairs) | 胡佛研究所 (The Hoover Institution) |
| 保罗·沃尔福威茨 (Paul Wolfowitz) | 国防部副部长 (Deputy Secretary of Defense) | 约翰斯·霍普金斯大学保罗·尼采高级国际研究学院(The Paul H. Nitze School of Advanced International Studies, SAIS) |

---

[1] [美]伦纳德·S. 西尔克、马克·R. 西尔克:《美国的权势集团》,金君辉、潘同文等译,商务印书馆1994年版,第267页。

[2] 参见中国现代国际关系研究所:《美国思想库及其对华倾向》,时事出版社2003年版,第54页。

续表

| 姓名 | 职务 | 所属思想库 |
| --- | --- | --- |
| 罗伯特·佐立克（Robert B. Zoellick） | 美国贸易代表（US Trade Representative） | 国际战略研究中心（Center for Strategic and International Studies，CSIS） |
| 约翰·博尔顿（John Bolton） | 副国务卿（Assistant Secretary of State） | 美国企业研究所（American Enterprise Institute，AEI） |
| 劳伦斯·林赛（Lawrence B. Lindsey） | 总统经济事务助理（Assistant to the President for Economic Policy） | 美国企业研究所（American Enterprise Institute，AEI） |
| 理查德·哈斯（Richard Haas） | 国务院政策规划办公室主任（State Department Director of Policy and Planning） | 布鲁金斯学会（The Brookings Institution） |
| 彼得·罗德曼（Peter Rodman） | 助理国防部长（Assistant Secretary of Defense for International Security Affairs） | 尼克松和平与自由中心（The Nixon Center） |
| 詹姆斯·凯利（James Kelly） | 负责亚太事务的助理国务卿（Assistant Secretary of State for East Asian and Pacific Affairs） | 太平洋论坛（The Atlantic Forum） |
| 多布里扬斯基（Paula Dobriansky） | 副国务卿（Assistant Secretary of State） | 传统基金会（The Heritage Foundation） |
| 史蒂芬·耶茨(叶望辉)（Stephen Yates） | 副总统国际事务顾问（Deputy Assistant to the U. S. President for National Security Affairs） | 传统基金会（The Heritage Foundation） |
| 赵小兰（Elaine Lan Chao） | 劳工部长（Secretary of Labor） | 传统基金会（The Heritage Foundation） |
| 扎尔梅·哈利勒扎德（Zalmay Khalilzad） | 国家安全委员会中东事务高级顾问（Near East and North Africa for the National Security Council） | 兰德公司(The RAND Corporation) |

由于思想库一般都承担人才培养、储备和交流三方面的功能,因而与政府机构和大学之间都存在着通畅的人员交流渠道。一些思想库甚至拥有自己的研究生院,培养高级人才。思想库还通过举办各种讲座、报告会、答谢餐会、专题研讨会和培训班,以及提供访问学者资助等,既承担政策"启蒙"教育功能,也借此同政府和各界建立关系网。如布鲁金斯学会专门设立一个"高级研究计划部",邀请政府司、局级高级官员与学者、议员、企业家讨论政府面临的问题。又如,胡佛研究所自1980年开始在华盛顿举办研讨会,以保持学者与政策制定者之间的密切关系。

2. 我国民间思想库的发展及其功能限度

应当承认,我国的民间非营利性思想库发展缓慢,而且其功能常常难以有效发挥。据有关统计资料显示,中国思想库约为2 500个,研究人员达3.5万人,其中官方、半官方占绝大部分,属于民办性质的不到5%,且研究人员大多身在体制内,兼职参与民间机构组织的活动与研究课题。[①] 从这些笼统的统计数据看,中国目前的思想库在数量上已超越美国,但美国"全球智库影响力研究"项目发布的全球智库报告称,"中国大陆仅有智库74家"。就是说,如果仅以独立性作为标准来衡量,绝大多数中国的思想库都不被承认。当然,西方的很多思想库实际上也并不完全是独立的,他们或者依附于政党,或者依附于某些团体等等。但是如前文所述,我国目前的思想库几乎都是官方、半官方的思想库,真正意义上的民间非营利性思想库确实是屈指可数的。我国的民间思想库主要是指由企业、公司、个人创办的政策研究所、咨询公司、研究会等民间政策研究组织,在20世纪80年代开始出现,如陈子明等创办的北京社会经济科学研究所(1989年之后关闭,2004年恢复)、1986年成立于北京的中国管理科学研究院、1989年成立于深圳的综合开发研究院、1993年成立于北京的天则经济研究所等民间思想库或智库。1990年成立的民间思想库还有新华信管理咨询公司、世界与中国研究所、零点研究咨询集团、北京视野咨询中心、北京安邦咨询公司、北京长城企业战略研究所等。进入新世纪以来,北京大军经济观察研究中心(2000年成立)、上海法律与经济研究所(2002年成立)、北京九鼎公共事务所(2004年成立)等一批民间政策研究与咨询机构又相继成立。但是,由于受各种因素的干扰和制约,民间思想库在发挥功能方面还存在种种问题。突出表现在以下几个方面。

---

① 孙亚菲:《民间脑库的弱势生存》,载《南方周末》2004年1月15日。

其一是政策咨询功能的弱化。确实,思想库的一个重要目标就是要影响公共政策的制定。但是,我国民间思想库的问题突出表现在其政策影响力弱。一方面,由于认识上的偏差,我国政府决策人员在公共政策制定过程中往往是进行"三拍"式决策,即"拍脑袋"决策、"拍胸脯"保证、"拍屁股"走人。因而忽视甚至无视思想库的政策分析和政策建议。这使得思想库的政策方案规划和政策分析成果,因缺乏市场和环境而落入"英雄无用武之地"的尴尬。另一方面,由于一些民间思想库本身也缺乏足够的政策设计能力和政策市场营销渠道,导致我国民间思想库的政策影响力一般较弱。在我国的政策咨询市场上,内部咨询尤其盛行,充当内部咨询的政策分析专家往往都是官方思想库成员,包括服务于各级政府的政策研究中心(研究室)的政策研究人员,他们通常是属于政府公务员编制或者是政府机关事业编制。因而他们与政府是利益共同体,容易获得经费支持,但是也极易导致决策咨询缺乏独立性和公正性,甚至成为偏袒政府和企业的一个工具,造成事实上的"合谋"关系。[1] 民间思想库则由于体制壁垒所限,往往经费来源不足,加上研究条件的局限以及研究方法的落后,往往难以进行充分的调查研究,因而其政策设计能力常常无法满足政策制定的现实需要。此外,依据公共选择理论来看,由于政策研究组织中的专家行为的灵活性以及自利动机的强烈刺激性,他们的行为实际上也并非最大限度地增进公共利益而服务,而是依据自己获得的信息和个人效用最大化原则进行政策方案设计,因而也会出现"专家失灵",造成种种政策分析失误,降低政策设计的科学性。

其二是政策宣传功能的不足。相较于成熟的思想库而言,我国民间思想库尚处于发展初期,无论其数量还是影响力都非常薄弱。从现实情况来看,民间思想库在当下中国社会中承担的主要功能除了政策设计和影响政府决策之外,或许更为重要的是宣扬政策理念,宣示政策主张,传播政策思想,通过政策思想的宣传和政策分析成果的传播,既教育社会公众,也影响决策者,并在国家与社会的互动中发挥桥梁作用,在政策网络中实现自己的准确定位。但是,由于中国民间捐赠机制的缺失,以及信息孤岛、信息壁垒和信息封锁所造成的政策信息沟通不畅,导致我国的民间思想库没有足够的政策宣传动力和能力,未能很好地担当起政策宣传功能。一些民间思想库目前还尚未形成自己稳定的政策理念和明确的政策主张,在研究过程中难以及时、准确

---

[1] 钱再见、李金霞:《论科学决策中的专家失灵及其责任机制构建》,载《理论探讨》2006年第4期。

地获取政策信息,加上研究经费紧张、人手短缺,无法形成有影响的政策研究报告和政策分析成果,因而往往缺乏足够的政策宣传能力。

其三是政策评估功能的虚化。政策评估是思想库的一项基本功能,但是,这一功能的实现依赖于相应的经济、制度、法律和政治文化环境。① 政策评估是指对政策运行过程和结果的分析和评判。因此,政策评估涉及到对公共权威机关及其决策的监督和评判,是社会监督的一种形式。从这个意义上说,没有公民社会的发育和成长,没有对公共权力的制约、监督和责任追究,任何政策评估都只能流于形式。在民主社会中,民间思想库受委托进行政策评估其实是民主社会中代替公众对政府及其政策进行民主、公正和客观评判的一种机制。然而,有些民间思想库的专家和政策分析人员,不去实地考察社会的现实问题和矛盾,实事求是地寻求解决问题的各种决策思路;而是把精力大部分都用来揣摩领导人的所谓"精神",迎合某些领导人的心理需要,沦为领导人的"应声虫",从事"御用咨询",有时甚至是奉命论证。个别思想库及其专家为了满足自己的利益诉求,自愿充当了公共政策决策者的吹鼓手,导致其政策评估功能的"虚化"而成为摆样子的"花瓶"。

其四是人才聚集功能的缺失。现代思想库不同于传统智囊的地方,就在于其高度的团队协作能力,良好的流程管理,持续的筹资能力和灵活的用人机制。由于思想库面对的是各种各样的复杂政策问题,具有高度综合性特征,涉及到众多学科领域和社会生活的方方面面。因此,思想库广泛采用了跨学科、跨领域的研究方法,强调多学科合作。可以说,研究人员构成的多学科性是现代思想库的重要特征。西方思想库在开展课题研究时,通常把有关各个学科的专家组合在一起,开展协作,以便起到互相补充、拓宽思路的作用。反观我国民间思想库由于缺乏足够的空间、人力、资金和制度支撑,不仅严重影响了其研究团队的形成和发展,甚至使其举步维艰,不得不为生存而疲于奔命。同时,由于工作环境较差、社会地位和物质待遇不高,甚至连住房、医疗、退休等都缺乏必要的保障,特别是研究成果不受重视,更是挫伤了部分政策研究人员的积极性和创造性。再加上人们传统观念上的"公有制单位偏好"依然存在,导致民间思想库往往难以吸引并留住优秀政策分析人才。在现有的民间思想库中,最大的也不过20余人,年运营资金200万元。② 在

---

① Josef Braml. 2006. US and German Think Tanks in Comparative Perspective. *German Policy Studies*, Volume 3, Number 2:222—267.

② 贾西津:《民办思想库:角色、发展及其规制》,载《探索与争鸣》2007年第10期。

北京,仅存的真正意义上的民营研究咨询机构只有仲大军的经济观察研究中心、钟朋荣的视野经济研究中心、李凡的世界与中国研究所、刘军宁等人的九鼎公共事务所。有些民间"思想库"几乎演变成了几个"思想者"在苦苦支撑。

## 四、新时期我国民间思想库发展的路径选择

针对我国民间思想库的实际发展现状、功能限度和目前存在的问题,可以认为,应该从国家与社会关系的视角出发,考察民间思想库发展的现实路径,包括法律保障、制度支撑和民间道路等,并切实采取相应对策,推进我国民间思想库的发展,服务于我国决策科学化和民主化的实际需要。

1. 法律保障

就是要从法律上确保民间思想库的独立生存空间及其与官方、半官方政策研究组织的同等法律地位和政治地位。民间思想库的出现与发展是公民社会成长的必然逻辑。从国家—社会关系的视角来看,民间思想库不过是全球性的"社团革命"进程中人们不断创建的各种社团中的一种。其功能的发挥,不仅有益于促进基层社会发展,伸张公民权利,追求国家忽视或者无视的种种目标,而且也有利于提升国家能力,吸纳并彰显公共政策过程中所需的民智和民意,从而直接或间接地服务于公共决策的科学化和民主化。从这个意义上说,社会力量、民间组织包括民间思想库的成长,不应被视为国家力量的对立物。相反,民间思想库的发展及其功能的实现正是体现了政府"政社分开"的改革取向。民间思想库的出现,使政府的公共政策决策有了更多的选择。改革开放的深入、民主政治的发展以及公民社会的成长使得政府由统治转向治理,"善治的过程就是一个还政于民的过程。善治表示国家与社会或者说政府与公民之间的良好合作,从全社会的范围看,善治离不开政府,但更离不开公民"。"没有公民的积极参与和合作,至多只有善政,而不会有善治。"[①]在治理的背景下,先前由政府部门垄断的政策思想、政策主张、政策诉求和政策方案规划,都可以在政策网络中形成,即相关政策的各利益攸关方共同参与、合作、博弈和妥协的结果。民间思想库在其中发挥重要的民智聚集和民意综合的功能。因此,应以法律手段、依法保障民间思想库的合法地位以及其功能的正常发挥。在公共政策过程中,则应该把研究和决策即"谋"与"断"的两个职能和业务范围区别开来。民间思想库应具有在法律允许范

---

① 俞可平:《治理与善治》,社会科学文献出版社2000年版,第326页。

围内自由研究政策问题、表达政策主张和设计政策方案的权利,而党政领导机关的职能主要是决策。

西方思想库的发展中有一条成功的经验,就是只有让民间思想库能够进行相对独立的研究,才能充分彰显思想库的功能,保证决策研究和决策咨询的科学性。虽然自1998年民政部将"社会团体管理司"更名为"民间组织管理局"后,民间组织正式获得了官方认可的合法性。但是,按照我国现行的法人组织管理办法,民办非企业法人型思想库应在民政部门登记注册为非政府组织(NGO),而《民法通则》规定的四类法人(机关、企业、事业和社团)中并没有与民办非企业法人型思想库对应的法人形式的相关规定。这导致了民办非企业法人型思想库的相关民事责任规定无法明晰。[①] 此外,按照现行法律法规,注册登记为非政府组织(NGO)还必须有一个官方或半官方的业务主管部门,然而,如果一个民间思想库找到一个官方或半官方组织作为其业务主管部门,也就很难成为真正意义上独立的民间思想库。为此,一些机构干脆转到工商部门登记注册。总之,我国民间思想库要真正实现其独立性和民间性,必须要从法律上对民间思想库的地位、性质、作用、经费来源作出明确规定,明确其独立地位和多元化的经费来源。

2. 制度支撑

我国民间思想库的良性发展不仅需要法律保障,而且还需要相应的制度支撑。从现实情况来看,至少需要构建以下几个方面的制度体系。

其一是资金捐赠制度。西方国家的思想库非常重视标榜自己的"独立性",并且把独立性看作是信誉的象征。其研究经费一般靠自筹或由基金会、大企业资助,在组织上独立于其他任何机构。而其资金来源的多元化是实现相对独立性的重要基础。在中国,按照改革开放总设计师邓小平的设想,就是让一部分人先富起来,最终目标是逐步实现共同富裕。共同富裕的基本逻辑就是先富起来的人能够拿出一部分资金回馈社会,其中当然包括直接把钱捐出来给穷人,或者捐助大学、科研机构和民间思想库。但是,更为重要的是要有一种制度化渠道,基本的制度设计应该包括完善的资金捐赠制度、规范的基金会管理制度等。在国家—社会关系的新格局中,政府也意识到单靠自己的力量不可能包办一切事务,借助社会力量不但必要而且可能。在"后总

---

① 薛澜、朱旭峰:《"中国思想库":涵义、分类与研究展望》,载《科学学研究》2006年第3期。

体性社会"的背景下,特别是在现阶段我国财力有限而民间自"市场化改革"以来在"自由流动空间"中已经积累了相当可观的可以自由支配的资源,①应当逐步完善社会捐助体系,为民间思想库接受捐赠创造良好的社会环境,实现全社会对民间思想库的支持。

其二是人才交流制度。中国改革的目标之一就是要打破"铁饭碗",但是一波"千军万马考大学"未平,一波"千军万马考公务员"又起。"铁饭碗"还未打破,又捧起了"金饭碗"。究其原因,还在于"官本位"体制和传统政治文化的根深蒂固,社会中还普遍存在国有单位偏好,因为国有单位取得了"资源配置的优先权"。② 现在看来,深层次的改革正是彻底打破这种"单位依附"和"单位层化"的物质基础,让蕴藏和消耗在国有单位中的丰富人力资源和人才资源释放出来,走向公民社会,充实民间组织。通过制度改革和人才交流机制的建构,在人力资源方面为民间思想库提供支持。通过制度改革,还可以进一步动员专家、学者、离职、退休政府官员,建立、参加民间思想库。他们能够给民间思想库带来在政府内任职的宝贵经验以及丰富的阅历和见识。这有利于使民间思想库不只做象牙塔内的学问,而是做经世致用的政策研究和政策分析,并且科学、民主、规范而有序地影响政府决策和政策制定。通过构建和实施政策专家——政府官员的交流互动机制(中国式"旋转门"机制),建立起民间思想库与决策子系统和官方政策研究组织的制度化联系,建立起强大的决策咨询后盾,同时也促进民间思想库政策分析和政策方案设计能力的不断提升。

其三是信息公开制度。林德布洛姆指出,"如果没有基于信息的讨论和专门的职业性研究的帮助,一个政策制定者(a government functionary)通常总会感到无所依据"③。实际上,信息是政策分析的基础。从这个意义上说,任何思想库的功能实现的前提条件都在于能够获得准确全面的政策信息。因此,信息公开制度对于思想库的存在与发展是至关重要的。全社会的信息资源总量中有80%是掌握在行政机关手中的,但是,在民主公开的法治社会

---

① 孙立平等:《动员与参与——第三部门募捐机制个案研究》,浙江人民出版社1999年版,第21页。

② 边燕杰、卢汉龙、孙立平主编:《市场转型与社会分层:美国社会学者分析中国》,三联书店2002年版,第88页。

③ Lindblom, Charles E. & Edward J. Woodhouse. 1993. *The Policy Making Process*, 3rd ed. Englewood Cliffs, N.J.: Prentice-Hall. pp. 13—14.

中,公众有权获知政府如何运作、如何行使权力等相关的政务信息。所以,信息公开主要是指行政主体在行使职权时,除涉及国家机密、个人隐私和商业秘密外,凡与行政职权有关的事项,必须向行政相对人及社会公开。在美国等世界上信息公开制度比较发达的国家,"以信息公开为原则,以不公开为例外",任何公民都有权了解与政府管理有关的信息。2008年5月1日,我国《政府信息公开条例》正式在全国实施。这对于落实宪法赋予公民的言论自由和保障公民对行政权力运作的知情权无疑具有划时代的意义。与此同时,还需要全面规范政务公开工作,具体制定政府信息公开目录。在《政府信息公开条例》的实际执行过程中,还应加快研究制定省级政府信息公开规定,保障公民的知情权,增加政府工作的透明度,强化监督。在具体的政策研究服务上,还需要进一步健全社会化的政策信息中心及其覆盖全社会的信息网络,并且一视同仁地对官方、非官方以及民间思想库同等开放。虽然,如前文所述,民间思想库由于其社会性基础好而在获取真实有效信息方面具有其优势和有利条件,但是全局性的信息资料则有赖于政府的权威统计部门和社会化的政策信息网络。此外,信息源的准确性与可靠性即信息是否有效至关重要。如果通过现有途径无法获取现成的数据以及其他信息,则需要结合问卷调查、访问、专题考察以及利用机构记录来进行监测。[①] 总之,能否及时得到准确而全面的政策信息,并对其进行及时有效的处理,是民间思想库成功进行政策分析、设计决策方案的必要前提。在这方面,民间思想库特别需要有信息公开制度的支撑。

3. 民间道路

民间思想库的出现与发展,既是政府决策科学化和民主化的现实需要,也是公民社会成长和社会力量发展的必然。因此,依靠公众参与和社会力量支持,走民间道路,就是民间思想库发展的自然选择。

首先,资金来源的民间渠道。诚然,在资金来源问题上,民间思想库需要政府扶持,在课题立项、委托研究等方面打破官方思想库和半官方思想库的垄断,对民间思想库同等开放,公平竞争。政府通过鉴定合同、委托研究等方式,实行有偿服务。但是,民间思想库的资金来源不能依赖政府扶持,一定要走民间道路,完全依附于官方没有出路。民间思想库的主要资金来源渠道应

---

[①] Dunn, William N. 1994. *Public Policy Analysis: An Introduction*, 2nd ed. Englewood Cliffs, N.J.: Prentice-Hall, pp. 335—337.

该是社会,既来源于公益基金、民间捐赠,也来源于社会服务,包括方案设计、政策咨询、项目评估以及市场调查等。美国布鲁金斯学会中国研究中心的研究主任李成认为,中国经济拥有巨大潜力,随着新一代民营企业家的发展壮大,民间资本赞助智库的热情也会日渐明晰,中国或许将成为甚至比美国更加富饶的培育智库的土地。当然,资金来源渠道应该是多元化的,但是,这需要培育相对成熟的政策咨询市场。比如,对于一些涉及国计民生等重大问题的决策研究,政府可以把一些相关课题向全社会公开招标,基于公平竞争的机制,通过政策咨询市场"购买"所需要的各种方案,择优选用。所谓"购买",就是拿出钱来,委托社会上的专家、咨询系统进行专题研究,提出决策方案。① 从这个意义上说,民间思想库越是发达,政策咨询市场越是成熟,政府政策决策的选择范围也就越大。这对于提升政府政策能力来说,无疑也是有益的。

其次,政策研究的民主路径。如前面所述,思想库常常被誉为西方社会中的"第五种权力"(The Fifth Power)甚至是"第四种权力"(The Fourth Power),②联合国开发计划署(UNDP)则将思想库看作是"知识与力量之间的桥梁"。③ 然而,过于依附于权力势必使其丧失地位上的独立性、判断中的客观性、政策方案规划的准确性,以及信息来源的广泛性。依靠专家进行政策方案设计是公共政策制定科学化的题中应有之义,也是提高政策制定质量的必然要求。可是,政策制定的科学化绝对不是以牺牲政策过程民主化为代价的。相反,政策制定的科学化恰恰是建立在政策信息采集的及时性、可靠性和全面性的基础之上的。正如德洛尔早在1980年代就已经观察到的,现代思想库的一个重要特点是基于精英统治论(meritocratic elitism):思想库是由高素质专业人士团队组成精挑细选的机构,致力于为政策制定作出首要的贡献。这并不意味着其他群体就没有对公共政策制定作出至关重要的贡献。可以说,公民参与、民意测验、政治家、高级公务员与思想库之间的适当结合,

---

① 宁骚等主编:《现代化与政府科学决策》,经济科学出版社2000年版,第56页。

② Jean Louis Gergorin, 1970. *Systems Analysts versus Radicals: An Essay of Appraisal of the Future Role of Action Intellectuals in American Government*. Available from: http://www.rand.org/pubs/papers/2008/P4344.pdf.

③ Stone, Diana. *Think Tanks and Policy Advice in Countries in Transition*. "How to Strengthen Policy-Oriented Research and Training in Viet Nam", Asian Development Bank Institute Symposium, Hanoi, 31 Aug. 2005.

就是需要专门讨论的事情,并且有一系列可行的办法。① 民间思想库的生命力就在于其草根路径和民主选择。这突出表现在民间思想库对于民主价值的追求,例如李凡的世界与中国研究所就有一个始终不变的宗旨:推进中国政治制度改良,推进中国民主进步。

最后,服务目标的民本取向。民间思想库从民间生成,在民间成长,理应走民间道路,坚持民本取向,民主价值,服务于民生目标。民间思想库由于其具有选题自由、研究面宽、联系广泛、不受政治可行性局限、超脱政府及其职能部门之外的特点和优点,而成为公共决策的科学化和民主化的重要一环。在决策民主化、科学化呼声日益高涨的背景下,大力发展民间思想库具有更加重要的现实意义。因为,民间思想库不仅是国家—社会良性互动的重要机制之一,而且是使政府更多从公共利益的立场出发来思考整个国家与社会的发展理路的现实制约机制之一。民间思想库的最高目标,就是坚持民本取向以及对公民社会和公共利益的价值关怀与现实追求。

总之,我国民间思想库虽然已经有了长足的发展,并在政治、经济、文化生活各个领域日益发挥着重要作用,但由于种种因素制约,其功能尚未充分发挥,还远远不能适应我国决策科学化和民主化的实际需要。此外,民营思想库的成熟也需要时间。一方面,民间思想库还需要修炼内功,增强实力,另一方面,政府部门和整个社会大环境的支持也是其良性发展的必要条件。

---

① Dror, Yehezkel. 1984. Required Breakthroughs in Think Tanks. *Policy Sciences*, 16:199—225.

# 第四章 公共决策的多维度研究

公共决策是指公共管理组织基于公共权力在管理社会公共事务过程中所做出的决定,它是公共管理的首要环节,贯穿于整个公共管理过程的始终。现代决策科学之父赫伯特·A.西蒙(Herbert A. Simon,1916—2001)在其《管理决策新科学》(*The New Science of Management Decision*)中提出:"管理就是决策""决策是行政的心脏(decision making is the true heart of administration)"。① 德洛尔也指出,"政策科学关心的主要是认识与端正社会的发展方向(societal direction)。因此,它主要关心的是社会指挥系统(societal direction system),特别是公共政策制定系统(public policymaking system)"②。对公共决策的研究与探讨,对于加快我国公共决策科学化、民主化和法制化的进程,提高制定公共决策的质量,有效实现公共管理目标是非常必要的。公共政策制定是社会政治生活中公共决策系统的经常性活动,而公共决策系统在公共政策制定的过程中有着相对独立性,具有自身独特的活动特质,并且在决策过程中有着多方面的风险,常常会遇到种种不确定性,公共决策风险对公共政策制定有着重要的影响。同时,公共决策和政策制定始终面临价值选择和伦理考量。B.盖伊·彼得斯(B. Guy Peters)指出,"政策分析家必须不仅做一个技术员而且要做一名道德行动者,否则他在其整个事业的发展中始终只是一个阿诺德·梅兹纳所指的'孩子气的分析家'(baby

---

① Simon, Herbert A. (1947) 1961. *Administrative Behavior: A Study of Decision-making Processes in Administrative Organization*, 2nd ed. New York: Macmillan. [美]赫伯特·A.西蒙:《管理决策新科学》,北京中国社会科学出版社 1982 年版,第 34 页。Simon, H. A. 1977. *The New Science of Management Decision*, 3rd revised edition; first edition 1960. Englewood Cliffs, N.J.: Prentice-Hall.

② Yehezkel Dror. 1971. *Design for Policy Sciences*. New York: Elsevier Inc. p. 53.

analyst)"。① 深入探讨公共决策系统的活动特质及其决策风险,对于推动公共决策的科学化、民主化和法制化,提高公共政策制定的质量和效率,都具有重要的理论意义和现实意义。

## 一、公共决策系统及其政策制定原则

公共决策系统是由政党、政府等社会组织所组成的公共政策制定的主体系统,也是公共政策制定的核心,它在法定程序的规范下进行政策的优化选择,并最终进行政策决策。公共政策制定实质上就是公共决策系统对已经出现的政策问题采取行动的过程。

1. 公共决策系统的活动特质

在制定公共政策的过程中,公共决策系统作为公共政策制定的主体尽管要受到环境等各个方面的作用和制约,但它依然是最终的决策主体,并且在整个政策制定活动中都保持相对独立性,具有自身的活动特质。因而,它必然是决策风险的责任主体。

(1)公共决策系统决策行为的相对独立性。如前文所述,公共政策制定是公共决策系统最重要的日常活动。公共政策的制定不同于个人决策,而是一种公共决策;公共政策制定也不同于一般的组织决策,如企业发展战略、销售策略,而是一种政府决策、政党决策或大型社会集团的决策;公共政策制定不是社会中的微观决策,而是一种影响范围广泛的宏观决策。从这个意义上说,公共政策制定更多地是政府等社会公共权威的一种政治行为或者其他社会公共权力机关的公共行为。而国家和政府等公共权力机关虽然来源于社会,但是又具有强烈的独立性倾向,正如恩格斯所指出的,"国家的本质特征,是和人民大众分离的公共权力",②是"一种表面上凌驾于社会之上的力量"。③

(2)公共决策系统决策行为的目标指向性。任何一项公共政策的制定都是为了实现一定的社会目标,满足社会的需要。公共政策作为一门学科产生的直接原因就是当代各种社会经济问题的大量出现以及社会对于解决这些问题的迫切需要。拉斯韦尔认为,政策科学是用来解决社会问题的工具。因

---

① Peters, B. Guy. 2007. *American Public Policy: Promise and Performance*, 7th edition. Washington, D.C.: Congressional Quarterly Press. p.451.
② 《马克思恩格斯选集》第四卷,人民出版社1995年版,第116页。
③ 《马克思恩格斯选集》第四卷,人民出版社1995年版,第170页。

此,没有目标的公共政策是毫无意义的。正如詹姆斯·安德森所说的,"我们所关心的是有目的或者目标取向的行动,而不是随意行为或偶然事件。现代政治系统中的公共政策基本上不是那些偶然发生的事情。它们是有意识地要产生一定结果的(尽管说这些结果并非总能实现)"[①]。无论是出于主动还是出于被动,解决社会问题都是政府等社会公共权威的重要职责,这就势必会强化政府等公共决策系统在公共政策制定中的主体性地位及其相对独立性。同时,目标本身的成本—收益预期和多目标的最优化选择势必增加公共决策的成本和风险。

(3)公共决策系统决策行为的选择性和利益倾向性。公共决策是由三个基本要素组成的,即决策主体、方案集和行为选择偏好。决策主体是具有独立判断和选择权的决策者或决策机构;方案是决策主体可以独立控制和选择的影响结果的行动,也称策略;行为选择偏好是决策主体对决策结果的价值判断。[②] 所以,公共决策是一种选择过程,公共选择的目标是为了实现社会资源的帕累托最优配置。在这一选择过程中,政府或政党等社会公共权威具有特定的价值取向,服务于一定的利益追求。虽然实践中的公共政策的制定常常为一定的利益集团服务,帮助其实现经济利益的最大化,但是,政府等公共决策权威在公共政策制定过程中的地位和能量是任何利益集团都无法比拟的,一切利益团体的政策诉求都必须经过政府等社会公共权威的认同才能转化为公共政策。因此,公共政策主体尤其是执政党和政府等社会公共权威总是选择那些能够实现自己的价值目标和利益追求的行动方案。

因此,公共政策的制定过程是公共决策系统的一种具有相对独立性的公共政策活动。公共决策机构是政治生活中具有相对独立的完整系统,其政策制定过程具有自身的活动特质。

2. 公共政策制定的基本原则

在公共政策制定的实际过程中以及各种决策活动中,由于过程本身的复杂性,因而政策制定中的决策活动不可能是某一单一的模式,而应该是一个多种模式相互依存、相互补充而构成的决策体系。在公共政策制定过程中,应坚持如下基本原则。

---

① James E. Anderson. 1984. *Public Policy-Making*, 3rd ed. Orlando, Florida: Holt, Rinehart and Winston, Inc. p. 3.
② 王先甲、匡小新:《决策科学化与民主化的选择机制》,载《科技进步与对策》2000年第 11 期。

(1)理性化原则。理性是现代公共政策的基本价值观念之一,也是公共政策制定过程中的一个基本取向。虽然理性决策模式所追求的"完全理性"在现实中是不存在的,因为知识的广博性、动机的纯正性、价值的中立性、数据的完整性等等所谓最佳方案的现实条件上是不可能得到满足的,因而完全理性的决策在现实中是无法实现的,但是,理性作为一种观念和价值追求,仍然是政策制定过程中的一个重要原则,也是实现决策科学化的一条重要途径。

尽管西蒙、林德布洛姆、德洛尔等学者都从不同角度对古典的理性决策模式提出了种种批评,但他们并不是否定理性在政策制定中的作用,而只是对理性决策模式作理论上的修正。例如,西蒙用他的有限理性论来修正理性决策模式。由于它摒弃"绝对理性"的假设,因此给人以否定古典理性决策模式的印象。但是,如果从这种印象作进一步的引申,以为决策同理性分析没有任何实质的关联,那是对西蒙理论的曲解。西蒙所强调的行政人以"有限理性"作出"满意的"决策,本质上还是一种理性的行为。①

林德布洛姆也因对传统理性决策模式不满而提出渐进决策模式来对其加以修正。林德布洛姆承认理性决策模式的完善性与理想性,但认为在现代社会中,这种基于"广博理性"的"周全分析"(synoptic analysis)是不切实际的。传统理性决策模式在表面上看来是理性的,但其实做不到,并且如果照办,并不见得是理性。林氏认为他自己所主张的"渐进分析"才是现实中真正的理性。

德洛尔的规范最佳决策模式则更是明确指出了理性决策,提高公共政策理性化的必要性、可能性和现实意义,认为最佳决策就是一具认同理性、增加理性内容的过程。同时,他还指出,增加理性的努力可以通过多种途径和方法来实现,如敏感性训练、自由讨论、增加时间、提高政策者的专业水平等。②

西蒙的有限理性决策模式,林德布洛姆的渐进决策模式,以及德洛尔的规范最佳决策模式,实际上都不是对理性原则的颠覆,而是对它的真诚捍卫。

(2)规范化原则。现代公共政策的制定要求决策程序的规范化。首先是制度程序的规范化和法制化。公共政策是对全社会的价值作权威性的分配,涉及到社会生活的方方面面,影响到社会秩序、社会稳定和社会发展。因此,

---

① 杨旭:《从决策的科学化和民主化看行政管理的现代走向》,载《南京大学学报:哲学·人文·社会科学版》1998年第3期。

② 张国庆:《现代公共政策导论》,北京大学出版社1997年版,第246页。

公共政策的制定必然是一项非常重要的规范性行为,必须有严格的规范化的制度程序。如组织体制决策模式认为公共政策的内容决定于政府组织的稳定的行为模式。由于政策的合法性是由政府的立法部门赋予的,所以,公共政策的制定也必须符合法律规章和制度程序。只有使政策制定的制度程序规范化,才能使公共政策在严密的制度安排下得以产生,从而避免公共政策的盲目性和不规范性。

第二,政策制定过程的公开化。政策制定的规范化内在地要求公共政策制定过程的公开化,要建立有效的监督机制,避免"黑箱"操作。如公共选择决策模式在假定政府的政策制定者也是"经济人"的基础上,认为决策者在政策制定的过程中会有意无意地被自身的经济人动机所左右,依据自己所获得的信息和自身利益最大化的原则来制定政策,难以符合公共利益的要求。因此,必须限制政府政策制定者的特权,建立约束和监督机制,实现政策制定的公开化。

第三,政策制定方法的多元性和科学化。理性决策模式中使用了精细计算、数学模式、定量分析方法,博弈论决策模式中也使用了数学理论和方法,公共选择理论运用经济学的分析方法和工具。德洛尔在《政策科学的构想》一书中认为,常规科学对于改善政策制定宗旨的不适应是基本的规范所致,因此,要创造出改善政策制定所必须的科学投入要素,本质上要进行一场科学革命。要创立政策科学和优先发展当代科学中的某些领域,为政策制定的改进提供有关的改革工具和适宜的科学知识。

(3)民主化原则。决策的民主化也是现代公共政策制定中的一个重要的价值取向,它追求社会公正,强调公民参与。

林德布洛姆对理性决策的批评,其中一个重要的方面就是指责其过于突出理性分析,强调决策的技术性方面,因而容易导致专家治国和加强政府集权,违背民主政治原则。相反,林德布洛姆的渐进决策模式则强调政策制定必须在民主政治制度的框架内按照民主政治的运行原则进行。林德布洛姆指出,不论在专制政权下,还是在民主政权下,普通公民的利益和愿望都对公共政策有相当的影响。在专制政体下,统治者为维护其专制统治,不得不考虑公民利益;在民主政体下,公民通过选举选择最高的决策者,选举是事实间接地将一个原则强加给未来的决策者,即"决策中要考虑公民的愿望"。

团体决策模式也批评了精英决策模式对现代民主国家中公众政治参与的愿望与能力的忽视和低估。团体决策模式从政治学的一个基本命题出发,认为利益集团构成了现代民主政治的原动力和实质,团体之间的交互作用与交互影响是现代政治生活中最重要的事实,而公共政策则是在各种团体的目标或利益冲突中所达成的一种平衡状态。

公共选择学派认为公共政策是集体选择的结果,通过对西方所谓民主社会的政治结构的分析,公共选择理论将"政府失败"的主要原因归结为民主决策的种种弊端。因此,他们主张改革社会制度,监督、约束和限制政府权力,提升社会民主程度,使决策权力分散化,从而提高集体决策的社会效率。

## 二、公共政策制定中的决策模式

决策是公共政策制定中的经常性活动,公共政策制定实质上就是政府决策系统对已经面临的政策问题采取行动的过程。学者们在研究公共政策制定和公共政策分析的过程中,提出诸多不同的决策模式。系统地分析这些决策模式,检讨其理论得失,梳理其内在的理论逻辑和基本价值取向,对于推进我国的决策科学化、民主化和法制化进程,提升公共政策制定的质量,具有重要的理论意义与现实意义。

1. 理性决策模式

理性决策模式与19世纪以来的理性主义思潮有着密切的联系,认为理性的发展有助于增进人类的进步,并假定人为"经济人"(economic man),具有完全的理性(perfect rationality)。理性决策模式认为,理性的决策者能够始终坚持理性化活动,在决策时能够遵循利益最大化原则,选择最优方案,谋求自身最大的社会利益,即所谓最大"净价值成效"(net value achievement),花最少的代价,得到最大的成果。而具有最大"价值成效"的政策,就是一项理性的政策。[①] 在理性决策论者看来,只要决策过程中的每一个步骤都是出于理性的考虑,最后所制定的政策自然就是合理的。所以理性决策模式强调要用最佳的手段、通过规范的程序来达成既定的目标。然而,在实际中,由于受到知识、能力、智慧、经验、资源、时空以及其他环境因素的限制,决策者并不具有完全的理性及认识能力,也无法对相关信息作完全详尽的了解,也难以对错综复杂、彼此冲突的政策方案进行完全理性的"价值中立"的比较、权衡和选择。因此,理性决策模式在理论上的完美性在实践中是难以实现的,不具有可操作性,因而常常不能作出最优化的决策。

---

① 朱志宏:《公共政策》,台北三民书局1991年版,第44页。

## 2. 有限理性决策模式

这是由美国著名行政学家赫伯特·西蒙（Herbert A. Simon）提出的。西蒙认为，经济学家们给"经济人"赋予了一种全智全能的荒谬理性，然而生活在现实世界中的人并不是一个完全理性的人，而只是一个具有有限理性（bounded rationality）的人。所谓有限理性，是指"缺乏全智全能的理性，就是备受限制的理性"。① 西蒙把只具有有限理性的人视为"行政人"（administrative man）。由于行政人的有限理性，再加上时间和认识上的限制，所以决策者只能作出"满意的"（satisfying）或者是"足够好的"（good enough）决策，而不能作出完全理性的决策，行政人所寻求的是满意而不是最优。实际上，对于一个并非全智全能的行政人来说，在收集和处理所有相关信息的基础上作出最大化的最佳选择，既不现实，也不必要。决策者们不知道他们作决策的各种选择，也不清楚期望达到的所有目标。决策者只是设法减少每个问题的复杂因素，从而作出决策。他只需取一个最低限度的标准，然后从一组备选方案中选择出一个符合或超过这一标准的方案就足够了。

## 3. 渐进决策模式

这一模式是由美国耶鲁大学教授查尔斯·林德布洛姆（Charles E. Lindblom）提出的。1953年，他在与罗伯特·A.达尔（Robert A. Dahl）合著的《政府、经济和福利》一书中就提到要用"渐进主义"（incrementalism）来补充理性计算之不足，已经注意到政策制定所需考虑的两个层面：知识能力和社会的状况。由于知识能力的不足，人们只能期望做理性的决策，而事实上办不到，必须要承认现实；并且人们做决策受到其所处社会的局限，不能为所欲为，是在其所处社会互动中形成其政策，而不是决定其政策。② 据此，林德布洛姆对理性决策模式提出了尖锐的批评，他认为人的理性是不完全的，虽然人们期望尝试达到理性的境界，但由于受到种种因素的限制，决策无法达到完全的理性。基于广博理性（comprehensive rationality）的政策制定与政策分析存在难以克服的局限性：首先，它是容易出错的，并且大家相信更会如此；其次，它不能全面解决价值与利益的冲突；第三，它耗时耗力耗资巨大；第四，它无法肯定地告诉人们可以有效地解决哪些问题；最后，它相对加强了政

---

① [美]H. A. 西蒙：《现代决策理论的基石》，北京经济学院出版社1991年版，第82页。
② 张世宏：《公共政策析论》，台北五南图书出版公司1986年版，第35页。

府集权的地位,违背了民主政治的原则。①

　　林德布洛姆主张"意向的理性"(intendedly rationality),也就是说,人对完全理性的境界只能是憧憬并为达到这种可望不可及的彼岸世界作努力。② 而在实际中完全理性的决策是做不到的,因为政策制定者不可能收集到所有信息,因而不可能详尽无遗地列出整个过程所涉及到的所有可选择的政策。而且,这种过程是非常费时的,而制定政策者不能过分拖延时间来做出决策。另外,假定在选择政策前可以将各种价值进行分类和排列也是错误的。③ 因此,林德布洛姆提出渐进决策模式以取代传统的理性决策模式。他认为,由于多重主体的参与和制衡,政府的公共政策实际上只是过去政府活动的持续,只是根据过去的经验而对现行的政策作出的局部的、边际性的调适。"新政策只是对过去政策作某种程度上的不断修正而已。"④林德布洛姆认为,理性决策模式表面上是理性,但其实做不到,并且如果照办,并不见得理性。而他自己所主张的"渐进分析"才是现实中真正的理性。

　　4. 规范最佳决策模式

　　这是由著名公共政策学者叶海卡·德洛尔提出的。规范最佳决策模式是对理性决策模式和渐进决策模式的有机综合,所以也叫综合决策模式。德洛尔认为理性决策模式虽然在主观构想上是好的,但在现实中却无法达到;渐进决策模式虽然接近现实,具有可操作性,但有着明显的保守倾向,因为它只注重有限政策目标的制定和实现,缺乏政策创新意识和变革意识。因此,德洛尔综合二者的合理性方面,提出了规范最佳决策模式。他认为,最佳决策是一个认同理性、增加理性的过程,人们通过多方面的努力,可以提高政策的理性程度。增加理性的努力有助于提高政策水平,特别是对于在复杂的问题上作出最佳的决策更具有重要的意义。因为,人类虽然欠缺完整理性所需的资源与能力,但经过增加理性的努力,如直觉判断、静思、创新等,都是最佳

---

　　① C. E. Lindblom. 1980. *The Policy-Making Process*, 2nd ed. Englewood Cliffs, N. J.: Prentice-Hall Inc. pp. 19—25.

　　② 赵曙明:《西方决策模式简论》,载《南京大学学报:哲学·人文·社会科学版》1991年第1期。

　　③ [美]菲利克斯·A. 尼格罗(Felix A. Nigro)、劳埃德·G. 尼格罗(Lloyd G. Nigro):《公共行政学简明教程》,郭晓来等译,中共中央党校出版社1997年版,第27页。

　　④ C. E. Lindblom. The Science of "Muddling Through". *Public Administration Review*, 19, 1959:79—88.

政策的制定过程中增加理性的一面。增加理性的过程可以通过多种途径来实现,如个案讨论、自由讨论、敏感性训练等等。此外,还可以通过增加资源投入来实现,如增加时间、提高决策者的知识水平等。

德洛尔认为,现代国家中既有要稳定的政策诉求,又有要变革的改革诉求,只是在不同的时期以不同的政策诉求为主而已。现代社会发展变迁速度还在明显地加快,人们进行理性决策的客观条件和主观能力也都已经有了明显的增强。

德洛尔的观点反映了现代公共政策制定中决策模式的综合化的发展趋势,强调了多种方法的配合使用以及多种模式的有机结合。

5. 精英决策模式

这一模式是由托马斯·戴伊和哈蒙·齐格勒(Harmon Zeigler)于1975年在《民主的讽刺》中提出的,他们认为,公共政策的制定是由一些为数不多的掌权人物作出的,反映出统治地位的精英们的价值和偏好,而不反映"人民"的要求。精英理论把民众视为消极的、冷漠的、孤陋寡闻的,他们受社会精英的操纵和支配。而活跃的社会精英却很少受群众的直接影响,他们垄断了政治共同体中的政治权力、财富、知识、领导技能、信息、政治体系等因素。公共政策是精英们行为的产物,一方面,社会精英一般都是一个社会政策的始作俑者。另一方面,社会精英是社会政策的实际制定者。精英决策模式最大的理论缺陷是忽视了现代民主国家公众政治参与的愿望与能力。

6. 团体决策模式

这一模式认为,公共政策实际上是多种政治力量相互作用的结果。只有很少的人能直接参与决策,但人们可以通过各种渠道迫使决策者接受其要求。个人在政治上的重要性只有在当他是某一个或某几个团体的参与者或代表时,才能体现出来。只有通过团体,个人在政治上才是重要的,才能得到他们所追求的政治优先权。社会生活中的政治过程实际上就是各种团体力争影响公共政策的行为过程,每一个利益集团为了实现自己的团体目标,都尽力加强自身的实力并尽可能对公共政策主体施加更大的影响力。所以,公共政策就是多种团体利益均衡的产物和反映。在一个存在着多元结构的社会中,各种力量都会对决策者的政策制定产生影响。不难看出,在团体决策模式中,政府处于完全被动的地位。然而实际上政府在公共政策制定过程中的地位和能量是任何利益集团都无法比拟的,一切利益团体的政策诉求都必须经过政府的认同才能转化为政策。

7. 系统决策模式

这一模式是由美国著名政治学者戴维·伊斯顿(David Easton)于1979年在《政治生活的系统分析》中提出的。伊斯顿认为,政治系统是由一个社会中那些可识别、同时又是相互关联的机构和活动组成,它作出对社会具有约束力的权威性决定(或价值分配),即公共政策。政治系统的政治决定源自其环境的要求与支持,而公共政策的制定正是政治系统对来自环境的要求与支持的反应。公共政策直接作用于政治系统的环境,而环境又会对政治系统提出新的要求与支持,政治系统则必须作出新的反应,因此,公共政策实质上就是政治系统与其环境中的诸多因素相互作用的一种反映。公共政策制定系统与其环境的作用,是一个互为影响的动态过程,在二者反复循环的互动过程中产生公共政策。系统决策模式说明了公共政策制定过程的复杂性和动态性,但它将政治系统看作是一个"黑箱"系统,没有描述政治系统的内部转换的过程和机制。

8. 组织体制决策模式

这一模式认为,公共政策是政府机关的活动,由政府机关规划、颁布与执行。因此,要了解公共政策的制定,应首先了解政府的体制,从政府的组织、结构、职责和功能等方面进行分析。首先,政府赋予政策合法性。政府的立法部门赋予政策以合法性,公民对于政府机关制定的政策,在法律上具有效忠、服从的义务。其次,政府赋予公共政策以普遍适用性。一项政策唯有经过政府机关的规划、颁布、执行,才能成为"公共"政策,具有普遍适用的意义。第三,政府拥有政策的强制执行权。只有政府才有合法的强制性权力,对于违抗政策的个人、团体或组织,实行行政处罚或法律制裁。的确,政府组织体制与公共政策有密切的关系。不同的政府体制(如总统制、内阁制、委员制等)有不同的决策程序,因而就会产生不同的决策结果。然而,这一模式强调决策体制的静态结构,忽视了政策制定过程的动态性;强调了政策制定中法律条文和制度规范的作用,忽视了利益集团和个人在公共政策制定中的能动性和重要角色。

9. 博弈论决策模式

这是一种抽象的、演绎的决策模式,其主要目的不在于描述人们在实际中如何制定政策,而是要说明在一种竞争的状态下,如果人们的行动完全合乎理性,则他们将如何作出决策。参加博弈的个人、团体或一国政府必须具备两个条件,一是确定的目标,二是具备采取理性行动的能力。这一模式说明,我们无法判断一个决策是否为最佳决策,而必须配合对方的行动才能得知;也就是说,当双方处于竞争的对立状态时,往往需要猜测或估计对方将要采取的一切可能的行动,然后,才运用理性的方法决定自己的对策,采取一种能够达到"minimax"即利益最大化(或损失最小化)的理性策略。这实际上就是要求决策者在决策过程中要做到"知己知彼、百战不殆"。虽然要求政府理性决策存在着种种困难,但是博弈论无疑为政府制定理性的公共政策,提供了重要的思维方式。

10. 公共选择理论的决策模式

公共选择理论是当代美国著名经济学家詹姆斯·布坎南(James M. Buchanan)等人创立的。公共选择决策模式是公共选择理论在公共政策制定方面的应用。传统的观念对于市场制度中的人类行为与政治制度中的政府行为采用两套不同的衡量标准:一方面,经济市场中的"经济人"只受个人利益的驱动;另一方面,控制着集体利益的政府及其公务员则只遵从公共利益原则,"大公无私"。公共选择理论对此观念提出了挑战,它把政治舞台模拟为经济学意义上的市场,并从经济人的假设出发,分析政治领域中的经济人行为如何决定和支配集体行为,特别是对政府行为的集体选择所起到的制约作用。

公共选择决策模式认为,非市场的集体选择即公共选择,实际上就是政府选择,公共政策作为一种公共物品,是由公共选择决定的,是集体选择的结果。公共选择的目标是为了实现社会资源的帕累托最优配置。然而现实生活中的任何一种公共选择方式,其最终的决策都很难体现公共利益的最优化。因为国家和政府仍然是一种人类的组织,在其中作决策的仍然是人,而作为一个经济人,不论其处在何种地位上,其人性都是一样的,都追求个人利益的最大化。因而在国家或政府中作决策的人和其他人没什么不一样,既不会更好,也不会更坏,都一样会犯错误。正如市场会"失灵",政府也会"失败"。

公共选择决策模式所表现出的对国家或政府行为的"忧郁的"心情以及对民主制度的悲观看法,主要源自公共政策制定中民主决策的种种弊端,如选民对投票过程保持"理性的无知"和"冷漠的态度"、投票行为的不稳定性、无效率、被操纵的日程安排、互投赞成票等等。这种缺乏竞争机制、监督信息不完备的政府机构不断自我膨胀,最终必然导致政府失败或低效率,因此,公共选择理论强调,"不应该把增加社会福利与保证人人平等的权力随便交给某一特权机构或阶层,然后再虔诚地等待特权机构或阶层的恩赐。理性的做法应该是使这些特权机构或特权人物受制于某一硬约束机制的最终决策权"①。

## 三、公共决策的风险维度

公共决策的风险是社会政治风险中的一种形式,主要是指政策制定过程中决策的不确定性因素、政策制定偏离政策目标的可能性空间以及政策制定的可行性程度等等。由于公共决策风险因素的存在和作用,一些公共政策在付诸实施以后,并不能取得预期的政策效果,造成政策执行走样,甚至会出现政策失败。研究公共决策风险的目的就在于找出政策制定的风险因素,进而有效控制这些风险因素,提高公共决策效率和质量,促进政策目标的顺利实现。

1. 公共决策风险因素分析

影响公共政策制定的因素是多方面的,其中主要有:

(1)决策信息的完备性程度。信息的完备性是公共决策活动的必要条件。作为公共政策资源,信息是公共政策制定的基础和依据。公共政策制定中要不断地进行相关信息的搜集、加工和处理。② 由于公共决策系统的决策活动具有相对独立性,信息在决策过程中就具有了更加重要的意义。公共决策的信息系统利用现代技术设备,如因特网和数据库等,把与政策制定有关的一切情报信息全面、准确、及时地提供给公共决策系统。决策的科学性与信息的准确性和完备性是成正比的。掌握的实际情况和信息量越多、越准确,决策的基础就越坚实,决策的准确性和科学性程度也就越高,决策风险越小。相反,如果信息渠道不畅通,信息传递反馈的距离长、速度慢,或者缺乏足够的信息来源甚至信息失真,则会造成公共决策信息的非完备性,增加公共决策的成本、难度和风险,甚至导致决策失误。同时,信息的不对称性和不均衡性也影响决策的科学性和准确性,增加决策的风险性。

(2)决策程序的规范化程度。由于公共决策系统进行最终决策的相对独立性,因此,公共决策必须要有严格的规范化的制度程序。各项公共政策的最终制定者都是人,而人是不可避免地有着自身利益追求和行为倾向的,因此,要使政策制定者在制定政策的过程中始终保持绝对的"价值中立"实际上

---

① 丁煌:《公共选择理论的政策失败论及其对我国政府管理的启示》,载《南京社会科学》2000年第3期。

② 陈振明:《政策科学》,中国人民大学出版社1998版,第227页。

是难以做到的。决策者在制定公共政策的过程中会有意无意地被自身的经济人动机所左右,依据自己所获得的信息和自身利益最大化的原则来制定政策,因而难以符合公共利益的要求。只有使公共决策制度化、程序化和规范化,才能使公共政策在严密的制度安排下得以产生,从而避免公共政策的盲目性和不规范性。

公共决策的规范化内在地要求公共政策制定过程的公开化,必须建立有效的监督机制,避免"黑箱"操作。同时,只有限制政府政策制定者的特权,建立约束和监督机制,使公共决策处在法律和公众的有效监督之下,才能保证政策本身的合法性。"公民的参与是政府计划合法化的基础。"[1]如果公共决策的规范性程度高,则政策的合法性程度相应也高,公共决策的风险就会减小。反之,如果公共决策规范性程度低,缺乏公开化和公众参与,则决策的难度就会增大、决策风险也会增加。一些地方的领导人就是违反公共决策程序,靠"拍脑瓜"或"黑箱作业"制定公共政策,结果导致"豆腐渣工程",造成了严重的后果。公共选择决策模式认为,在国家或政府中作决策的人和其他人没什么不一样,既不会更好,也不会更坏,都一样会犯错误。正如市场会"失灵"一样,政府也会"失败",公共决策也会失误。

(3)决策方法的科学化程度。一方面是决策方法的科学性问题。公共决策必须运用科学的决策方法,才能提高决策的科学性与合理性。系统分析方法是研究作为一个整体过程的公共决策结构和功能的有效方法。政策科学或政策分析借鉴了管理科学的经验,将系统分析方法及运筹学方法直接运用于政策研究,并且将其视为自己的方法论基础或组成部分。满足系统科学的基本原理,构成了决策科学化的基本前提。美国政策科学家爱德华·S.奎德(Edward S. Quade)认为,运筹学是要帮助人们把事情办得更好;系统分析要帮助人们把事情办得更好、更便宜;而政策分析则是要帮助人们把事情办得更好、更便宜、更公道。[2] 另一方面是关于决策方法的多元性问题。理性决策模式中使用了精细计算、数学模式、定量分析方法,博弈论决策模式中也使用了数学理论和方法,公共选择理论运用经济学的分析方法和工具。正如德洛尔在《政策科学的构想》认为的,常规科学对于改善政策制定宗旨的不适应是

---

[1] [美]斯图亚特·S.那格尔主编:《政策研究百科全书》,林明等译,科学技术文献出版社1990年版,第106页。

[2] E. S. Quade. 1989. *Analysis for Public Decisions*. N. Y.: American Elsevier Publishing Co. p.27.

基本的规范所致,因此,要创造出改善政策制定所必须的科学投入要素,本质上要进行一场科学革命。要创立政策科学和优先发展当代科学中的某些领域,为政策制定的改进提供有关的改革工具和适宜的科学知识。

决策方法的科学化能提高公共决策的科学性、成功率和公共决策质量,降低公共决策失误的风险。相反,如果公共决策者的决策方式、方法过于陈旧、单一、缺乏现代化的科学决策方法,则决策失误的风险就会大大增加。

3. 决策科学化与公共政策制定的质量

推进决策的科学化进程,提高公共政策制定的质量,是我国政治体制改革的重要任务。随着人类社会组织化、信息化程度的不断提高,全球化进程日益加快,以及国内经济、政治体制改革的进一步深入,我国公共政策制定的要求更高、难度更大。一项政策出台以后,可以调整的空间更小;而一旦出现政策失误,其所造成的后果就更加严重。因此,在我国公共政策的制定中,一定要加快决策的科学化、民主化和规范化进程,避免决策失误。针对公共政策制定过程中所存在的种种风险因素,还必须采取相应的对策措施,增强政策制定的风险意识,降低政策制定风险,提高政策制定效率。

(1) 强化公共决策信息系统,提高决策信息的完备性程度

决策的科学性依赖于决策信息的完备性。然而,我国现实中的公共决策信息系统存在着弱化现象,信息来源少、信息传递和反馈的速度慢且失真率高,同时还存在决策信息不对称的现象。因此,首先要建立一个面向社会的、开放性的公共决策信息系统,确保决策信息的完整、准确、及时、公开。其次,通过专门化的信息机构和专业化的信息队伍的建设,运用现代化的信息工具和网络化的信息传输渠道,缩小信息传递距离,从而大幅度提高信息传递速度。① 最后,重视政策调查,政策调查是提高政策信息完备性的主要途径之一。"对于政策分析者来说,在许多场合,他们唯一能做到的就是利用能够得到的资料快速地作出分析。"这就要求我们尽可能多地收集所需要的资料,这些资料"可以通过对文献的再考察,对统计报告和机关文献的分析,通过观察和访谈等方式来填补"②。公共政策关注社会现实,注重对社会的调查研究。"没有调查,就没有发言权。"重视调查研究 20 世纪 90 年代以来公共政策所拓展的新的研究方向,即由传统的决策研究转向政策调查研究,所以,政策调

---

① 金太军:《政策制定中的信息系统》,载《中国行政管理》2001 年第 4 期。
② [美]卡尔·帕顿、大卫·沙维奇:《政策分析和规划的初步方法》,孙兰芝、胡启生等译,华夏出版社 2001 年版,第 76—77 页。

查在公共决策和公共政策分析中都占有重要的地位,对于强化决策信息系统,则更是具有直接的现实意义。公共政策制定必须要深入调查研究,尽力全面、细致地收集决策信息。不能只凭自己的感觉经验来决策,否则就会一叶障目,不见泰山,就难以抓住现象的本质。所以,公共决策系统只有做到不经过深入的调查研究决不决策,才有可能降低公共决策的风险。

(2)加强对公共决策过程的监督,促进决策的规范化和民主化

为了降低公共决策的风险,必须使公共决策符合规范化原则,进行公共决策的民主监督,避免决策的盲目性。

首先,完善决策制度,实现决策的规范化。一是要建立健全决策体制内部的具体制度,实行党政分开、政企分开、政资分开、政事分开、政社分开;决策权力要下放,实行分级决策;过去长时期内党委包揽的大量行政事务应交由政府决策,还政于政、还政于民。二是要实行政务公开。制定各级人民代表大会的议事规则,对同级政府提请审议的议案要有明确的审议程序和时限,并且能够加以"否决"。重大决策要先经由专家组审查、评估,然后才能由政府部门批准立项。三是要使政府决策行为法制化,加强行政法规和规章的制定,使政府决策行为有法可依、有规则可循,从而最大限度地减少政府决策行为的随意性。

其次,强调团体决策,吸收智囊团参与决策。一是要集思广益,改善决策程序,推动决策的民主化。决策的民主化是决策科学化的重要保证,因为没有决策的民主化,听不得不同意见,容不得对决策的讨论,就不能集思广益,也就不可能最大限度地发挥集体的创造性。决策不应当是领导者的主观意识,相反,它必须充分反映人民群众的愿望,必须符合人民群众的集体利益。从这个意义上说,决策民主化实质上是公民利益表达与利益整合的过程。二是要系统地进行咨询和论证,征求各方面的意见和建议,不搞"一言堂"、闭门决策。在决策过程中,要欢迎对决策问题的讨论,广泛听取多方不同意见和建议,杜绝领导人个人一时心血来潮"拍脑瓜"作决策。重大决策要经过由专家组成的专门机构审查、评估,再由政府部门批准立项。"重要问题的解决,都由组织成员本着民主参与的原则,以团体决策的途径来制定或者抉择。这样可以博采众长,以保证决策方向的正确性。"[①]三是要学会"借力",充分发挥智囊机构和社会专家系统辅助决策的作用,吸收智囊团参与决策,集中咨询系统各方面专家的集体智慧,提高公共决策的效率与质量。

---

① 金太军:《公共行政的民主和责任取向析论》,载《天津社会科学》2000年第5期。

第三,健全公共决策中的听证制度(public hearing system)。听证制度是现代民主社会的一种重要的制度设计,其目的是促进公众的政治参与,保证各方利益主体平等参与公共决策过程,最终实现决策民主化、公开化、公正化、科学化乃至法制化。① 通过公共决策中的听证制度的建立与健全,不仅实现政策制定过程的规范化和公开化,而且也促进了公共政策制定过程的民主化。实现对公共决策的有效监督,避免"黑箱"操作。

第四,创新公民参与方式,真正实现民主决策。决策的民主化,使民众有更多的机会参与决策,从而有利于避免滥用权力的独裁,降低公共政策的决策风险,维护人们自身的根本利益,也有助于提高公共行政的效率和整个社会的民主化程度。要提高决策的民主化程度,必须从改善决策程序入手,一是发动民众参与决策,民众参与可以采取多种形式,既可以直接参与,也可以间接参与,即通过自己选举的代表参与,还可以通过舆论参与、调研、信访、网上参与等形式。二是建立健全监督机制,包括政府内部的自我监督机制即自律机制,也包括权力机关、司法机关、社会舆论机构和广大民众对政策决策实施监督的外部监督机制即他律机制。三是要使政府决策行为法制化,加强行政法规和规章的制定,使政府决策行为有法可依,有规则可循,从而最大限度地减少政府决策行为的随意性。

第五,建立公共决策的责任追究制度。由于公共决策的日益复杂化和专业化,实际的公共决策过程往往只能是少数人的决策过程,因此,必须建立公共决策的责任追究制度,强化责任意识。从我国政策监督的内容上看,以监督政策的执行和结果为主,而对政策制定过程的监督比较薄弱。一些重大决策出现失误后,决策者不为其负任何政治的、行政的、刑事的责任,不了了之,助长了随意决策的不良作风。② 责任追究制度的缺损与弱化,必然增加公共决策的风险,甚至导致决策的失败。首先,更新决策观念,提升决策的理性化。一是要学习科学的决策方法,掌握现代化的决策手段。不能只靠"拍脑袋"来进行经验决策。二是要提高自身素质,充实智能结构,培养创新意识。要站得高,看得远,同时还要大胆创新,增强决策的预见性和创新性。

(3)吸收现代决策科学的理论和方法,提升决策方法的科学化程度

首先,要树立正确的决策风险意识。一方面,从战略上讲,要敢于决策,敢于冒风险,正确处理决策风险与决策创新的辩证关系。小平同志曾经说:

---

① 彭宗超、薛澜:《政策制定中的公众参与》,载《国家行政学院学报》2000年第5期。
② 梁亮、钱海燕:《政策制定失败原因分析》,载《理论探讨》2000年第5期。

"不冒点风险,办什么事都有百分之百的把握,万无一失,谁敢说这样的话?"①所以,他经常告诫人们要敢于冒风险,胆子要大,看准了就要大胆地试、大胆地闯。另一方面,从战术上讲,又要注意策略,讲究决策的科学方法。小平同志说:"我们的方针是,胆子要大,步子要稳,走一步,看一步。"②从而降低决策的风险。

其次,要学习科学的决策方法,掌握现代化的决策手段。不能只靠"拍脑袋",来进行经验决策。由于新兴科学技术的迅速发展,决策的系统化、程序化、高速和准确,已成为现代决策的主要特征。③公共决策者只有不断学习现代决策科学知识,才能提高自身素质,充实智能结构,培养创新意识。小平同志说:"没有专业知识,又不认真学习,尽管你抱了很大的热心建设社会主义,结果做不出应有的贡献,起不到应有的作用,甚至还起相反的作用。"因此,"要改变干部缺少专业知识、专业能力的状态"④。

第三,要以事实材料为基础,运用逻辑推理进行决策,反对盲从权威、凭直觉或感情用事。不能只凭自己的感觉经验来决策,否则就会一叶障目,不见泰山,就难以抓住现象的本质。

## 四、公共决策的伦理维度

亚里士多德认为,"伦理学研究的是个人的善,政治学研究的是群体的善,或者说是公共的善和公共利益"。⑤而公共决策则是实现"公共的善"和公共利益的源头和根本。因为,公共决策既是社会公共权威运用公共权力对社会资源进行权威性分配的政治过程,也是一种社会价值分配的过程。因此,公共决策者和决策参与者必然是公共决策的责任主体,承担公共决策的法律责任和道德评判。公共决策在注重决策科学化和决策效率的同时,也要面临社会的种种公共价值选择,公共决策必须维护社会的公正原则,彰显社会的正义性,才能充分体现决策的伦理道德关怀。同时,政府等社会公共权威存在的目的在于维护公共利益,因此基于民主的价值,公共决策者自然有承担

---

① 《邓小平文选》第3卷,人民出版社1993年版,第372页。
② 《邓小平文选》第3卷,人民出版社1993年版,第113页。
③ 吴季松:《自然科学技术与社会科学研究在中国决策中的作用》,中国社会科学杂志社编:《社会科学与公共政策》,社会科学文献出版社2000年版,第81页。
④ 《邓小平文选》第2卷,人民出版社1983年版,第264页。
⑤ 俞可平:《政治制度需要研究和比较》,载《学术界》2000年第3期,第36页。

公共责任的义务。可以认为,公共决策的伦理维度及伦理特性主要表现在公共决策的功利性、公正性和责任性等方面。

1. 公共决策的功利性

在政治学理论中,现代政府的价值依据主要是来自古典自由主义(Classical Liberalism)的界定,而后者植根于深厚的英国经验论哲学传统,以功利主义为其基本的出发点。功利主义伦理学形成于18世纪末、19世纪初的英国,其创始人和最主要的代表人物是边沁(Jeremy Bentham,1748—1832)和密尔(John Stuart Mill,1806—1873)。功利主义是工业文明和商品经济的道德产物,它是在英国经验主义的基础上,继承了伦理学史上的幸福主义特别是快乐主义的思想而形成的一种伦理学说。

秉持功利主义伦理学的学者,以行为所能带来的客观效果来衡量该行为的价值,属于行为的"效果论"(Consequential theories)。他们认为,在现实生活中,过多地讨论抽象的道德规范是没有意义的,作为理性、自利的个人,他的最大追求就是趋利避害,寻求自身的"快乐"(pleasure)。因此,如果一项行为,能够给行为者或行为所涉及的人(people concerned,involved)带来快乐,并进而给全社会带来"最大多数人的最大快乐",它就是道德的。边沁认为,道德的基本原则就是"最大多数人的最大幸福",善恶评价的标准就是看它能否带来快乐和幸福。他说:"功利原理是这样的原理:它按照看来势必增大或减小利益有关者之幸福的倾向,亦即促进或妨碍此种幸福的倾向,来赞成或非难任何一项行动。"① 边沁还特别强调,自己所说的"任何一项行动",不仅是私人的每项行动,而且是政府的每项措施。密尔继承了边沁的基本思想,并将其完善化、系统化。他认为,人本能地追求快乐的感觉,得到了它们,肉体与精神得到满足,就会感到幸福,而这就是善,反之就是恶。"幸福是得到快乐和免除痛苦,不幸福就是受到痛苦和丧失快乐。"②

边沁等功利主义的开创者开始重新评价并力图改革当时英国的各项法律、政策,成为所谓的"激进主义者"。自此以后,功利主义在政府公共政策的制定和评价及公共决策过程的评价中一直占据主导地位。如今在西方,功利主义原则同权利原则、正义原则以及美德原则一样,都得到了社会广泛的认可,并被应用于企业决策和公共决策的伦理评价,即该决策方案能给我们自

---

① [英]边沁:《道德与立法原理导论》,商务印书馆2000年版,第58页。
② [英]密尔:《功利主义》,商务印书馆1962年版,第7页。

己及利益相关者带来最大的好处。对于政府公共政策以及公共决策的绩效评估而言,这确实是非常简捷、明确的准则。

功利主义决策评价标准的形成与发展,究其原因,主要是因为功利主义一改过去的伦理学说仅仅从抽象的人性和需要出发来研究道德的做法,改从人们的现实经济关系中来谈道德,把利益看作是判断人类行为的道德标准,强调道德行为的实际效果,应该说,这是伦理学史上的一个进步。正如马克思所说:"功利主义至少有一个优点,即表明了社会的一切现存关系和经济基础之间的联系。"①

然而长期以来,西方功利主义在我国理论界被简单地等同于个人主义甚至利己主义,被斥为资产阶级道德。我国历史上的功利主义思潮则未能形成完整的理论体系,更没有能够取得社会意识形态的主导地位。相反,中国主流文化一直是否定功利主义的合理性的。但是,在市场经济条件下,人们不能没有效率意识和经济头脑,也不能不正视功利和利益。实际上,社会主义市场经济的基本目的就是国家的强大和人民的富裕。忽视人们的正当利益,也就是违背了社会主义的根本目的。毛泽东也指出:"唯物主义并不一般地反对功利主义,但是反对封建阶级的、资产阶级的、小资产阶级的功利主义,反对那种口头上反对功利主义、实际上抱着最自私最短视的功利主义的伪善者。世界上没有什么超功利主义,在阶级社会里,不是这一阶级的功利主义,就是那一阶级功利主义。我们是无产阶级的革命的功利主义者,我们是以占全人口百分之九十以上的最广大群众的目前利益和将来利益的统一为出发点的,所以我们是以最广和最远为目标的革命的功利主义者,而不是只看到局部和目前的狭隘的功利主义者。"②马克思主义伦理学并不一般地否认功利的道德,相反,在某种意义上说,它强调的也是一种普遍的功利主义,即无产阶级和广大人民群众的功利原则。

回顾现代政府等社会公共权威的公共决策实践,我们不难发现,功利主义较之传统的道德理想主义而言,因其便于操作,实际上已经成为公共权力运行的价值判断标准。归根结底,这种选择是近代以来社会经济生活的必然要求,也是现代政府为更好地履行其职能而作出的当然选择。

2. 公共决策的公正性

对于公共决策而言,仅仅秉持功利主义的决策评价标准显然是不够的。

---

① 《马克思恩格斯全集》第2卷,人民出版社1957年版,第484页。
② 《毛泽东选集》第三卷,人民出版社1991年版,第864页。

众所周知,公共决策是社会公共权威为解决社会公共事务问题,分配社会公共资源,实现社会公共目标而制定或选择行动方案的行为过程。因而它是社会公共事务中涉及多数人利益的管理活动,是利益的选择或调整过程。美籍加拿大学者戴维·伊斯顿(David Easton)认为,公共政策是政府对整个社会的价值作权威性的分配(authoritative allocation of values)。所谓的"价值"则是社会上一般人都想得到的有形或无形的东西,如权力(power)、财富(wealth)、技能(skill)、知识(knowledge)、安全(security)、声望(prestige),等等。"权威性分配"是指政治系统(system)经由决策制定,将各种价值分配于体系内的成员。[1]

对社会公共资源进行分配和调整是政府等社会公共权威机构的一项重要职能。洛克(John Locke)在《政府论》一书中对政府这一社会公共权威组织的起源和基本的职能就作了经典性的论述。他论证道,在人类进入政治社会之前,存在着一种"自然状态"(natural state)。在这种状态下,人们虽然过着自由、理想的生活,但是,由于缺乏有权威的公共裁判者,当发生争端或它的成员受到伤害时,就有无法进行申诉和决定争端等种种"不方便"之处。为了避免自然状态下的种种不方便,人们通过订立社会契约(social contracts),让渡出一部分天赋的基本权利,共同形成政府的公共权力。政府作为行使公共权力的公共机构,其基本职能就是"为了规定和保护财产而制定法律的权利,判处死刑和一切较轻处分的权利,以及使用共同体的力量来执行这些法律和保卫国家不受外来分割的权利;而一切都只是为了公众的福利"[2]。

由于国家是公民达成契约的结果,所以它应该致力于社会公共福利的最大化,并且要成为社会正义的维护人。20世纪30年代以后,西方资本主义国家纷纷改变"放任主义"政策,强调国家对社会生活的干预,政府也不再只充当"守夜人"角色,而是运用公共政策积极主动地介入社会生活,以种种公共决策规范社会活动,调适社会关系,维护社会公正。如建立"福利国家"的公共决策,就是试图追求社会正义的一种实践活动。

但是,经济学家、社会学家对国家等社会公共权威的性质同样也有掠夺(剥削)论的解释,即认为国家是统治者掠夺和剥削被统治者的工具,它将使统治者的收益最大化而无视社会整体福利。正如道格拉斯·C. 诺思

---

[1] Easton, David. 1953. *The Political System: An Inquiry into the State of Political Science*. N.Y.: Knopf. pp.125—141.

[2] [英]洛克:《政府论》(下篇),商务印书馆1964年版,第80页。

(Douglass C. North)在分析契约论和掠夺论时所阐述的,"作为每项契约的第三方和最终的强制根源,国家却在变成为争夺对其决策权的控制而进行战斗的场所。每一方都希望能对福利和收入进行再分配以有利于他们各自的团体"①。

因此,我们有理由对声称是为了实现公众福利最大化的公共决策进行公正性分析。"公正"作为正义理论的核心概念,一直是政治哲学讨论的问题。柏拉图在《理想国》中开宗明义地提出了"何谓正义?为什么正义会使人得到好处?为何正义胜于不义?"并且分析了什么是公正以及如何获取公正。柏拉图首先讨论个人正义,然后由个人正义转入讨论城邦正义。他指出,国家的本质是主持和实现社会正义,国家的目的是为了实现善和社会的和谐。使国家和社会处于最佳状态,即是至善。为了实现公正,柏拉图设计了一个真、善、美相统一的政体。其中,统治者、卫士和群众各司其职、各具其德,并且由哲学王实施统治。在柏拉图那里,研究正义的目的,是"为了寻找到衡量理想政治的标准,判断我们的幸福或不幸,以及我们幸福或不幸的程度"②。实际上,国家或政府等社会公共权威的公共决策的公正性程度,常常是决定了我们的获益或损失,以及获益或损失的程度,并且进而影响到我们的幸福或不幸,以及我们幸福或不幸的程度。亚里士多德也将公正、平等、正义看作是治国安邦的基本要义,他指出:"凡是政治安定的城邦,其官员一定以正义(公道)待遇籍外的群众……对实际上属于平等的人们之间施行平等的待遇,的确是合乎正义的——而且既然合乎正义,也就有利于邦国。"③亚里士多德虽然认为公正是伦理德性,但他"称他为最完满的德性,不是德性的某部分,而是德性的整体"④。此后,思想家们对于公平、正义、公正多有论述。大卫·休谟分析了"正义对社会是有益的……公共利益是正义的唯一源泉"的命题,认为"有用一定是归诸人道、仁慈、友谊、公共精神以及其他这类社会德性的相当部分价值的根源;它也是对忠诚、正义、诚实、正直及其他值得尊重的有用

---

① [美]道格拉斯·C.诺思:《经济史的结构与变迁》,商务印书馆1992年版,第23页。
② [古希腊]柏拉图:《理想国》,商务印书馆1986年版,第213页。
③ [古希腊]亚里士多德《政治学》,商务印书馆1965年版,第266页。
④ [古希腊]亚里士多德《尼格马科伦理学》,中国社会科学出版社1999年版,第95页。

的品质和准则加以道德赞许的唯一来源"①。在早期的《人性论》一书中,他还曾经指出:"正义只是起源于人的自私和有限的慷慨,以及自然为满足人类需要所准备的稀少的供应。"②在休谟那里,正义主要表现为三个自然原则:"财产稳定地占有的法则,根据同意转移所有物的法则,履行许诺(promises)的法则。"德国著名伦理学家弗里德里希·包尔生(Friedrich Paulsen)认为,正义作为一种道德习惯,是这样一种意志倾向性和行为方式,它制止自己对他人的生命与利益的干扰,而且,只要有可能也阻止他人进行这种干扰。在他看来,正义义务的总的准则可以表述为:只要力所能及,就自己不要做、也不让其他人去做不公正的事。③ 而公共决策正是通过规则的制定和方案的选择,在社会更广泛的范围内倡导公益精神和正义原则。

1971年,约翰·罗尔斯(John Rawls)发表《正义论》(*A Theory of Justice*)激活了西方学界对社会正义的关切,罗尔斯说:"正义是社会制度的首要价值,正像真理是思想体系的首要价值一样。"他还指出:"作为公平的正义可以说不受现存的需要和利益的支配。它为对社会制度的评判建立了一个阿基米德支点。"④ 从《正义论》引申出来的是支持基本福利的论点,正好支持当时在欧美盛行的福利主义。诺齐克(Robert Nozick)于1974年出版的《无政府、国家与乌托邦》(*Anarchy, State and Utopia*)却反对福利分配,他将国家角色定位在个人权利的保障。他虽然对无政府主义者主张个人有权管理自己,其权利不容侵犯深有同感,却不认可无政府主义者所强调任何政府的存在,都是对个人权利之侵犯。他的最低限度国家,基本上沿循古典自由主义"守夜人国家"(nightwatchman state)的基线,将国家功能定位在防止暴力、偷窃、诈欺,以及保障契约之履行等等。他认为此种最低限度的国家,为保障个人权利所必须,却不会造成无政府主义者所担心的侵犯个人权利的结果。不过,任何逾越这种最低限度功能的国家(ultraminimal state),都将不可避免地造成对个人权利侵犯的后果。西方社会正义论的关切点是如何分配社会的好东西(goods)与坏东西(bads)。罗尔斯及诺齐克建构其理论的

---

① [英]大卫·休谟:《道德原理探究》,中国社会科学出版社1999年版,第13页,第31页。
② [英]休谟:《人性论》(下),商务印书馆1980年版,第536页。
③ [德]弗里德里希·包尔生:《伦理学体系》,中国社会科学出版社1988年版,第517页。
④ [美]约翰·罗尔斯:《正义论》,中国社会科学出版社1988年版,第1页,第252页。

目的是要寻找普遍性的正义原则。

政策科学从一开始就关注政策制定和公共决策中的价值选择。拉斯韦尔认为,政策科学是某种不同于应用社会科学的东西,因为它主要关心"社会中人的基本问题","政策科学的研究方法不仅强调基本问题和复杂模型,而且在相当大的程度上需要澄清政策中的价值目标。然而,在何种意义上一个问题是'基本的'呢?其评估基于对所需的人际关系的假设。对于分析的目的,术语'价值'的意思是'可取事件的种类',如和平而不是战争、高生产性雇佣水平而不是大量失业、民主而不是专制,以及善良且富有成效的人品而不是破坏性的人品"①。德洛尔认为,政策科学"在把当代科学和关于价值的伦理学和哲学完全分开的坚实的墙壁上,打开了一个缺口,并将建立起一套实用的价值理论(包括价值形态学、价值分类学、价值的计量等,但不包括它们本身基本的绝对规范)作为政策科学的一部分"②。公共政策通过政策价值观来约束公共政策主体的思想和行为,指导其做出公正性的公共决策。协调、平衡公众的利益矛盾和利益冲突,确保社会朝着公众、民主、和谐的方向发展。美国学者史蒂文·凯尔曼(Steven Kelman)认为,政府的决策过程为发挥正确的作用,决策过程参与者应该具备公益精神。他甚至认为,政府应该发挥教化公民道德行为并塑造公民人格的学校的功能,③即通过公正的公共决策过程,在全社会范围内倡导公益精神和公平、正义原则。

3. 公共决策的责任性

公共决策的另一个重要的伦理特性就是责任性问题。责任在伦理学中也是一个重要的道德范畴。"责任强调必须、重在必须、必须重于应该,是必须且应该付出的利益。因此,一般说来,一方面,凡是与职务有关的、职务所要求的必须且应该付出的利益,便都因其更强调必须性、强制性、法规性而叫作责任。"①公共决策作为一种对众多社会成员产生广泛影响的公共行为,其行为的动机和结果都包含责任性,因而也必然涉及到责任性的道德分析和道

---

① Harold D. Lasswell. 1951. The Policy Orientation, in Daniel Lerner and Harold Lasswell. *The Policy Science: Recent Development in Scope and Method*. Stanford, C. A.: Stanford University Press. pp. 9—10.

② Yehezkel Dror. 1971. *Design for Policy Sciences*. New York: Elsevier Inc. p.53.

③ [韩]吴锡泓、金荣枰编著:《政策学的主要理论》,金东日译,复旦大学出版社 2005 年版,第 261 页。

① 王海明:《新伦理学》,商务印书馆 2001 年版,第 317 页。

德评价。罗伯特·林伯雷(Robert Lineberry)分析道,决策者作为政治制度的核心,"他们不断以所承担的义务、目标以及回应形式,使制度得以运行。他们不一定负责阐述问题,甚至不把问题诉诸于公共议程中,决策者是'责任所在';他们对处理(或拒绝处理)所面临的问题的具体方式负责"[1]。

公共决策由于是社会公共权威机构做出的集体决策,其责任往往也是集体性的。正如法国行政学家夏尔·德巴什(Charles Debbasch)所认为的,"行政机构出于需要集体工作,这是因为任何决策都需要各部门的协商以避免冲突和不和。行政机构使用这种方法还出于对整体利益的关心。因为只有这种方法才能确保整体利益的各种方式都被认真考虑而不被遗忘"。然而,"它削弱了机关内部的责任性"[2]。经济学家哈耶克(Friedrich A. Hayek)也说道:"欲使责任有效,责任还必须是个人的责任(individual responsibility)。在一个自由的社会中,不存在任何由一群体的成员共同承担的集体责任(collective responsibility),除非他们通过商议而决定分担责任。人们有时也可以向个人课以连带责任(joint responsibility)或分割责任(divided responsibility),但这必须是他与有关人员进行商议的结果,而其目的则在于对其间的每个个人的权力进行限制。"[3]所以,对于公共决策的责任性评价就显得非常重要,因为不负责任的决策行为势必会产生"恶"的结果。而公共决策因其结果影响到更大的面,一旦决策失误,就会产生更大的"恶"的结果。所以,对于任何一项具体的公共决策,不但要进行责任性评价,而且要进行明确的、具体的责任性分析。

现实社会政治生活中,不负责的决策行为又是客观存在的。正如美国著名行政学家埃莉诺·奥斯特罗姆所指出的,"在每一个群体中,都有不顾道德规范、一有可能便采取机会主义行为的人;也都存在这样的情况,其潜在收益是如此之高以至于极守信用的人也会违反规范。因此,有了行为规范也不可能完全消除机会主义行为"[4]。因此,对于公共决策,必须进行责任性的道德评价,甚至要在全社会范围内,形成有效的责任评价约束机制和公共决策者

---

[1] [美]拉雷·N.格斯顿:《公共政策的制定——秩序和原理》,朱子文译,重庆出版社2001年版,第82页。

[2] [法]夏尔·德巴什:《行政科学》,葛志强等译,上海译文出版社2000年版,第65页。

[3] [英]弗里德里希·哈耶克:《自由秩序原理》(上),三联书店1997年版,第99页。

[4] [美]埃莉诺·奥斯特罗姆:《公共事物的治理之道》,余逊达、陈旭东译,上海三联书店出版社2000年版,第61页。

自身的责任意识。即使是怀疑社会责任的哈耶克也调整了自己对于管理责任的观点,他写道:"确实是这样的,在一个缺乏道德基础的自由社会里,社会是十分令人不适的……根据我们现在的知识,我肯定,如果没有能够赞扬和批评的压力,促使人们对其行为负责,我们不可能建立一个成功的自由社会。"①

因此,可以认为,公共决策应该是一种责任伦理取向的决策行为,在公共行政过程中必须同时建构公共决策的道德自律机制和责任追究机制。公共决策者和决策参与者作为公共决策的责任主体,必须承担公共决策的法律责任和道德评判。对公共决策者和决策参与者的道德评价是社会成员依据一定的道德规范准则体系,对决策活动过程和结果作出的善恶判断。公共决策的伦理特性要求我们必须要从道德的角度观察公共决策的基础、功能与监控,考量公共决策过程中的利益分配原则以及其中的正义问题。

---

① Hayek, Friedrich A. 1967. *Studies in Philosophy, Politics and Economics*. New York: Simon and Schuster. 转引自小约瑟夫·L. 巴达拉科、玛丽·C. 金泰尔等编写:《伦理化商业决策》,中国人民大学出版社 2003 年版,第 21 页。

# 第五章 电子政务、阳光政府与政策信息系统

电子政务是当前公共政策与管理领域学术研究的热点问题之一。自从 20 世纪 90 年代美国提出建设电子化政府(Electronic Government, E-Government)以来,世界各国的电子政务建设和发展已有二十年的实践。电子政务作为信息通讯技术与公共管理的有机结合,已经成为当代社会信息化的最重要的领域之一。所谓电子政务,从其实质上讲,就是利用现代信息通讯技术(Information and Communication Technologies, ICTs)提供公共政策信息和公共服务,以促进公共政策制定的科学化和民主化,实现公共目标的政府运作过程。其中,信息和通讯技术被看作"是公共部门改善其管理水平和为公民提供服务的方式的关键因素",[1]是手段和技术支撑,而政务信息及其载体——政府信息系统则是电子政务建设的核心要素。因为,电子政务建设的三大目标包括政务公开化、行政规范化、决策科学化与民主化的实现,都是建立在政府信息系统的良性运行基础之上的。而公共政策制定的科学化与民主化以及公共权力的公开化运行,则更是直接以公共政策信息系统不断优化为前提条件的。据此,本章试图基于系统论的分析视角,以公共政策信息系统为对象,深入研究电子政务促进公共政策信息系统优化的功能及其局限性,进而探讨我国电子政务建设促进公共政策信息系统优化的具体路径。

## 一、公共政策信息系统及其结构-功能分析

政策科学被认为是系统分析方法与传统政策制定过程相结合孕育而成的一门交叉学科。在 20 世纪 80 年代,罗伯特·M.克朗即指出,系统分析事

---

[1] Seneviratne, Sonal J. 1999. Information Technology and Organizational Change in the Public Sector, in G. David Garson, ed. *Information Technology and Computer Applications in Public Administration: Issues and Trends*. Hershey, P. A.: Idea Group Publishing. p. 45.

实上已经成为政策科学的一个组成部分,其所关注的焦点"是有关如何改进或重新设计人类系统,以及如何设计更有效地达到目标的全新系统的应用知识"。① 所谓系统方法是指一种以系统为情景的分析框架。系统论中的整体性、相关性、层次性、结构性、目的性等基本思想,不仅是分析和解决现实问题的指导性方法,同样也是政策科学研究的重要方法论和分析视角。

1. 作为公共政策系统基础子系统的政策信息系统

系统论认为,所谓系统,就是指由相互作用、相互联系的部分组成的有机体,即由若干要素按特定结构方式相互联系所组成的具有特定功能的统一整体。每一系统都是由内部要素(子系统)所构成,而该系统又成为更大系统的组成要素。系统分析方法的根本特点是在于通过揭示复杂事物各个组成部分之间的内在联系,自始至终地着眼于认识作为一个完整系统的整体性(holistic attribute)。② 基于此,可以认为,所谓政策信息系统,就是公共政策过程中影响政策信息采集、传输、加工、分析、处理和存储的政策行动者及其组织之间的相对稳定的互动关系。

首先,政策信息系统是公共政策系统中的一个基础性子系统(subsystem)。公共政策系统由信息系统、专家(智囊)系统及(决策)中枢系统等子系统构成(如图 5-1 所示)。③ 这些子系统各有分工、相互独立,又密切配合、协同一致,促进公共政策大系统的正常运行和整体目标的顺利实现,达到最佳的系统整体效应,体现了亚里士多德所谓的"整体大于部分之和(The whole is greater than the sum of its parts)"的系统效应。

其次,公共政策实质上就是政治系统中信息子系统、专家(智囊)子系统和(决策)中枢系统子系统之间的信息互动及其与政策环境系统中的诸多因

---

① Krone, Robert M. 1980. *Systems Analysis and Policy Sciences: Theory and Practice*. New York: John Wiley & Sons, Inc. pp.1—5.

② Stewart, Jenny and Russell Ayres. 2001. Systems Theory and Policy Practice: An Exploration. *Policy Sciences*, 34(1):79—94.

③ 一般认为,公共政策系统是由政策过程中相对独立稳定的功能环节或主要部分所构成,包括:信息子系统、咨询子系统、决策子系统、执行子系统、评估子系统、监控子系统、反馈子系统等。可以认为,信息子系统、咨询子系统、决策子系统是公共政策大系统的三个基础性子系统。其中,信息系统是基础,决策中枢系统是核心,咨询子系统是辅助,三者缺一不可。特别是在政策形成的过程中,信息系统、专家(智囊)系统及(决策)中枢系统等子系统都发挥了至关重要的作用。

素相互作用的一种反映。戴维·伊斯顿指出,政治系统的政治决定(政策制定)源自其环境的要求(demands)与支持(support),而公共政策的制定正是政治系统对来自环境的要求与支持的反应。系统所嵌入的环境无论是持续变化的还是相当稳定的,环境诸因素都会对系统的运作持续地施加影响。[1]
如图 5-1 所示,公共政策的制定与执行直接作用于政治(政策)系统的政策环境系统中的各种要素,而环境系统中的各种要素又会对政治(政策)系统提出新的要求与支持,政治系统则必须作出新的反应。公共政策实质上就是政治系统与其环境中的诸多因素相互作用的一种反映。

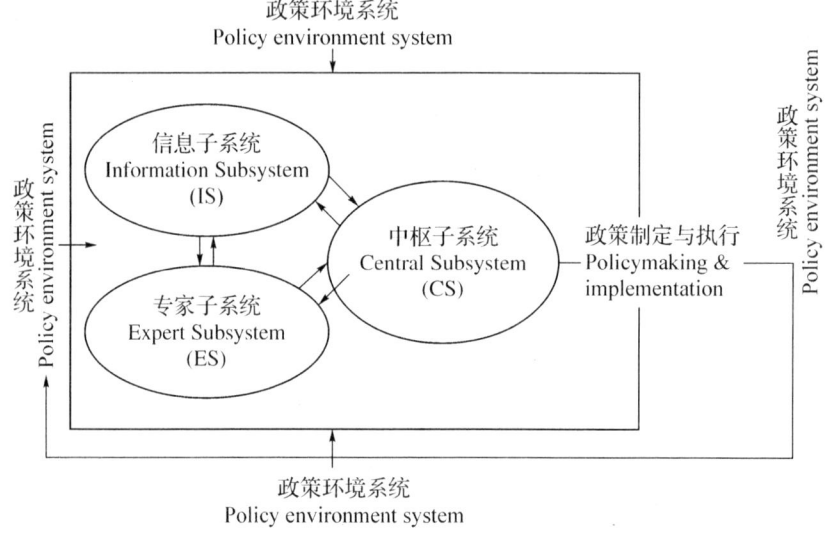

图 5-1 公共政策系统及其主要子系统

图 5-1 来源(作者改制)参照:David Easton. 1965. *A Framework for Political Analysis*. Englewood Cliffs, New Jersey: Prentice-Hall. p. 110. 另参照:Michael Howlett and M. Ramesh. 2003. *Studying Public Policy: Policy Cycles and Policy Subsystems*, 2nd ed. Toronto: Oxford University Press. p. 54.

第三,信息子系统的运行影响整个政策过程的运行效果甚至直接影响一项公共政策的成败。任何一个公共政策,都离不开信息的输入和输出。信息

---

[1] Easton, D. 1965. *A Framework for Political Analysis*. Englewood Cliffs, New Jersey: Prentice-Hall. p. 110.

子系统所提供的全面准确的政策信息是政策制定和政策执行的基础和依据。是否及时得到准确而有用的信息,并对其进行及时处理,是公共政策制定的必要前提。公共政策制定过程可以分为三个子过程,包括议程设定(agenda-setting)、对备选方案的阐明和在备选方案中作出权威性的选择,即政策决策(decision-making)等。①拉斯韦尔在其关于政策过程研究途径的概括中,提出了关于决策过程(decision process)的七个阶段的划分,即情报(intelligence)、提议(promotion)、规定(prescription)、合法化(invocation)、应用(application)、终止(termination)、评估(appraisal)。② 拉斯韦尔认为,政策科学的研究者在政策过程中可作出三种贡献:①确定一项决策的目标和价值;②收集和提供有关信息;③提出备选政策方案并比较其优劣,以作出最佳选择。林德布洛姆也指出,"如果没有基于信息的讨论和专门的职业性研究的帮助,一个政策制定者(a government functionary)通常总会感到无所依据"③。实际上,整个公共政策过程始终也离不开信息,政策执行依赖于政策信息的及时发布,并且需要政策对象和目标群体的准确理解以及公众的广泛认同,进而为政策执行奠定基础。同样,政策过程的其他功能环节也离不开信息子系统的工作。从某种意义上说,公共政策过程就是信息的获取、加工、传递、流动、转换与利用的过程。伊斯顿认为,"严格而习惯地说,'反馈'这个概念仅仅适用于信息"④。而反馈环(feedback loop)则由许多环节组成,"当局生产输出,社会成员对于输出作出反应,这种反应的信息获得与当局的沟通,最后当局作出下一步的可能行为。因此,新一轮的输出、反应、信息反馈和当局作出的再反应,是运动着的系列,是永远不断的泉流之构成要素"⑤。

---

① Kingdon, J. W. 2003. *Agendas, Alternatives, and Public Policies*, 2nd ed. New York: Addison-Wesley/Longman. pp. 2—3.

② Lasswell, Harold D. 1956. *The Decision Process: Seven Categories of Functional Analysis*. College Park: Bureau of Governmental Research, University of Maryland Press. p. 2.

③ Lindblom, Charles E. & Edward J. Woodhouse. 1993. *The Policy Making Process*, 3rd ed. Englewood Cliffs, N. J.: Prentice-Hall. pp. 13—14.

④ Easton, D. 1965. *A Systems Analysis of Political Life*. New York: John Wiley and Sons, Inc. p. 366.

⑤ Easton, D. 1965. *A Systems Analysis of Political Life*. New York: John Wiley and Sons, Inc. pp. 31—33.

### 2. 基于系统论视角的公共政策信息系统的结构功能分析

系统论认为,任何系统都具有层次性,都有一定的层次结构,这是系统保持稳定性和连续性的前提条件,也是系统发挥最佳功能的一个必要条件。系统中任何一个要素的存在和有效运行都与其他要素相关联,都依赖于其他要素的存在,当某个要素发生变化时,其他要素也会随之变化,并引起整个系统的变化;系统之所以能够保持整体性,就在于它的结构性,即系统内部各要素之间相互结合的具体存在形式,这种形式的外在表现是系统的整体功能;系统在客观上总是具有某种目的的,明确的目的性使系统能够通过反馈克服种种干扰,始终处于动态平衡(dynamic equilibrium)状态,否则就会导致对系统的失控从而引起混乱。

公共政策的信息系统由信息流程体系和信息组织体系两大部分构成。从信息流程的角度看,其系统运行过程包括信息收集、信息传递、信息加工、信息储存等基本功能环节。通过政策信息的复杂运转过程,政策信息系统建立起一个科学的经济社会运行情报系统和政策信息网络,从而为公共政策大系统的正常运行奠定一个良好的信息基础。

从信息组织结构的动态角度看,在信息收集阶段,主要有情报搜集系统和社会经济统计系统;在信息传递阶段,主要有大众传媒系统和政策执行机构、监督检查机构的信息反馈系统;在信息加工阶段主要有政策研究系统(如大学、科研机构)、政策分析系统(如思想库)和政策咨询系统(如智囊机构、政策中枢机构专门设立的政策研究机构);在信息储存阶段主要有政府信息系统(数据库系统)、图书资料系统和档案管理系统等(如图5-2所示)。

作为现代政策系统的基础子系统的政策信息系统,其基本运作原理是为了特定的目的进行信息的收集、加工、分析和发布,包括信息的输入(数据和指令)和输出(报告、计算或推测)。政策信息系统的主要功能首先就是要通过各种渠道,有计划、经常性地收集政策环境系统中的各种信息,包括社会发展各领域、各方面的历史和现实的情况与数据,以及社会上的各种意见、建议和要求等原始信息,以保证公共政策能够及时获得适用、准确和充足的情报信息资料。长期以来,政策信息收集主要依靠情报收集系统和经济社会调查统计系统(如图5-2所示)。随着信息网络技术的发展,公共政策除借助传统的信息收集系统和信息收集方法外,越来越依赖于网络途径,特别是在电子政务蓬勃发展的现时代,政策信息的收集正越来越频繁地借助于政府网络平台的信息共享系统。

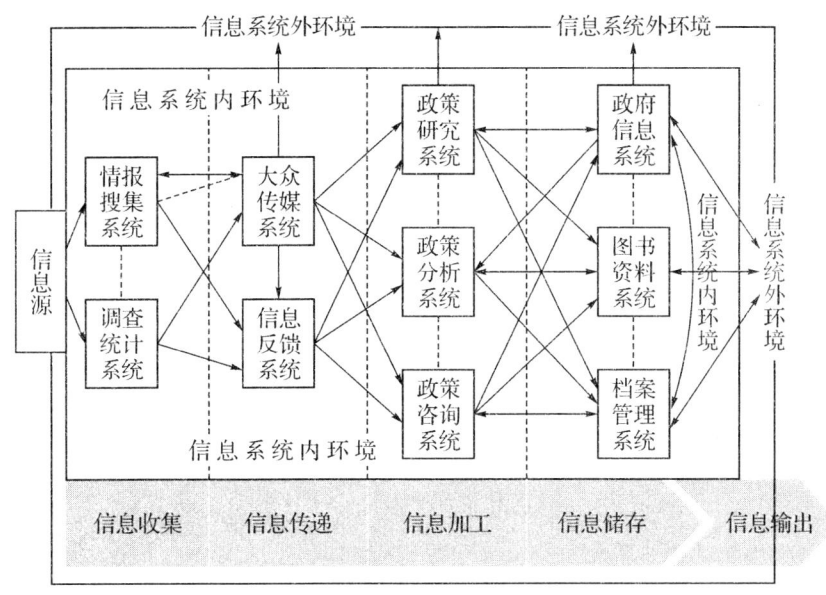

图 5-2 政策信息系统及其运行流程图

注:图2来源:作者自制。需要指出的是,政策信息子系统中的政策研究系统、政策分析系统和政策咨询系统是指其中专门从事政策信息整理、加工、处理、分析的职能部门及其组织体系。

其次,及时、准确、全面地通过相关子系统传递信息和反馈信息。众所周知,古代信息传递的方式很少且慢,诸如烽火、书信,甚至是信鸽传书,官府的文书则有专人快马传递。现代信息社会由于科技的飞速发展,信息传递的方式多种多样且传递速度越来越快,如电话、电报传真、电视、手机短信、网络等等。现代大众传媒系统在政策信息传递过程中发挥着重要的作用,媒体可以在政策共同体内部充当一种沟通者(communicator)的角色。[①] 大众传媒系统不仅是专家子系统和决策中枢子系统的信息来源,常常也是情报搜集系统的信息来源之一(如图5-2所示)。信息反馈系统主要是政策执行机构和监督检查机构所发挥的功能体系,它通过监测政策运行过程,提供政策执行情况和最终结果的中间或最后报告,并通过评估过程提供"由政策结果信息得到

---

① Kingdon, J. W. 2003. *Agendas, Alternatives, and Public Policies*, 2nd ed. New York: Addison-Wesley/Longman. p. 59.

的政策绩效信息"。在此过程中,信息源(Sources of Information)的准确性与可靠性即信息是否有效至关重要。如果通过现有途径无法获取现成的数据以及其他信息,则可以结合问卷调查、访问、专题考察以及利用机构记录来进行监测。①

第三,对原始信息进行系统整理和科学处理,将其转换成适合政策研究系统、政策分析系统和政策咨询系统以及决策中枢系统所需要的系统而可靠的信息。这里的政策研究系统主要包括大学和科学研究机构的政策研究专家群体及其组织,政策分析系统主要是指独立思想库,而政策咨询系统则是指官方设立的智囊机构。三者在工作内容上既有交叉又有区别,各有侧重且各自独立。在现代公共政策系统中,信息子系统与专家子系统交流互动最为密切的就在于信息的加工、分析和处理,其目的都在于为政策制定者提供全面、准确和系统的政策信息和决策依据。因此可以说,三者在一定程度上都具有思想库的性质和功能。但是,信息处理、模型分析和方案规划都只是在为政策制定的决断子系统进行谋划,而不能取代决策者的职能。正如埃弗雷姆·特班(Efraim Turban)在概括政策信息系统特点时所说的,政策信息系统应在支持决策者,而非取代决策者,政策信息系统的采用旨在改善政策的效能与正确性。②

最后,将相关信息以信息数据库、图书情报资料或档案形式予以存储,以备政策分析人员、决策者、政策利益攸关者(policy stakeholders)以及公众查阅和调用。政府信息系统是指政府公开信息数据库系统,包括运行信息系统(Operation Systems,OS)和管理信息系统(Management Information Systems,MIS)、决策支持系统(Decision Support Systems,DSS)等。随着社会信息化进程的进一步深入发展,图书情报资料和档案管理系统也日益电子化、数字化,如公共图书馆和专业图书馆都加快了数字化图书馆建设的步伐,档案管理系统中集成了主题词自动标引、光盘数据存储及光盘塔(库)入网、大幅面扫描图像的压缩与动态解压、多媒体档案存储、与协同办公系统无缝连接等高新技术。各种信息资源库是电子政务最重要的信息基础,也是公共政策制定科学化、民主化和规范化的信息基础。但是,目前各数据库未能进

---

① Dunn, William N. 1994. *Public Policy Analysis: An Introduction*, 2nd ed. Englewood Cliffs, N.J.: Prentice-Hall. pp.335—337.

② Turban, E. 1992. *Expert Systems and Applied Artificial Intelligence*. New York: Macmillan.

行有机整合,各类信息存储系统在层级之间、部门之间、行业之间普遍存在相互分割、各自独立的现象,各种数据库之间互不兼容(如图5-2所示)。因此,如何依托电子政务建设,促进各种信息数据库相互兼容,实现资源共享,是信息化时代公共政策信息系统面临的现实挑战。

## 二、电子政务促进公共政策信息系统优化的功能及其限度

电子政务作为信息和通讯技术与公共管理的有机结合,是当代社会信息化的最重要的领域之一。在公共政策与管理学界,电子政务甚至被认为是公共管理领域继新公共管理之后的"第二次革命"。[1] 电子政务建设有一个明确的基本的发展方向,就是通过电子政务建设带动国民经济与社会的信息化。其对于公共政策信息系统的功能价值就在于通过促进政策信息资源的公共获取、信息传递的电子参与、政策信息分析处理过程中的电子咨询和政策信息存储的电子服务,从而实现政策信息系统的优化。但是由于诸多因素的制约,电子政务促进政策信息系统优化的功能具有其现实限度。

1. 政策信息资源的公共获取

信息是管理活动中各种消息情报、数据指令、密码、符号、文字、语言等讯号的总称。政府信息资源是指政府机关和其他公益性事业单位在履行职责过程中制作、搜集或者获取的,以一定形式记录和保存的信息资源,它在一个国家的信息资源体系中占据着极其重要的战略性地位。政策信息资源则是公共政策过程中与政策制定和执行密切相关的经济社会情报、统计数据、政策文本、政策评估报告等资讯的统称。其中,经济社会情报、各种统计数据等资讯是政策制定的基础和依据,政策文本文件、政策通知、公报、实施细则等资讯是政策执行的指令和依据,政策评估报告是对政策执行效果的监测和评价,它是政策信息反馈的来源。从公共经济学的意义上说,政府信息资源也是一种公共物品(public goods),因而必须用于服务公共目标和公共利益。电子政务的出现,正如道格拉斯·霍尔姆斯(Douglas Holmes)所认为的,就是

---

[1] Criado, J. Ignacio, Owen Hughes & Julian Teicher. 2002. E-Government and Managerialism: A Second Revolution, in Public Management Paper presented at 6th International Research Symposium on Public Management. University of Edinburgh, 8—10 April, 2002. http://www.ems.ed.ac.uk/irspmvi/papers/criado-hughes-teicher22.pdf. (accessed 2nd August 2005)

"利用信息技术特别是互联网,以一种更加便利的、顾客导向的、成本效益的、不同而又更好的方式,向公众提供公共服务。它影响了政府机关与公民、企业以及其他公共机构之间的关系,也影响了其内部的运作过程及其雇员"①。这种影响集中体现在三个方面:一是政府部门内部的电子化和网络化办公;二是政府部门之间通过计算机网络进行信息共享和实时通信;三是政府部门通过网络与公众进行双向互动的信息交流。相较于传统行政方式而言,电子政务的最大特点就在于其实现了行政方式的电子化,即行政方式的无纸化、信息传递的网络化、行政法律关系的虚拟化等。可以说,电子政务建设进一步扩大了信息源,它借助于现代信息通讯技术特别是互联网平台,以电子化信息(e-information)为媒介,大大拓宽了政策信息收集系统获取经济社会信息的渠道,从而实现政策信息资源的网络化和公共获取。

2. 政策信息传递中的电子参与

如前文所述,大众传媒系统在政策信息传递过程中发挥着重要作用。但是,人们常常抱怨媒体对于公共事务报道中的偏见;有人断言政府官员管理和操纵着新闻。② 而信息接受者的"选择性感知"(selective perception)的心理机制有助于其抵御媒体偏见(media bias),③这无疑影响了媒体信息传递的效果。在传统行政模式中,政策信息反馈系统也由于公众参与不充分而制约了反馈的效果和信息传递的全面性。电子政务导致了政治系统和政府内部运作的改变,出现了所谓"电子民主"(e-democracy)、"数字民主"(digital democracy)、"网络式民主"(internet democracy)等现代民主形式,④以及电子民主的公共参与方式:电子参与(e-participation)。作为电子民主的著名倡导者,史蒂芬·克利夫特将电子民主理解为民主行动者(政府、民选官员、媒体、政治组织、公民或选民)在地方、国家和国际舞台上的政治与治理过程中使用

---

① Holmes, Douglas. 2001. *E-Gov: E-Business Strategies for Government*. London: Nickolas Brealey Publishing. p. 2.

② Anderson, James E. 2003. *Public Policy-Making: An Introduction*, 5th ed. Boston: Houghton Mifflin Co. p. 63.

③ Dye, Thomas R. 2002. *Understanding Public Policy*, 10th ed. New Jersey: Prentice-Hall. p. 40.

④ Kamarck, Elaine Ciulla, and Joseph S. Nye Jr. 1999. *Democracy.com? Governance in a Networked World*. Hollis, N.H.: Hollis Publishing. pp. 1—9.

的信息通信技术和策略。① 也有学者将电子民主界定为利用信息和通信技术支持民主化的决策过程，促进民主的政治参与。② 可以说，电子民主是电子政务在公共管理中实际应用的一项重要成果。实际上早在1998年，贝拉米和泰勒就认为，代议制民主可能会变成一种顾客式民主（customer democracy）。③ 究其原因，主要在于信息通讯技术的发展和应用导致官僚制组织的急剧变革，透明性（transparency）促进了责任性（accountability），控制机制中所需要的多层级指挥链被大大地简化了。④ 科层等级结构的官僚制组织向扁平化组织的方向发展，甚至出现安德鲁·查德威克（Andrew Chadwick）所谓的网络化的组织混杂体（Organizational Hybridity）。⑤ 正是在以分权（decentralization）、透明性和责任性为重要特征的电子政务大背景下，电子民主和电子参与（e-participation）才能够在现代民主社会中得到了不断的发展。多元化的政策行动者不仅可以及时分享公共政策信息和公共服务，而且能够通过电子参与适时传递信息。不仅是组织化的政策行动者如政党、利益团体、大众传播媒体等能够深度地参与公共政策过程，及时、有效地传递公共政策信息，公民个体也可以通过网络上传信息，发表对政府有关部门和相关公共政策的看法，参与公共政策讨论，还可直接向政府有关部门的领导发送电子邮件，对某一具体问题提出意见和政策建议。特别是在Web 2.0出现以后，使公民电子参与具有了更有效而简便的方法，并且更易于实现

---

① Clift, Steven. 2000. *The E-Democracy E-Book: Democracy Is Online 2.0*.

② Macintosh, A. Davenport, E. Malina, A. and Whyte A. 2002. Technology to Support Participatory Democracy, in Gränlund, Å. ed. *Electronic Government: Design, Applications, and Management*. Umeå University, Sweden: Idea Group Publishing. pp. 226—248. Also see Macintosh, A. 2004. "Characterizing E-Participation in Policy-Making". *Proceedings of the 37th Hawaii International Conference on System Sciences—2004 IEEE*: pp. 1—10.

③ Bellamy, C. and Taylor. J. 1998. *Governing in the Information Age*. Buckingham: Open University Press. p. 117.

④ Fountain, Jane. 2001. *Building the Virtual State: Information Technology and Institutional Change*. Washington D. C.: Brookings Institution Press.

⑤ Chadwick, A. 2007. "Digital Network Repertoires and Organizational Hybridity". *Political Communication*, 24 (3): 283—301. Also see Chadwick, A. 2005. *The Internet, Political Mobilization and Organizational Hybridity: "Deanspace", MoveOn.org and the 2004 US Presidential Campaign*. Retrieved October 20, 2006, from: http://www.psa.ac.uk/journals/pdf/5/2005/Chadwick.pdf.

互动,包括通过一系列的在线工具形式如社区网络(community networks)、博客(blogs)、网上论坛(web forums)、短信(text messages)①、新闻组(newsgroups)和电子邮件列表(e-mail lists)等实现电子参与。

3. 政策信息处理过程中的电子咨询

从传统意义上讲,政策信息的分析、加工和处理是专家子系统特别是政策研究系统、政策分析系统和政策咨询系统中的专家们所做的工作。如前文所述,三者在一定程度上都具有思想库的性质和功能,所以这里主要从思想库切入进行分析。在西方国家特别是在美国,思想库作为政府政策制定和公共决策的"外脑"在政策信息分析处理、政策方案设计和政策咨询中扮演了极其重要的角色。同时,思想库在政策宣传、政策信息传播和政策评估过程中也发挥了重要的作用。众所周知,思想库常常被誉为西方社会中的"第五种权力"(The Fifth Power)甚至是"第四种权力"(The Fourth Power),②联合国开发计划署(UNDP)则将思想库看作是"知识与力量之间的桥梁"③。然而,过于依附于权力势必使其丧失地位上的独立性、判断中的客观性、政策方案规划的准确性,以及信息来源的广泛性。依靠专家进行政策信息分析和政策方案设计是公共政策制定科学化的题中应有之义,也是提高政策制定质量的必然要求。可是,政策制定的科学化绝对不是以牺牲政策过程民主化为代价的。相反,政策制定的科学化恰恰是建立在政策信息采集的系统性和信息传递的及时性、可靠性和全面性的基础之上的。正如德洛尔早在1980年代就已经注意到的,现代思想库的一个重要特点是精英统治论(meritocratic elitism):思想库是由高素质专业人士团队组成精挑细选的机构,致力于为政策制定作出首要的贡献。这并不意味着其他群体就没有对公共政策制定作出至关重要的贡献。可以说,公民参与、民意测验、政治家、高级公务员与思

---

① 短信也被认为是电子政务环境下的一种微型民主(micro democracy)形式。
② Jean-Louis Gergorin. 1970. *Systems Analysts versus Radicals: An Essay of Appraisal of the Future Role of Action Intellectuals in American Government*. Available from: http://www.rand.org/pubs/papers/2008/P4344.pdf. p. 9.
③ Stone, Diana. 2005. *Think Tanks and Policy Advice in Countries in Transition*. "How to Strengthen Policy-Oriented Research and Training in Viet Nam", Asian Development Bank Institute Symposium. Hanoi, 31 Aug. 2005. p. 2.

想库之间的适当结合,就是需要专门讨论的事情,并且有一系列可行的办法。① 确实,电子政务的兴起与发展,为多元化政策行动者如公民个人、民意测验机构、政治家、高级公务员与思想库之间的适当结合,共同参与政策咨询提供了契机和条件。其方式就是在电子民主框架内,借助于电子政务的相关平台,透过电子参与机制,实现电子咨询(e-consultation)。所谓电子咨询,简单地说,就是在电子政务环境下政策制定者寻求政策建议(policy advice)的一种电子信息方式。它是指公共政策行动者特别是政策利益攸关方通过信息通讯技术尤其是互联网平台就相关政策问题共享政策信息、进行政策对话、参与政策辩论、提供政策建议,甚至直接介入规则制定(e-rulemaking),② 以促进政策制定者科学决策,提升公共政策制定的质量。经合组织的报告指出:"所有经合组织成员国都认识到,新信息和通信技术(new ICTs)是提高公民参与公共政策制定的强有力的工具,因为新信息和通信技术所提供的空前的互动程度有可能扩大政府在政策制定中与公民及其他关键的利益攸关方咨询协商的范围、广度和深度。"③ 借助于新信息和通信技术,电子咨询突破了传统的仅仅依靠专家咨询(expert consultations)的政策咨询方式,使政策制定者可以在更大范围内充分利用"外脑",广泛集中民智,减少决策盲目性。不仅如此,通过电子咨询,还可以提升公共政策的公信力和接受度,从而有利于政策执行。此外,通过电子咨询,也可以分担公共政策制定的责任,④ 进一步赋予公民监督政府政策行为特别是政策制定和政策执行的权利。

4. 政策信息存储系统的电子服务

"以服务为核心"是电子政务的基本价值观。公共政策信息的搜集、整理、加工、分析、处理和存储,其最终的目的是在于提高公共政策制定的质量,促进公共政策的有效执行,进而实现公共政策目标,提升公共服务水平。从

---

① Dror, Yehezkel. 1984. Required Breakthroughs in Think Tanks. *Policy Sciences*, 16:199—225.

② Fountain, J. E. 2003. Prospectus for Improving the Regulatory Process Using E-Rulemaking. *Communications of the ACM*, Vol. 46, No. 1:63—64.

③ Organization for Economic Co-operation & Development (OECD). 2003. *Promises and Problems of E-Democracy: Challenges of Online Citizen Engagement*. Paris, France. See: www.oecd.org.

④ Whyte, A. and Macintosh, A. 2002. "Analysis and Evaluation of E-Consultations". *E-Service Journal*, 2(1):9—34.

电子政务的发展实践来看,其提供政策信息和公共服务的路径可分为如下几种类型或模式:①政府—公民间的电子政务(Government-to-Citizen,G2C);②政府—商业机构间的电子政务(Government-to-Business,G2B);③政府间的电子政务(Government-to-Government,G2G);①④政府—政府雇员间的电子政务(Government-to-Employee,G2E)。②电子政务的早期阶段只是政府网站上的信息发布、网上投票,以及其他一些政府活动。在经历了网络呈现(Web presence)、互动(Interaction)、交易(Transaction),以及转型(Transformation)等几个阶段③的发展之后,当下的电子政务更加注重一体化的公共服务(integrate public service),这对于打破前文中所指出的信息存储系统之间的相互分割、各自独立的现状,打通各类数据库之间的交换通道,实现信息系统整合和信息资源共享,无疑都具有重要的意义。电子政务的一体化,既包括政府部门之间信息系统的一体化及中央与地方政府之间信息系统的一体化,也包括不同信息系统之间的一体化,以及各种信息资源库的整合。其建设目标是通过一个端口将所有部门和机构的信息系统链接起来提供广泛的电子化公共服务(e-public service,e-service),包括公共政策信息的"一站式"服务。这不仅大大方便了政策执行者、政策目标群体、政策利益攸关者和公众及时获取政策信息,如公民通过电子政务获取教育政策信息、就业政策信息、社会保障政策信息等等,而且也有利于各种政策信息的及时反馈。

然而,电子政务促进公共政策信息系统优化的功能具有其现实限度。这当然与电子政务实施的效果直接相关。据理查德·希克斯(Richard Heeks)的估计,实施电子政务完全失败的占35%,部分失败的占50%,成功的只占15%。究其原因,主要是电子政务项目设计理想与现实之间在7个维度上(ITPOSMO)的差距,即信息、技术、过程、目标与价值、人员与技巧、管理系统

---

① Hughes, Owen. 2003. *Public Management and Administration: An Introduction*, 3rd ed. Basingstoke, U.K.: Palgrave Macmillan. pp. 189—192.

② Pascual, Patricia J. 2003. *E-government*. http://www.apdip.net/publications/iespprimers/eprimer-egov.pdf. pp. 7—8. Also see 財団法人 ニューメディア開発協会. 2002. 北米における電子政府の実態・推進体制に関する調査. 平成13年度電子政府行政情報化事業(オンライン制度の課題への対応)(平成14年3月). p. 254. Available from: http://www.nmda.or.jp/soc/1—3/1_3all.pdf.

③ Baum, C. and A. Di Maio. 2000. *Gartner's Four Phases of E-government Model*, E-government Strategies State & Local. p. 254. http://old.gartner.com/public/static/hotc/00094235.html (accessed on June 1, 2003).

与结构,以及其他如时间与金钱。① 可以认为,电子政务在其优化公共政策信息系统的功能发挥上还有几个方面的制约因素。

首先,"信息安全与隐私保护"制约了电子信息的公共获取。这是制约电子政务建设与发展的首要问题和核心问题,也是许多国家在发展电子政务过程中都极为关注的问题。一方面,如前文所述,政策信息资源作为公共物品理应公开,而且信息公开(Information Disclosure)是电子政务建设的重要方面,国际上通称其为信息自由(Freedom of Information,FOI),它也是民主社会中保障公众知情权(public's right to know)的基本条件。但是另一方面,由于电子信息的便携性、易修改性以及相关立法的滞后②,信息公开不可避免地存在安全隐患,同时也会给个人隐私造成侵害。在我国,目前的现实情况更多地表现在一些政府部门及其政策制定者常常以信息保密为由,封锁决策信息进行暗箱操作,以逃避公众监督和决策失误的责任追究。同时,信息封锁和信息垄断往往也是滋生腐败的原因和条件之一。这些都直接导致了电子政务发展进程缓慢,进而也制约了政策信息系统的信息收集功能有效发挥。

其次,"数字鸿沟"制约了电子参与的深度与广度。诚然,电子政务建设与发展促进了电子民主,为广泛的电子参与提供了无限的空间。但是,这一切都是基于现代信息通讯技术和互联网而实现的。然而,"数字鸿沟"(digital divide,digital gap)的存在却是不争的事实。特别是社会弱势群体更容易在电子政务环境下被进一步边缘化。有一些学者强调,电子民主并没有超越或取代传统民主体制。例如,肯尼思·哈克尔(Kenneth Hacker)和简·范·迪克(Jan van Dijk)在《数字民主:理论与实践问题》将数字民主描述为"试图实践没有时间、空间和其他物质条件限制的民主,它利用信息通信技术或CMC(以计算机为中介的通讯)作为补充而不是取代传统'模拟'政治实践的一系列做法"③。安德鲁·查德威克认为,由于政治局限非常大,即使从长远来看,

---

① Heeks, R. 2003. Most eGovernment-for-Development Projects Fail: How Can Risks Be Reduced? *iGovernemnt Working Paper Series*, Paper No. 14. Published by: Institute for Development Policy and Management (IDPM), University of Manchester, U. K.

② Smith, Stephen. Et al. 2009. *Information Systems Security Compliance in E-Government*. Pacific Asia Conference on Information Systems (PACIS). Paper is posted at AIS Electronic Library (AISeL). Available from: http://aisel.aisnet.org/pacis2009/77. Also see Smith, Stephen. 2005. *Key Factors in E-government Information System Security*. 18th Bled eConference on eIntegration in Action. Bled, Slovenia, June 6—8, 2005.

③ Kenneth Hacker and Jan van Dijk. 2000. *Digital Democracy: Issues of Theory and Practice*. London: Sage. p. 1.

信息技术也不会使民主转型。因为技术与政治机构的关系是辩证的（dialectical）。技术固然可以重塑机构，但机构也会调解最终结果。[1] 网络协商民主（online deliberation）的现实，无论是就其数量、质量，或者是就其对于政治行为及政策结果的影响来判断，都与20世纪90年代初期至中期提出的理想相去甚远。[2] 在我国，如何有效借助于电子政务的发展促进电子民主和电子参与，依然还有很长的一段路要走。

第三，"信息不对称"制约了电子咨询的有效实施。良好的公共政策制定需要有更广泛的政策参与、更多且独立的政策建议（policy advice）来源，政府的政策规划需要从更大范围的政策利益攸关方包括普通公众那里输入，[3] 这就需要借助新信息通讯技术和创新的民主形式，包括电子咨询。从一些先进国家电子政务建设的实践来看，电子政务确实为电子咨询提供了空间和舞台。但是，由于公共政策过程中如公民个人、民意测验机构、政治家、高级公务员，以及思想库等不同的政策行动者相互之间的"信息不对称"（information asymmetry）；[4] 同时，由于不同的政策行动者在进行信息加工处理时"去粗取精，去伪存真"的水平不一致、政策信息分析能力不对等；再加上各利益攸关方在参与电子治理（e-governance）、[5] 电子选举（e-voting）、[6] 电子决策（e-decision），特别是在进行政策对话、政策辩论，以及提供政策建议等方面的实际影响力相去甚远。所以，时至今日，即使在发达国家，电子咨询的现

---

[1] Anstead, N. and Chadwick, A. 2008. "Parties, Election Campaigning and the Internet: Toward a Comparative Institutional Approach, in Chadwick, A. and Howard, P. N. eds. *The Handbook of Internet Politics*. London: Routledge. pp. 56—71.

[2] Chadwick, A. 2009. "Web 2.0: New Challenges for the Study of E-Democracy in an Era of Informational Exuberance." *I/S: Journal of Law and Policy for the Information Society*, 5 (1): 9—41.

[3] Curtain, Richard. 2000. Good Public Policy Making: How Australia Fares? *Agenda: a Journal of Policy Analysis and Reform*, Volume 8, Number 1: 33—46.

[4] McGann, James G. 2003. *Responding to 9/11: Are Think Tanks Thinking Outside the Box?* Foreign Policy Research Institute. Think Tanks and Civil Societies Program. 1528 Walnut Street. Suite 610. Philadelphia, PA 19102. www.fpri.org. p. 10.

[5] Finger, M. 2005. Conceptualizing e-Governance. *European Review of Political Technologies*, March. 1:1—7.

[6] Moynihan, Donald P. 2004. Building Secure Elections: E-Voting, Security, and Systems Theory. *Public Administration Review*, September/October, Vol. 64, No. 5: 515—528.

实应用及其实际效果仍然是很有限的。在我国,现阶段实施电子咨询则有更多的障碍。

最后,"信息孤岛"制约信息系统的整合与一体化。电子政务建设的远景目标是整合信息和服务,构建电子政府,真正实现政府管理方式的彻底革命。然而,由于技术性、社会性和结构性因素的影响,导致"信息孤岛"(information silos)的存在并且严重阻碍了现代政府机构和部门之间的信息共享。[①] 在我国,由于传统观念与习惯的影响,以及在计划经济和审批经济条件下形成的"条""块"分割现象尚未彻底改变,政府的各个职能部门往往把自己的工作领域看成自己的"领地",出现了利益部门化的倾向。在电子政务建设过程中,一些部门依然把自己所掌握的公共信息视为"私有财产"和权力基础,在信息传递过程中"报喜不报忧",甚至垄断、控制公共信息资源,在横向部门间则形成一个个"信息孤岛",这不仅阻碍了政府机关各部门之间的信息共享,影响了公共政策过程中决策的民主化和科学化以及服务型政府的建设进程,而且也违背了"以公众为中心"的电子政务建设目标和原则。

## 三、从行政公开到开放政府:美国"阳光政府"建设及其启示

"阳光政府"理念是随着公民权利诉求的不断增强和政治民主化浪潮的推进而逐步确立的。所谓"阳光政府",又称"透明政府",即信息公开、过程透明和公众参与的政府,其核心内容是通过立法和程序规定提高政府行为透明度、保障公民知情权和促进公民参与,也就是说,在阳光政府中,公民有知晓政府信息的权利,同时政府有应公民要求公开相关信息的义务,因而公开性与开放性是阳光政府的基本特征。

1. 行政公开——美国"阳光政府"建设历程

美国是较早将政府信息公开制度法制化的国家之一。[②] 在美国,基于宪

---

① Hughes, V. and Jackson, P. 2004. The Influence of Technical, Social and Structural Factors on the Effective Use of Information in a Policing Environment. *The Electronic Journal of Knowledge Management*, Volume 2, Issue 1:65—76.

② 瑞典于1766年出台的《出版自由法》(*Freedom of the Press Act*)是世界上最早的政府信息公开立法,规定民众有权查阅并出版任何政府文件,率先确立了政府信息公开的原则。二战后特别是第三波民主化浪潮兴起之后,市场经济发达国家掀起了一场制定专门政府文件公开法或政府信息自由法的立法高潮。

法的"正当程序"(due process)规定,直接形成了行政法上的正当程序原则,并且在此基础之上发展出了"行政公开"原则和制度。行政公开原则是指将行政权力运作的依据、过程和结果向相对人和公众公开,使相对人和公众知悉。其基本涵义包括政府行为公开进行、政府文件公开和政府会议等活动公开。一方面,公民的信息获取权利是政府行政公开的法理基础,马克·波文斯(Mark Bovens)甚至认为它与马歇尔(T. H. Marshall)所讲的公民权、政治权、社会权是同等重要的第四种权利;①另一方面,行政机关公开公共信息是现代民主法治的基本要求,是落实宪法规定公民基本权利包括知情权的必要保障。《美国独立宣言》起草者之一、美国第三任总统杰弗逊(Thomas Jefferson)曾说过"信息即民主的流通货币"(Information is the Currency of Democracy)。美国政治学者弗朗西斯·E. 洛尔克(Francis E. Rourke)则写道,"政府过程公开并接受公众的批评和监督的原则,是民主不证自明的公理"。②

美国最先规定行政公开的法律是1946年的《行政程序法》(*Administrative Procedural Act*,APA)。该法为应对新政后行政国家的扩张,对行政机关的法规制定、裁决、强制执行以及政府透明度等进行了规制③,并且专设"公共信息"(public information)一节,规定公众可以得到政府的文件,但是同时又规定了非常多的限制性条款。行政机关经常以"正当理由"("for good cause found")和"公共利益"("in the public interest")等种种借口滥用"自由裁量权"(administrative discretion),拒绝提供政府文件。④ 此外,由于《行政程序法》没有规定行政机关在应当提供政府文件而拒绝时公众应有的法律救济手段和渠道,导致公众知情权并未得到切实保障。

国会从1955年起经过11年的调研和多次听证,决定改革行政公开制度,于1966年制定了《信息自由法》(*Freedom of Information Act*,FOIA),

---

① Bovens, Mark. "Information Rights: Citizenship in the Information Society". *The Journal of Political Philosophy*, 10, No. 3 (2002):324—355.

② Rourke, Francis E. 1960. Administrative Secrecy: A Congressional Dilemma. *The American Political Science Review*, 54 (3):684—694.

③ Shapiro, Martin. Administrative Discretion: The Next Stage. *Yale Law Journal*, 92 (1983):1487—1522.

④ Relyea, Harold C. Freedom of Information Act (FOIA) Amendments: 110th Congress. *Congressional Research Service Report* RL32780, January 7, 2008.

1967年6月5日由美国总统林顿·B.约翰逊(Lyndon B. Johnson)批准①并于同年7月6日(美国独立纪念日)正式施行,《信息自由法》是美国当代行政法中有关公民知情权的一项重要法律制度,奠定了政府信息公开制度的基础,确立了信息公开的四项基本原则:"政府信息公开是原则,不公开是例外";人人拥有平等获取信息的权利;由政府而非申请人对拒绝提供信息承担举证责任;不能合理获取信息的人,有权向法院寻求救济。《信息自由法》规定了政府文件公开的三种方式:联邦登记(Federal Register)、政府主动公开(Proactive Disclosures)和依申请公开(Disclosure of Information Upon Request)。可以说,《信息自由法》最终使得政府在鱼缸里工作,而公众在外旁观。②但是,美国《信息自由法》并没有设定公众参与规则,也没有设定行政机关回复申请的期限,导致行政机关在处理政府信息公开过程中无限期拖延(interminable delay)、大量积压(backlogs)、申请人长期等待(long time waiting)等现象频繁发生。为此,国会又进行了多次修改。美国学者威廉·R.安德森(William R. Andersen)指出,美国的《信息自由法》——甚至是它的全部困难和不平衡发展——如今都被视为对政府透明度的一大贡献。③

美国的政府咨询机构统称为联邦咨询委员会(The Federal Advisory Committee),是对行政机关提供意见和政策建议、本身没有决定权的咨询组织。④ 同时,也包括为国会和政治家减轻工作负荷和及时处理问题的组织。⑤

---

① Archibald, Samuel J. The Freedom of Information Act Revisited. *Public Administration Review*, Vol. 39, July—August 1979:311—318.

② Foerstel, Herbert N. 1999. *Freedom of Information and the Right to Know, the Origins and Applications of the Freedom of Information Act*. Westport, C. T.: Greenwood Press. p. 44.

③ [美]威廉·R.安德森:《美国〈信息公开法〉略论》,载《南京大学学报(哲学·人文科学·社会科学)》2008年第2期。

④ Zegart, Amy B. Blue Ribbons, Black Boxes: Toward a Better Understanding of Presidential Commissions. *Political Studies Quarterly*, Vol. 34, No. 2 (June 2004): 366—393. Also see Francis E. Rourke and Paul R. Schulman. Adhocracy in Policy Development. *The Social Science Journal*, Vol. 26, No. 2 (April 1989):131—142.

⑤ Campbell, Colton C. Creating an Angel: Congressional Delegation to Ad Hoc Commissions. *Congress and the Presidency*, Vol. 25, No. 2 (Autumn 1998):161—182. Also see Steven J. Balla and John R. Wright. Interest Groups, Advisory Committees, and Congressional Control of the Bureaucracy. *American Journal of Political Science*, Vol. 45, No. 4 (October 2001):779—812.

美国的政府咨询制度主要是 1972 年 10 月 6 日美国国会制定的《联邦咨询委员会法》(The Federal Advisory Committee Act, FACA),其目的在于保证各种形式的专家咨询机构建议的客观性以及公众在专家咨询过程中的知情权。① FACA 通过对整个专家咨询全过程的信息加以公开公示,让公众对专家参与决策的行为过程进行有效监督,从而促使专家价值无涉、地位中立,降低行政机关或利益集团为谋求私利而控制专家咨询委员会的可能性。

　　为了避免行政机关在实行行政公开的过程中滥用个人信息侵犯个人的隐私权,美国国会参众两院于 1974 年 12 月 31 日制定通过了《隐私权法》(The Privacy Act)并于 1975 年 9 月实施,作为《信息自由法》的重要补充。《隐私权法》是一部规定行政机关对个人信息的搜集、利用和传播的法律,它以法律的形式规范联邦政府处理个人信息的行为,平衡公共利益与个人隐私权之间的矛盾。② 该法确立了个人记录必须对本人公开和对第三者限制公开的原则,即任何个人都可以查看联邦政府保存的有关他本人的材料,同时限制联邦政府机关向他人公布与特定个人有关的信息。

　　由于《信息自由法》规定的是政府文件的公开,而行政公开只是规定政府文件的公开显然是不够的。因此,美国国会于 1976 年又制定了《阳光下的政府法》(The Federal Government in the Sunshine Act)(简称阳光法),规定合议制联邦机关(collegial agencies)的一切会议除符合该法规定的免除公开举行的条件以外,必须公开举行,允许公众观察,取得会议的文件和信息。公众根据观察权,对合议制行政机关举行的会议可以出席旁听和观看,但不能发言。这部法律只适用于委员会制的行政机关(collegially headed federal agencies),不适用于独任制的行政机关(single-headed agencies)。公开会议的哲学基础植根于民主观念,公民必须知情才能有效治理。③ 公开会议的一个重要功能,就是让民选官员对民意有更好的理解。④ 从历史意义上看,阳光

---

　　① Petracca, Mark P. 1986. Federal Advisory Committees, Interest Groups, and the Administrative State. *Congress and the Presidency*, 13 (Spring):83—114.

　　② Rosenbloom, D. H. 2003. *Administrative Law for Public Managers*. Boulder, C.O.: Westview Press. p.128.

　　③ Sandra F. Chance & Christina Locke. The Government-in-the-Sunshine Law Then and Now: A Model for Implementing New Technologies Consistent With Florida's Position as a Leader in Open Government. 35 FLA. ST. U. L. REV. 245 (2008).

　　④ Adams, Brian. 2004. Public Meetings and the Democratic Process. *Public Administration Review*, 64 (1):43—54.

法及其关于政府会议公开的规定,为美国的公众参与开辟了一条道路。①

为适应行政改革和信息技术发展的需要,比尔·克林顿(Bill Clinton)总统于 1996 年 10 月 2 日签署了《电子信息自由法修正案》(*Electronic Freedom of Information Act Amendments*),重申自由和开放社会的价值,强调信息自由和政府开放的原则,要求政府所持有的信息(不论以何种形式或格式)都要向公众提供,政府开放的原则应适用于每一个公开或非公开的决策中。

2001 年"9·11 事件"促使布什政府反思美国政府的信息公开政策,并开始鼓励对国家安全、敏感商业信息和个人隐私的保护。结果,在布什执政时,美国的信息公开制度和政府开放程度受到了严重侵蚀。② 布什总统也因此可以被称为美国历史上的"机密总统"("The Secrecy President")。③ 当保密变得十分普遍时,国会和公众就很难甚至不可能确定行政部门在做什么。④ 美国"解密国家安全资料库"(The National Security Archive,NSA)作为公益性非政府组织在 2003—2008 年持续发布了七篇"奈特开放政府系列调查报告",综合运用政府信息公开申请与答复规则和国家保密文件定期解密规定,揭示了美国联邦信息公开中普遍存在着积压与延迟回复、"伪秘密"、网站建设不力等问题与产生这些问题的原因。⑤

在此背景下,2007 年 12 月 18 日通过了《信息自由法》的最新修正案,即《开放政府法案》(*Open Government Act of 2007*),致力于在政府中形成一种

---

① Piotrowski, Suzanne J. and Erin L. Borry. 2010. An Analytic Framework for Open Meetings and Transparency. *Journal of Public Administration and Management*, Volume 15, Number 1:138—176.

② Wenger, Kristen Elizabeth. 2003. The Freedom of Information Act Post-9/11: Balancing the Public's Right to Know, Critical Infrastructure Protection, and Homeland Security. *American University Law Review*, Volume 53, Issue 1 (October 2003).

③ Coglianese, Cary. The Transparency President? The Obama Administration and Open Government. *Governance: An International Journal of Policy, Administration, and Institutions*, 22,4 (October 2009):529—544.

④ Sydney A. Shapiro and Rena I. Steinzor. The People's Agent: Executive Branch Secrecy and Accountability in an Age of Terrorism. *Law and Contemporary Problems*, Vol. 69, No. 99 (Summer 2006).

⑤ 赵正群、董妍:《公众对政府信息公开实施状况的评价与监督》,载《南京大学学报(哲学·人文科学·社会科学)》2009 年第 6 期。

显著的开放文化。①

2. 开放政府——美国"阳光政府"建设新思维

从其最基本的意义上说,开放政府是一种现代政府治理理念和政府学说,它认为公民有权知晓政府文件和政府运作程序从而进行有效的公共监督。② 如果说行政公开主要关注信息自由、文件公开和会议公开,那么,开放政府则在此基础上更加强调公民参与和官民合作。开放政府的思想渊源可追溯到欧洲启蒙运动、美国独立宣言和美国宪法,其理论基础既来源于民主理论、公民社会理论,更直接得益于"参与式政府"理论的影响。美国学者 B. 盖伊·彼得斯(B. Guy Peters)指出,"参与式政府"主张公众对政府行政行为有更多的参与,参与是一种权利,"如果没有公众的积极参与,政府很难使其行动合法化"。同时,参与的基本观点还认为,官僚体制内的专家无法获得制定政策所需要的全部信息,甚至得不到正确的信息。③ 如果排除公众对重要决策的参与,将会造成政策上的失误。

奥巴马任职第一天便宣布"政府应该透明",并称要"致力于创造前所未有的开放政府"("an unprecedented level of openness in Government"),并且于2009年12月8日公布了以实现开放政府的三个原则"透明性(Transparency)""公众参与(Participation)""官民协作(Collaboration)"为核心的"开放政府指令"(Open Government Directive)。

(1)透明性(Transparency)

透明性(Transparency)是开放政府三个支柱中的第一个支柱。所谓透明性,一般是指使公众获得一个特定实体的业务和结构方面信息的原则。① 政府透明性的对立面是暗箱操作。戴维·伊斯顿政治系统理论认为,政府决策过

---

① Mendel, Toby. 2008. *Freedom of Information: A Comparative Legal Survey*. Second Edition: Revised and Updated. UNESCO: Paris. p. 127.

② Lathrop, Daniel & Ruma, Laurel, eds. 2010. *Open Government: Transparency, Collaboration and Participation in Practice*. Sebastopol, C. A.: O'Reilly Media. p. xix.

③ Majone, Giandomenico. 1989. *Evidence, Argument, and Persuasion in the Policy Process*. New Haven, C. T.: Yale University Press.

① David Heald. 2006. Varieties of Transparency, in Christopher Hood and David Heald, ed. *Transparency: The Key to Better Governance?* Oxford: British Academy/Oxford University Press. pp. 23—45 at p. 26.

程常常处在黑箱(black box)之中,[①]而政治系统的正常运转关键在于政府系统的开放性和政府决策过程的透明化。政府透明化的核心思想是政府掌握的公共信息向社会公开,实施"阳光法",即政府不再保持神秘感或神圣感,以及利益分配的公开化而不是传统的暗箱操作。开放政府的透明性要求政府有解释的责任,告知公民政府正在做什么,政府有责任通过合适的渠道尽快发布信息,方便大众知晓和使用。政府改革与信息公开先进技术工具的结合,使人们再次强调民主政府应该开放、可及和透明。[②] 政府各行政部门和机构有责任利用新技术,尽快将各自的运作和决策发布到网络上,提供给大众,并搜集公众反馈(public feedback)以确定信息利用的最大化。例如,2009年5月,美国政府"一站式数据下载"网站 Data.gov 正式开通,这是奥巴马开放政府计划的重要一环,意味着美国政府数据仓库的正式建立,标志着美国政府信息进一步公开与透明。[③] Recovery.gov、联邦 IT 仪表盘(Federal IT Dashboard)、USAspending.gov 将公共预算、资金使用状况和政府财政支出的用途向公众公开,让全国民众检视。数据显示,《信息自由法案》贯彻有力的州官员腐败的可能性较低,而且腐败官员更有可能被抓获。正如最高法院法官布兰代斯(Louis Brandeis)在一百年前写到的:"阳光是最好的消毒剂,灯光是最好的警察。"[④]

(2)公众参与(Participation)

公民参与是现代民主政治的核心问题之一,没有公民参与,就没有民主政治。公众的参与有助于提高政府的效率和决策质量。早期封闭决策模式的理论(如马克斯·韦伯和沃尔特·李普曼所解释的)是基于这样的假设,即认为公民虽然可以表达个人观点,但是他们缺乏就复杂政策问题进行决策的能力。民主悲观论者更是警告,政府官员应该免受麦迪逊在《联邦党人文集》第10篇中所担心的派系化公众的影响。只有政府中非政治化的职业官员才具备公正性、专长、资源、纪律和时间进行公共决策。现代民主研究者们则认

---

① Easton, D. 1965. *A Systems Analysis of Political Life*. New York: John Wiley and Sons, Inc. p.32.

② Dawes, S. S. 2010. Stewardship and Usefulness: Policy Principles for Information-based Transparency. *Government Information Quarterly*, 27(4):377—383.

③ 刘增明、贾一苇:《美国政府 Data.gov 和 Apps.gov 的经验与启示》,载《电子政务》2011年第4期。

④ Brandeis, Louis Dembitz. 1933. *Other People's Money, and How Bankers Use It*. Washington, D.C.: National Home Library Foundation. p.62.

为,作为与公民协作的一种方式,公共行政管理决策过程中的公民参与可以促进代表性和责任制等民主价值。知识和信息广泛分布于社会之中,政府官员如果能够接触到这些分散的知识,便可以集思广益,使公共机构受益于这一巨大的知识和信息源。如果运用得当,公民的地方性知识、智慧、承诺、权威,甚至他们的正直,都可以解决代表和官僚机构在合法性、正义和有效性方面的邪恶失败。① 所以,各行政部门和机构应该为公民提供更多的机会,参与制定政策和为政府提供信息,并通过反馈来拓宽公众参与的渠道。奥巴马政府希望通过更高水平的开放政府和各种新技术,授权公民参与并影响关乎其生活的公共决策过程中,向政府提供他们的智力、专长和信息,以提高政府效率,提升其决策水平。② 奥巴马总统从参加选举开始就热衷应用社会性网络服务(Social Networking Service,SNS)与Twitter,他执政后也依然非常重视听取国民的真实声音。沟通的双向性至关重要,所以引入所谓的Web2.0 "Open for Questions"与Regulations.gov来促进公众参与。

(3)官民协作(Collaboration)

"透明性""公众参与"主要是对市民体现出的责任与重视,而"官民协作"则是通过政府机构与民营企业、非营利组织等广泛合作,针对各种问题引导出最有效的解决方案与政策。"官民协作"方法基于协作性公共管理理论,即在信息时代和网络社会中,公共事务具有广泛联系性和渗透性,因此,公共管理必须打破传统官僚制的严格界限,不断开发各种新治理模式,在跨边界和多组织的制度安排下,协调运作、协同管理,解决单一组织不能解决或难以解决的问题。③ 开放政府中的"开放"不只是透明和责任的同义语,"开放"是公民与政府之间变革的关系。许多公民不再接受代议制民主体制中设定的被动地位,他们借助于信息通讯技术并且采取积极的办法,建立更好的协作方式。④ 美国纽约法学院信息法与政策研究所所长贝丝·西蒙·诺维克

---

① Fung, Archon. 2006. Varieties of Participation in Complex Governance. *Public Administration Review*, 66(1):66—75.

② McDermott, P. 2010. Building Open Government. *Government Information Quarterly*, 27(4):401—413.

③ McGuire, M. Collaborative Public Management: Assessing What We Know and How We Know It. *Public Administration Review*, 66, s1 (2006):33—43.

④ Maier-Rabler, Ursula; Huber, Stefan. 2011. "Open": the Changing Relations between Citizens, Public Administration and Political Authority. *JeDEM. eJournal of eDemocracy & Open Government*, 3(2):48—58.

(Beth Simone Noveck)区分了协商与协作之间不同的参与价值取向,"协商聚焦于舆论形成和公意(或达成共识),而协作则是实现目标的手段;协商聚焦于自我表达(self-expression),而协作则聚焦于参与"。协作将让更多的公民参与到政府的决策过程中来,而且协作也"发生于整个决策过程中,创造出多样性的参与机会和方式,进而加强参与文化,提高政府决策制定质量"①。在各部门、各级政府、非营利性组织、商业公司以及私营部门之间,利用创新的设备、方法和系统来实现协作。各行政部门积极搜集公众反馈,来评估和改善各个层次的协作。如美国中小企业局(Small Business Administration,SBA)的 Business.gov 网站目标是促进政府补贴与商业贷款应用,对中小企业与非政府组织进行扶持。美国国家航空航天局(National Aeronautics and Space Administration,NASA)设计的开放式政府倡议,鼓励公民就政府项目进行探索和协作。② VAi2 是美国退伍军人事务部(U.S. Department of Veterans Affairs)的开放政府旗舰倡议,用户可以就退伍军人健康保健和就业服务提出新思想,VAi2 为退伍军人事务部测试新想法创造了机会。

3. 对我国"阳光政府"建设的若干启示

纵观美国从行政公开到开放政府的"阳光政府"建设历程,其对我国阳光政府建设主要有以下几个方面的启示。

(1)扩大信息公开

阳光政府实质上就是政府行为的透明化、公开化,即推行政务公开,保障公民的知情权、参政权。民主社会首先是一个充满各类信息的公开社会,因而不相信保密,也不信任暗箱操作。因此,信息公开——尤其是政府信息公开——是民主社会的基本特征。在签署《信息自由法》时,约翰逊(Lyndon B. Johnson)总统表达了美国政府信息公开的基本哲学:"当人民具有国家安全所能允许的全部信息时,民主才运行得最好。只要披露对公共利益没有伤

---

① Noveck, B. 2010. The Single Point of Failure, in Lathrop, D. & Ruma, L. *Open Government: Collaboration, Transparency, and Participation in Practice*, Sebastopol: O'Reilly Media. pp. 63—64.

② Jon Gant and Nicol Turner-Lee. 2011. *Government Transparency: Six Strategies for More Open and Participatory Government*. Washington, D.C.: The Aspen Institute and James L. Knight Foundation. pp. 19—20.

害,就不能对决定蒙上秘密的面纱。"① 我国是人民民主专政的社会主义国家,人民是国家的主人。政府机关由人民选出,受人民监督,政府公开,本是人民民主专政的题中应有之义。② 我国政府信息公开立法走的是"地方先行,全国推进"的路径。2002 年 11 月,广州市政府制定了《广州市政府信息公开规定》并于次年 1 月 1 日起施行,这是我国第一部规范政府信息公开行为的政府规章。时隔一年,《上海市政府信息公开规定》出台。2008 年 5 月 1 日,我国首部国家级信息公开法规——《中华人民共和国政府信息公开条例》实施,标志着我国正式走进"阳光政府"新时代。多年来,许多政府机关和企事业单位在推进信息公开方面进行了积极探索,如"两公开、一监督"("Two Disclosures and One Monitoring")、"村务公开"("Open Village Affairs")、"厂务公开"("Open Factory Affairs")、"警务公开"("Open Police Affairs"),以及国土资源部等 30 多个中央部委"晒账本",都是很好的例证。但另一方面,由于政府信息公开制度本身所存在的缺陷,制度环境优化不足,政策执行不力,我国政府信息公开还存在诸多的问题和欠缺,行政机关内部还大量存在着不向社会公众公开的"红头文件"、闭门决策会议,"暗箱操作"式的政府行为依然大量存在。因此,在阳光政府建设过程中,应进一步消除行政神秘化,在加大信息公开制度建设的同时,克服信息公开制度及其相关政策执行的种种障碍,③强化政策执行的监督力度,④并结合信息通讯技术手段特别是电子化政府平台,促进政务信息公开更加制度化和规范化,提升开放政府水平。

(2)促进公民参与

从美国开放政府建设实践中不难看出,开放政府的公开和透明是实现公

---

① Statement by President Johnson upon signing Public Law 89—487, July 4, 1967, reprinted in 20 AD. L. REv. 263—64 (1968) and in SOURCEBOOK, supra note 21, at p.195.

② 周汉华:《中美政府公开制度异同》,载《公法研究(第 1 辑)》,商务印书馆 2002 年版,第 79 页。

③ Hubbard, Paul. 2008. China's Regulations on Open Government Information: Challenges of Nationwide Policy Implementation. *Open Government: A Journal on Freedom of Information*, 4(1). http://www.opengovjournal.org/article/view/2651/2059 (accessed August 21, 2009).

④ Piotrowski, Suzanne J., Yahong Zhang, Weiwei Lin, and Wenxuan Yu. Key Issues for Implementation of Chinese Open Government Information Regulations. *Public Administration Review*, 69, No. S1 (2009):S129—S135.

民知情权的重要前提,同时,公开性和透明性程度的提高是为了促进公民对政府行政过程的参与,提高政府行政行为的可接受性。从这个意义上说,开放式政府实质上是一种"参与式政府"①,即允许民众广泛参与政府事务,使政府行为始终置于公众的关注之中。实际上,建设开放型政府,不仅意味着公民知情,更重要的在于公民参与政务,体现出实质性的参政议政、建言献策和民主监督的作用。参与是一种价值,它包含在政治民主的意识形态光谱中,②不仅有助于提高行政效率、提供有效服务,而且有利于推进民主化进程。参与式国家的倡导者认为,公共利益可以通过鼓励雇员、顾客和公民对政策和管理决策进行最大限度的参与来实现。

我国建设"阳光政府"的目的是通过将政府信息公开,使公众在充分掌握信息的基础上,直接或间接参与政府管理的过程。但是,参与性政府不是仅仅停留在参与性的管理方式上,而是指政府治理的一种状态,即政府的各种治理活动已经和公民及各种社会团体形成了良性的互动关系。③ 参与性政府首先是指公民参与公共协商和决策过程,即在政务信息公开和透明的基础上,透过协商民主和公民有序政治参与渠道,实施"开放式决策",不断推进政府决策科学化、民主化。近年来,我国一些地方政府如南京、杭州、长沙等阳光政府建设新举措,积极探索地方政府创新之路,其主要特色就在于政务公开、公众参与、开放决策和协作治理。可见,我国"阳光政府"的建设,不仅需要政府在政务信息公开方面做出切实的努力,还要最大限度地扩大公民参与政府管理、公共决策和协作治理的广度和深度。

(3)强化依法行政

诚然,"政府信息公开"与"基于新 Web 技术促进市民参与政府各项决策过程"是奥巴马"开放政府"建设的重点。但是,不能忽视的是,信息公开、公民参与和官民协作都是建立在有限政府和法治政府基础之上的,都需要有相应的法律保障。建设"阳光政府"需要法律保证其实现的途径和不能实现时应该得到的救济。美国有着深厚的法治传统,独立战争时期的启蒙思想家托马斯·潘恩(Thomas Paine)在其著作《常识》(*Common Sense*)中说:"北美的

---

① 李俊清:《试论开放式政府及其管理模式》,载《山西大学学报(哲学社会科学版)》2003 年第 6 期。

② Peters, B. G. 2000. *The Future of Governing: Four Emerging Models*, 2nd ed. Lawrence, Kansas: University Press of Kansas. p.52.

③ 王从虎:《开放政府论》,载《河南社会科学》2006 年第 4 期。

法律就是国王"①,因为,在专制政府中国王便是法律,同样地,在自由国家中法律便应该成为国王。"一个自由国家的政府不在于人,而在于法律。制定法律无需巨大的费用;法律执行了,整个文官政府的任务也就完成了。"②确实,无论是信息公开,还是开放政府,美国阳光政府建设历程中的每一步都是立法先行,依法实施。

中国有几千年的封建专制史,统治者长期奉行"民可使由之,不可使知之"的理念,垄断公共信息,实行愚民政策。新时期我国建设阳光政府是现代政治文明发展的必然要求,阳光政府和有限政府一样是"法治政府"的题中应有之义。建设"法治政府"的核心是依法行政,不受制约的权力必然产生腐败。限制权力,保障权利,是法治的精髓,也是法治思维和法治方式的核心。依法行政,建设阳光政府,首先是要牢固树立法治理念,让政府工作变得更加公开透明,公共权力在阳光下受到更广泛监督。其次,依法行政要进一步推进民主政治,扩大公民参与机会,拓宽公民参与渠道,维护人民主权原则的要求,这既是建设法治国家的关键,同时也是落实宪法,尊重和保障人权的重要方面。第三,依法行政还要求加快转变政府职能,适应市场经济和全球化时代的需要,改进政府行政管理方式,促进协作治理。

## 四、电子政务优化我国政策信息系统的路径选择

中国的电子政务建设从20世纪90年代开始启动,历经1999年的"政府上网年"和2004年的"电子政务年",至今已有相当喜人的发展成果。各级政府普遍实现了政府上网,政府办事效率和公共服务质量有了大幅度的提高,其促进政府公共政策制定的科学化、民主化水平的功能也有了较大的提升。然而,前文中所分析的电子政务促进公共政策信息系统优化的现实限度在中国同样是客观存在的。除此之外,我国在电子政务发展方面还存在其他诸多制约因素,包括技术因素、体制因素、文化因素、地域差距因素等等。在信息社会和全球化的时代背景下,如何借助于电子政务建设,促进我国公共政策信息系统的优化,提升服务型政府建设水平以及公共政策制定的科学化与民主化,应从以下几个方面着手全面创新。

1. 坚持信息公开,促进政策信息资源的公共获取

信息公开是政策信息收集环节中情报搜集系统和调查统计系统优化的

---

① [美]托马斯·潘恩:《常识》,何实译,华夏出版社2004年版,第56页。
② [美]托马斯·潘恩:《潘恩选集》,马清槐等译,商务印书馆1981年版,第250页。

前提条件,也是电子政务建设和公共政策制定科学化与民主化的共同基础。电子政务许多功能的发挥和价值的实现,如网上办公、网上监督、电子参与、电子咨询、电子服务和公众反馈等都是以政务信息公开为前提和基础的。如果没有相关政务信息的公开,是无法体现电子政府的很大一部分功能的,其促进公共政策信息系统优化的功能也会大打折扣。因此,考察中国电子政务建设及其促进政策信息系统优化的功能,至少要做好以下几个方面的工作:

首先,要把关注点放在信息公开上。在民主公开的法治社会中,公众有权获知政府如何运作、如何行使权力等相关的政务信息。全社会的信息资源总量中有80%是掌握在行政机关手中的,所以,信息公开主要是指行政主体在行使职权时,除涉及国家机密、个人隐私和商业秘密外,凡与行政职权有关的事项,必须向行政相对人及社会公开。在美国等世界上信息公开制度比较发达的国家,"以信息公开为原则,以不公开为例外",任何公民都有权了解与政府管理有关的信息。2008年5月1日,我国《政府信息公开条例》正式在全国实施。这对于落实宪法赋予公民的言论自由和保障公民对行政权力运作的知情权无疑具有划时代的意义。同时,通过立法的方式确保政府尊重和满足公民的知悉政府运作的权利,也有助于促进政府的运作更加理性、更加具有透明度、更加负责任,并能为公众监督权力提供更多的可能性。当然,在《政府信息公开条例》的实际执行过程中,还应进一步加快研究制定省级政府信息公开规定,保障公民的知情权,增加政府工作的透明度,强化监督。与此同时,还需要全面规范政务公开工作,具体制定政府信息公开目录。此外,应进一步加强法制教育,增强公务员的法制观念,克服在我国根深蒂固的官本位思想。

其次,要提高信息收集系统的工作效率和工作质量。加大统计局的工作力度,提高统计数据的准确性,改变其被戏称为"估计局"的不良形象。同时,借助于电子政务建设的平台和契机,进一步扩大信息收集渠道,建立和完善公民意见征集制度,拓宽社情民意反映渠道,包括推行行政首长公开电话、领导干部接待群众、群众旁听政府会议等行之有效的做法,实行重大事项决策听证和社会公示制度。通过扩大政府与社会沟通的渠道,可以提高社会信息传播效率,从而促进政策信息资源的公共获取。

第三,在信息公开与安全保密之间求得适度平衡。"以公众为核心"是电子政务建设的基本价值观。电子政务的信息公开是其基本要求,但是,电子政务提供的平台上确实有许多政府公文在流转,其中不乏一些重要情报,有些涉及公民的隐私权,有的甚至关系到国家安全和社会稳定。因此,信息安全也是电子政务建设中的一项重要工作。在设计系统安全措施的时候,应该根据系统的实际应用情况,综合考虑安全、成本、效率三者的权重,并求得适度的平衡。针对不同的电子政务应用系统的实际要求,实现"恰到好处"的安全,从而实现电子政务信息公开与安全保护两者的适度平衡。同时,对于相关工作人员应进行系统的安全知识培训,主要包括:网络与信息安全基础、认证与加密技术、防火墙技术及应用、构建安全的 Web 网站及网络与信息安全管理等。

2. 消弭数字鸿沟,推进政策信息传递中的公众参与

在信息社会中,信息通讯政策、基础设施建设和教育是边缘社区公共参与的前提条件。然而,成本高、英语的统治地位、缺乏相关的内容,以及缺乏技术支持,则是弱势群体利用计算机和互联网的障碍,也是数字鸿沟产生的原因。[①] 在电子政务建设过程中,各国政府都积极致力于消除"数字鸿沟"[②],努力缩小"信息富人"和"信息穷人"之间的差距,使得每一个人都具有获得政府电子服务(e-service)的权利,尤其是那些非常关键的服务,避免新的信息通讯技术给人们带来新障碍。

在电子政务建设过程中,首先要有政府相关信息通讯政策的支持和相应的技术支持,注重普及城乡宽带网络建设。从美国、新加坡、澳大利亚等电子政务建设先进国家的经验来看,政府应该发挥领导作用,刺激公众通过信息通讯技术关注其带来的新机会。[③] 在我国,国家更应该发挥制度的优越性,通过公共政策制度与执行,借助于相关政策工具,资助边远、贫困地区信息技术的应用,逐步消除落后地区与发达地区之间业已存在的"数字鸿沟"。

其次,解决地区间和人群间的数字鸿沟问题,还要靠科普和信息技术教育来解决信息技术普及与应用等各方面的问题。自从上世纪 90 年代人类进入"知识经济"时代以来,信息已经成为继新材料和新能源之后支撑经济社会发展的三大支柱之一。其中,信息的生产、采集、传递、整理和加工分析,正逐

---

① Chen, W. & Wellman, B. 2004. The Global Digital Divide: Within and Between Countries. *IT & SOCIETY*, Vol. 1, Issue 7, Spring/Summer:39—45.

② Sipior, J. and Ward, B. 2005. Bridging the Digital Divide for E-government Inclusion: A United States Case Study. *The Electronic Journal of E-government*, Volume 3, Issue 3:137—146.

③ Lips, Miriam. 2000. Designing Electronic Government Around the World: Policy Developments in the USA, Singapore, and Australia. *The EDI Law Review*, 7:199—216.

步成为经济发展中的"发动机"。从人力资本理论视角来看,信息的获取、识别以及运用是增加劳动者人力资本存量的重要途径之一,而人力资本则是促进经济增长、提高劳动者收入水平的决定性因素。因此,必须落实培训和教育方面的投资,使信息应用普及到社会每个阶层和每个地理区域,优先照顾信息弱势群体,缩小信息差距。避免使中国的电子政务陷入"两头热中间冷"的尴尬境地,变成只是IT厂商和政府部门的"二人转"。

第三,数字鸿沟并不仅仅指是否拥有计算机和互联网,更是一个政府体制与制度环境的问题。民主政府体制更有利于互联网的推广,因而民主有利于缩小数字鸿沟。[1] 可以说,消弭数字鸿沟与电子政务建设是同一个过程的两个不同方面。一方面,只有通过逐步消除数字鸿沟,才能真正实现电子政务建设的目标;另一方面,也只有借助于电子政务建设的相关平台,共享电子信息,并不断推进电子参与和电子民主进程,增加信息弱势群体积极参与公共政策过程的机会和影响力,才能最终消弭数字鸿沟。

3. 扩大电子咨询,体现公共政策制定的科学化和民主化

政策研究系统、政策分析系统和政策咨询系统所承担的政策信息的分析、加工和处理工作直接服务于中枢决策子系统的公共政策制定。系统优化的路径在于承认专家失灵的可能性与现实性,从而通过电子政务扩大电子咨询,把公共政策制定的科学化建立在公共参与的基础上,并且以电子化的公共咨询弥补专家咨询的局限性。电子政务发展的一个重要趋势就是向电子治理转型,其实质就是强调政府与公民的互动,而不只是单纯向公民提供服务。通过向公民提供发出其声音的虚拟空间,为其通过信息通讯技术参与公共政策制定提供更多的机会。电子咨询也是电子民主的一种形式,是衡量电子参与的一项指标[2]。说到底,电子咨询就是要公共政策制定的科学化建立在民主化的基础之上,要在实现信息公开和消除数字鸿沟的基础上,通过电子参与逐步实现的。具体的做法主要有以下几个方面:

其一是要通过《政府信息公开条例》的实施和严格执行,不断提升政府工作的透明度,进而在电子咨询过程中逐步消除各利益攸关方之间存在的信息

---

[1] Milner, Helen V. 2006. The Digital Divide: The Role of Political Institutions in Technology Diffusion. *Comparative Political Studies*, Vol. 39, No. 2:176—199.

[2] United Nations E-government Survey 2008. *From E-government to Connected Governance*. United Nations publication Sales No. E. 08. II. H. 2. United Nations. New York. p. 18.

不对称现象和瓶颈。

其二是借助于电子政务的建设,加大政府的政策宣传力度。即政府等社会公共权威机构以信息发布(dissemination of information)的形式,向社会广泛宣示其各项公共政策问题的现状和政策制定的目标,使公众充分了解政策问题的内容,获取相关政策背景知识,增加公众对相关政策问题的全面把握,进而具备政策参与的机会和能力。相反,如果政策宣传不够或者宣传不准确,就会造成政策问题不明确和政策信息不畅,就会影响公众参与政策咨询的实际效果。

其三是通过长期的政治社会化过程,提升公民的政治参与意识和政治参与能力,特别是政策信息的收集、整理、加工和分析能力。进而,使其能够通过网络渠道对政府有关部门和相关工作发表看法,并直接参与相关政策制定咨询过程的讨论、论证,直接就某一具体政策问题提出自己的意见和建议。

4. 打通信息孤岛,实现政策信息存储中的资源整合

政策信息系统的优化离不开政府信息系统与各类社会信息系统包括专业信息系统的整合和一体化。政策信息资源的开发和利用就是通过政策信息的搜集、传递、加工、分析以及数据库建设,促进科学化、民主化的政策制定,并通过有效的政策执行、客观公正的政策评估、适时的政策监控、政策调整和政策创新,实现政策目标,体现政策信息资源的价值。同样,电子政务建设和发展也离不开快速和安全的网络存储及数据库技术的兼容以及政府不同部门之间的信息资源整合与一体化,打通信息孤岛,实现信息资源共享。所以,电子政务的发展无疑会不断地促进政策信息系统的整合与优化。从目前各国电子政务建设的实际效果来看,先进国家往往是电子信息资源在政府各部门之间整合得最好的。多年来,美国在电子政务各项指标的综合评估中一直位列全球之首,但是,据日本早稻田大学电子政务研究所 2009 年对 34 个主要国家和地区的研究报告显示,新加坡当年首次在综合指标评估得分上超越美国跃居世界第 1 位[①]。其中,新加坡在两项关键的指标管理最优化和国家端口上超越了美国。[②] 如前文所述,电子政务建设的远景目标就是整合

---

① 在该评估报告中,中国台湾地区、中国香港地区和中国大陆分别列第 8 位、第 14 位和第 26 位。

② 小尾敏夫. 2009. 「第 5 回世界電子政府進捗度評価ランキング調査 2009」. 早稻田大学電子政府・自治体研究所/大学院国際情報通信研究科小尾研究室. Available from: http://www.obi.giti.waseda.ac.jp/e_gov/World_e_Gov_Ranking09_jp.pdf.

信息和服务,因此,各国都非常重视电子政务建设的一体化。在我国电子政务建设过程中,要实现其整合与一体化,应做好以下几个方面的工作:首先,加强对电子政务建设工作的统一领导,为电子政务健康、快速的发展提供可靠的组织保证。电子政务建设中的领导工作至关重要,哈佛大学肯尼迪政府学院所作的一份报告《网络化时代下领导面对的八大任务》中指出,"在网络化的世界里,要想成为一个高效率的领导就必须面对信息技术问题,要在制定战略方向、实施特定项目、规划新的公共政策中扮演重要角色"。

其次,明确政府是信息资源共享的责任主体,破除各组织和部门之间的利益壁垒和各种分歧。在我国,如前文所述,由于体制上的条块分割,造成了政府信息资源的部门化利益分割和人为壁垒。正如简·芳汀(Jane E. Fountain)在她的《构建虚拟政府:信息技术与制度创新》(*Building the Virtual State: Information Technology and Institutional Change*)一书中认为的,真正的挑战不在于构建电子政府的技术能力,而在于克服政府内部根深蒂固的组织性分歧和政治性分歧。因此,要在政府是明确责任主体的基础上,彻底改变公共信息资源"私有财产化"和"利益部门化"的现象,打通"信息孤岛",实现公共信息资源共享。

最后,致力于实现从"以机构为中心"(Agent-Centric)到"以公民为中心"(Citizen-Centric)的转型。在面向社会的公共信息服务中坚持"以人为本",克服"官本位"思想,彻底改变"门难进,脸难看,话难说,事难办"的官僚衙门作风。

# 第六章 公共政策冲突及其消解机制

在公共管理中,人们一般认为,公共政策是处理冲突的,譬如:如何控制社会内部的冲突;如何将社会组织起来,处理同其他社会的冲突,等等。但实际上,公共政策本身、公共政策过程、公共政策之间也充满了各种冲突。公共政策作为政府基于公共权力对整个社会的价值作权威性的分配,在本质上就是一种政治权力运作过程,就是关于"谁得到什么?何时和如何得到?"的问题。其中,固然有和谐、合作、协商、议价和妥协,但是也充斥着权力的角逐和利益的纷争。在公共政策过程中,价值冲突、利益冲突、部门冲突、政策行动者之间的冲突等可以说是无处不在、无时不有的。本章以公共政策冲突为研究对象,侧重从学理上分析公共政策冲突的形成机理及其消极影响,并在此基础上探讨新时期我国公共政策冲突的消解机制建构。

## 一、理解公共政策冲突

众所周知,冲突是人类社会中普遍存在的行为方式和社会现象。如果说政治就是对冲突的管理,那么,公共政策就是关于冲突的管理的具体策略和机制。公共政策冲突则是公共政策过程中政策行动者之间的价值冲突、利益冲突和行为冲突现象。而公共政策冲突的本质就是利益冲突。

### 1. 公共政策冲突及其实质

从一般意义上说,公共政策冲突不过是政治冲突的一种形式,也就是说,公共政策冲突实际上就是指公共政策过程中不同的政策行动者(包括个人、群体或部门)之间,由于价值观念、利益诉求和体制结构等方面的原因而产生的政策目标、政策内容和政策行为的矛盾现象。

首先,任何公共政策从其制定到执行的整个过程都充满了冲突现象。与合作、议价、妥协一样,政策冲突是公共政策过程中客观存在的行为方式,也是一种正常的政策行为。正如黛博拉·斯通所认为的,政策本来就是从政治情理中形成的,而政治情理即特定的政治情境,本身就是充满矛盾冲突的,在这种情境中所形成的公共政策其本身就内在地包含着各种矛盾。但人们却认为政策是基于客观的合理性而形成的,这样就不可避免地产生了政策矛盾。为此,人们应该根据政治情理理解政策,来理解政策冲突。如果把它当作科学来对待,就会发生政策矛盾,产生政策冲突。从这一理解出发,人们可以认识到,公共政策是政治过程的产物,公共政策冲突的起因及其治理都与政治过程有着密切的联系。

其次,公共政策冲突反映了社会政治生活中不同政治力量之间的对抗、竞争、争执等紧张态势,也体现了政治系统在结构、组织、权力分配等方面所存在的问题。从团体理论的视角来看,公共政策冲突主要表现为政治团体之间的冲突,如社会组织、利益群体、政党、政府部门之间的冲突。个体卷入公共政策冲突的过程也是以参与团体作为其实现政策目标的手段的。用黛博拉·斯通的话来说,就是参与某种政治共同体,该"群体的人们生活在同样的政治规则和治理结构之下,共享作为公民的地位"[1]。所以,公共政策冲突与合作、结盟等政策行为常常是交织在一起的,即合作中有冲突,冲突中也有合作、妥协与结盟。

第三,公共政策冲突不仅是体现为物质利益的冲突,而且也包括价值观念的冲突。黛博拉·斯通甚至将价值观念看作是政治冲突的基础。她说:在政治共同体中政策制定的本质性东西就是"为理念而斗争","这些理念是一种交换环境,是一种影响模式,其作用可能比金钱、选票和枪支更为强大。这些理念中的为人们所共有的含义激励人们采取行动,将个体的奋斗融合成集体的行动。理念处于政治冲突的核心"[2]。理念是政治的材料。政治冲突绝不只是物质条件和物质选择,而是为了关于什么是合法的问题而斗争。[3] 价值观念、政策理念是政策行动者参与公共政策过程的内在动力,也是政策制定者进行政策决策的深层影响因素。

最后,在社会范围内,公共政策冲突一般是通过非政治性手段解决的,主要依靠社会压力、经济限制、政策整合等方式。但如果公共政策冲突威胁到社会稳定或导致大规模群体性事件如暴乱等剧烈冲突现象的发生,就必须要

---

[1] Stone, Deborah A. 2002. *Policy Paradox: The Art of Political Decision Making*. New York: W. W. Norton. p.19.

[2] Stone, Deborah A. 2002. *Policy Paradox: The Art of Political Decision Making*. New York: W. W. Norton. p.11.

[3] Stone, Deborah A. 2002. *Policy Paradox: The Art of Political Decision Making*. New York: W. W. Norton. p.34.

受到国家力量的干预。公共政策冲突的范围还表现在国际政治与国际关系中,通常有外交政策上的支持、对抗、碰撞、威胁、武力强迫等形式。解决公共政策冲突是政治系统最基本的功能,是政府合法性权威的实际操作,也是政府能力的一种体现。

2. 公共政策冲突的主要表现形式及其消极影响

公共政策冲突有许多表现形式,从隐含的政策目标冲突到公开的政策行为冲突等,都广泛存在于公共政策过程的不同阶段之中。

(1)政策目标的冲突。政策目标的冲突最为突出地体现了公共政策制定过程中政策形成的矛盾性、冲突性和妥协性。政策目标是政府等社会公共权威机构为解决特定公共政策问题而采取相应政策行动所要达到的效果。政策目标的出发点是针对特定社会问题的处理策略,政策行动者依据社会问题的性质、影响程度,识别和界定公共政策问题并确立解决政策问题的优先度。据此,政策行动者将需要优先解决的政策问题提上政策制定者的议事日程,也就是使政策问题进入政策议程,并进而确立政策目标。而目标本身、目标之间以及确立目标的过程都是充满着矛盾和冲突的。由于不同的社会主体有不同的政策立场和政策偏好,在公平、效率、自由和安全政策目标的考量上存在政策价值观的冲突;在政策目标的时间维度考量上,存在着长远政策目标和近期政策目标以及中长期政策目标和中短期政策目标等阶段性政策目标之间的冲突。"为了达成一致和获得支持而作出相应妥协,这往往会导致在政策目标的阐释上采用笼统的措辞,从而使政策目标的内容缺乏清晰的表述。"[1]当其目标是相互冲突的多个目标时,政策的执行就会产生问题,导致基层官员的选择性政策执行。[2] 政策目标的冲突既是政策冲突的表现形式,同时也是导致其他类型政策冲突的原因。例如,我国现行城市化发展政策目标与农地保护政策目标的冲突导致政府房地产政策在不同地区、不同时期存在多种政策冲突现象。而高等学校扩招政策与高等教育质量工程的政策目标的内在张力,也是导致近年来我国大学生就业困难的重要原因。

(2)府际政策的冲突。即由于府际关系的失调而产生的政策冲突。从府际政策体系的纵向维度来看,表现为全局性政策和局部性政策之间的冲突。

---

[1] James E. Anderson. 1984. *Public Policy-Making*, 3rd ed. Orlando, Florida: Holt, Rinehart and Winston, Inc. p. 3.

[2] O'Brien, Kevin J. and Li, Lianjiang. 1999. Selective Policy Implementation in Rural China. *Comparative Politics*, Vol. 31, No. 2 (January):167—186.

无论是在联邦制集权国家还是联邦制分权国家,其公共政策制定过程中都存在冲突,而进一步的分权过程又导致了政府角色的模糊和官僚对变革的阻力、财政联邦制和国家债务管理,以及分权对联邦与地方政府关系的意外影响。全局性政策和局部性政策之间的冲突,一般是由于中央政府放松规制产生利益多元化而造成的。在我国这样一个单一制国家里,中央政府与地方政府之间的政策冲突则表现得尤为突出。① 从府际政策体系的横向维度考察,则主要表现为部门政策之间的政策冲突。在我国,府际政策的冲突通常表现为所谓的"文件打架"的现象。② 同时,府际政策冲突也表现为政策倾斜、政策优惠及其所造成的政策冲突现象。此外,府际政策冲突还表现为各种形式的"土政策"等。这些政策冲突的起因是政策目标和政策理念的冲突,而其实质则是政策利益的冲突。

(3)政策工具的冲突。政策执行在很大程度上涉及到把政府的一种或多种基本工具应用到政策问题的解决中去。政策执行的核心就在于如何选择和设计有效的政策工具。在执行一项具体的公共政策中,可以包含多种政策工具选项。例如,政府不但要决定是否要对水质恶化采取行动,而且还要决定应该通过何种手段来达到目的:是应该通过群众性活动来敦促人们摒弃污染行为呢,还是制定规则来禁止一切导致污染的行为,抑或是向污染企业提供补贴以鼓励其采用更加安全的生产技术,或者是一些这样那样工具的组合。这种对于政策工具的选择在政策过程中子系统成员之间可能引发的讨论、协商、争议往往并不亚于决策本身。因为各种政策工具既有其优势也有其缺陷,例如,作为一种政策工具,确实具有易于建立、精简中间环节、节约信息成本和交易成本等优势,但是它同时又缺乏灵活性、受政治控制,而且项目的执行可能会因为政府内部机构职能的交叉于冲突而陷入困境。③ 即使是同一个政策工具在不同的政策行动者眼里也可能会出现相互冲突的情形,如说服,在一种政策话语中是"信息";而在另一种政策话语中则成了"宣传"。信息是"启蒙的"和"解放的";而宣传则是"蒙骗的"和"奴役的"。在一种观点中,说服是"教育";而在另一种观点

---

① 程杞国:《公共政策制定中中央政府与地方政府的关系》,载《中共福建省委党校学报》2000年第3期。

② 胡象明:《"文件打架"的原因及对策》,载《中国行政管理》1995年第9期。

③ Michael Howlett and M. Ramesh. 2003. *Studying Public Policy: Policy Cycles and Policy Subsystems*, 2nd ed. Toronto: Oxford University Press. pp. 87—93.

中,说服则成了"洗脑"。① 处理同一个政策问题的不同的政策在其政策工具选择方面也会出现相互冲突的情形,结果使得政策执行者左右为难,或者造成不同执行者之间的相互冲突。

(4)政策效益的冲突。政府的全局性公共政策影响到所有的政策领域,也产生多方面的政策效益。首先,相互冲突的公共政策自然会产生相互冲突的政策效益。例如,分配性政策的负外部性亦即溢出效应与规制性政策的目标会产生冲突。这就有可能造成执行政策过程中不同政策执行主体之间的相互矛盾或冲突。其次,公共政策效益具有扩散性。同一项公共政策所产生的政策效益不仅是多方面的,而且也可能产生性质完全不同的政策效益,甚至是相互冲突的政策效益。当一项公共政策在不同方面的政策效益发生冲突时,政策执行者及政策攸关方就可能只选择对自己有利的方面,通过肢解政策、曲解政策或钻政策的空子,导致"上有政策,下有对策"。特别是"当有关问题的政策方案与官员自身利益相对立时",政策的执行通常比较糟糕。② 基层干部或者是拒绝执行,或者是如前文所述的选择性执行。此外,不同部门之间的政策效益冲突有时会使两者的政策效能相互抵消,甚至导致政策失败。

## 二、公共政策冲突的形成机理分析

公共政策冲突的形成机理体现在多个方面。其中,既有政策价值观分歧与差异性方面的原因;也有政策部门区隔方面的原因,表现为政策制定和执行体制上的障碍;还有政策利益博弈方面的原因,即政策行动者基于政策利益的博弈;此外还有政策信息阻隔方面的因素。具体说来,导致公共政策冲突的主要机理因素有以下四个方面。

1. 政策价值观的分歧

公共政策分析不仅是描述性的,而且也是规范性的。所谓描述性是指对事实及客观存在的因果关系的分析;而规范性则是指以某种价值判断为前提的评价活动。而我们的价值观,用以赛亚·伯林的话说,就是指"我们认为好

---

① Stone, Deborah A. 2002. *Policy Paradox: The Art of Political Decision Making*. New York: W. W. Norton. p.308.

② Harding, Harry. 1981. *Organizing China*. Stanford: Stanford University Press. pp. 350—351.

的和坏的、重要的和琐碎的,正确的与错误的,高贵的和卑鄙的"①等等方面的看法。推而广之,所谓公共政策价值观,就是指公共政策过程中影响政策行动者进行集体选择和行动的态度、偏好、取向和准则。政策价值观是由抽象的观念体系构成的,在具体政策行为中政策价值观所表现出来的则是具体的政策价值观念,主要由政策理论、政策理念、意识形态、政策评价标准等组成。

对于公共政策的价值判断以论证政策的对与错、好与坏、善与恶、公正或不公正的评判准绳为依据。价值不是普遍性的,每一个人类社会、每一个民族、每个时代和文明,都具有它自己独特的理解、标准、生活和思考行动的方式。同样,政策价值观也是多元性的、多层次性的和阶段性的,甚至是相互冲突的。例如,一味注重实利的公共政策有时会与人类社会其他的伦理价值准则发生严重的冲突②。道德冲突不同于经济争端,在道德政策的争斗中,常常会发现保守主义者维护规范现状,而自由主义者更可能去适应社会价值观的变化。所以,社会调节政策不是用来规制经济交易,而是调节社会关系。③ 主张削减社会福利计划预算的人谈到,高税额影响国家的生产能力,认为福利国家是"通往奴役之路",而反对者们则集中谈到不幸的人所受的苦难。④ 公共管理中常常存在"效率"与"公平"两种政策价值观之间的冲突,而新公共管理的政策价值观则由于其将效率放在优先地位而忽视公平,因而也受到了诸多的批评,如克里斯托弗·波利特批评其是一种基于新泰勒主义的管理哲学。⑤ 由于意识形态的分歧和文化的异质性,必然导致政府政策制定的压力和公共政策价值观冲突。政策议题的特点就是其背后的相互矛盾和相互冲突的政策价值观的交锋,其结果必然导致公共政策目标的矛盾和冲突。在我国,公共政策制定中的"效率优先,兼顾公平"向"效率与公平双赢"的过渡,反映了我国公共政策价值观的冲突及其在不断调适过程中的变迁。

---

① Berlin, Isaiah. 1998. *The Proper Study of Mankind*: *An Anthology of Essays*. London: Pimlico. p. 127.

② 方琳:《试论现代公共政策的价值冲突》,载《中国行政管理》1998年第12期。

③ Raymond Tatalovich, Byron Daynes. 2005. Introduction: Social Regulations and the Policy Process, in *Moral Controversies in American Politics*: *Cases in Social Regulatory Policy*, 3rd ed. Armonk, N. Y.: M. E. Sharpe Publishers. p. xxv.

④ [美]史蒂文·凯尔曼:《制定公共政策》,商正译,商务印书馆1990年版,第23页。

⑤ Pollitt, Christopher. 1993. *Managerialism and the Public Services*: *Cuts or Cultural Change in the 1990s*, 2nd edition. Oxford: Basil Blackwell. p. 56.

2. 政策部门的区隔

公共政策过程是在复杂的组织形式中展开的。因而对于政策冲突的分析也应该放在公共组织的分析框架中进行。直接涉入政策过程的公共组织也就是政策部门,可以将其理解为"由于资源的相互依赖性而相互连接起来的一群组织或组织的综合体,并因为资源的依赖性结构的断裂而与其他组织群或组织综合体区别开来"①。政策部门所蕴含的这种组织间关系在公共政策与管理过程直接表现为府际关系,而政策制定和执行体制上的障碍则正是体现了府际关系的失调。

从纵向上看,主要是中央与地方关系的失调。在一个国家中,中央政府与地方政府之间的关系是其国内政府间关系的中轴。20世纪80年代以来,新自由主义思潮在世界各地大行其道,而新自由主义与地方分权是一对孪生姐妹,其基本的政策立场就是"小政府"和地方分权,即主张减少中央政府对经济生活的干预和财政支出,并向地方政府下放权力。例如,美国里根政府的"还权于州与地方"改革,法国于1982年启动的地方分权改革,以及日本自80年代以来多届内阁所实行的地方分权改革②,都是典型的分权实例。在大规模的分权运动中,有一条成功的经验,即中央政府在权力下放的同时,都比以往更强化了对地方和社会进行制度化的宏观调控。因为,"当国家权威削弱时,对政府决策的不顺从也就增加了,在相互依赖的复杂网络中,策略性集团的力量使得这种不顺从变得更为容易"③。在我国,随着地方政府权力的不断扩张,中央政府的权能受到削弱,其典型表现就是中央政府的政策能力呈弱化趋势。其直接原因是中央政府板块式的权力下移而造成组织能力、调控能力比过去大为下降,其深层原因则是在中央向地方分权的过程中,缺乏有效的制定机制和法律体系来调控地方行为,导致"上有政策,下有对策"的地方保护主义现象愈益严重。④ 从政策网络的分析视角来看,中央与地方政府

---

① Benson, J. K. 1983. "Interorganizational Networks and Policy Sectors". in D. Rogers and D. Whetton, eds. *Interorganizational Coordination*. Ames, I. A.: Iowa State University Press. p. 3.

② [日]西尾胜:《行政学》,毛桂荣等译,中国人民大学出版社2006年版,第80—83页。

③ Dunleavy, P. and O'Leary, B. 1987. *Theories of the State: the Politics of Liberal Democracy*. London: Palgrave Macmillan. pp. 68—69.

④ Jin, Taijun & Qian, Zaijian. 2002. The Institutionalized Construction of the Relationship Between Chinese Central and Local Government in the New Century. *Chinese Public Administration Review*, Vol. 1, No. 1 (Jan. /Mar.): 37—42.

之间的府际关系呈现出多元竞争与复杂的博弈形式。① 由于中央政府在政策资源和财政资源方面拥有优势,而地方政府则在行政所必须的组织资源和信息资源方面有其优势,所以,中央政府与地方政府之间既相互依存,同时又有相互竞争、相互冲突的情形。

从横向上看,主要是部门之间、地方政府之间关系的失调。这通常表现为激烈的区域性竞争和区域不公平。例如,在美国,各个州之间不仅存在竞争性,并且有时还存在冲突。② 在我国,地方政府由于政绩驱动和利益驱动,在招商引资与税收减免、人才引进与劳动人事、道路交通,以及生态环境保护等方面也制定了不少竞争性的甚至是相互冲突的政策。究其原因,主要是因为资源的有限性和分配的不公平性、区域发展的不平衡性,以及部门组织之间的事实上的不平等与隔绝性。约翰·C.坎贝尔(John C. Campbell)在研究日本官僚制时也观察到,正式组织之间的隔绝性,如部门、局、科等的正式组织单位会成为政策冲突的制度性障碍。因为这些组织的独立性都比较强,他们有各自的目标,对其他组织的依赖程度又很低,同时又存在对稀少资源的竞争,所以一旦发生冲突就很难解决。③ 政策体制上的隔绝、断裂或摩擦,以及官僚制组织的"本位主义"和公共利益的"部门化",往往造成"政出多门""政令不一",并进而导致结构性的政策分裂和政策冲突。此外,由于政府改革的总体趋势是培育一个民间社会,因而,在政府退出的过程中,政府各部门之间原本有序的衔接也会出现一些无序的状况,进而导致政策之间的冲突。

3. 政策利益的博弈

政策价值观是政策利益的外衣。政府间关系、部门间关系、组织间关系的合作与冲突,说到底,也都是基于利益关系之上的。从这个意义上说,公共政策冲突本质上就是一种利益的冲突,公共政策过程就是一个利益博弈的过程。

首先,政府的自利性及其与社会利益的博弈。在此,公共选择理论有助于我们深入理解政策利益的博弈,该理论试图从研究官僚和政客的角度上探

---

① Marsh, David and R. A. W. Rhodes, eds. 1992. *Policy Networks in British Government*. Oxford: Clarendon Press. pp.101—111.

② Henry, Nicholas. 2004. Public Administration and Public Affairs, 9th edition. Upper Saddle River, N.J.: Pearson Prentice-Hall. pp.392—393.

③ Campbell, John C. 1984. Policy Conflict and Its Resolution within the Government System, in Ellis S. Krauss, Thomas P. Rohlen, and Patricia G. Steinhoff, eds. *Conflict in Japan*. Honolulu: University of Hawaii Press. pp.294—334.

索政府政策。公共选择模型认为,公共政策作为一种公共物品,是由公共选择决定的,是集体选择的结果。公共选择的目标是为了实现社会资源的"帕累托最优"配置。然而,现实生活中的任何一种公共选择方式,其最终的决策都很难体现公共利益的最优化。因为国家和政府仍然是一种人类的组织,在其中做决策的仍然是人,而作为一个经济人,不论其处在何种地位上,其人性都是一样的,其一举一动都是为了增进自己的经济利益,追求个人利益的最大化。因而在国家或政府中做决策的人和其他人没什么不一样,既不会更好,也不会更坏,都一样会犯错误。正如市场会"失灵"一样,政府也会"失败"。不受牵制的政府自利性势必造成政府自身利益与公众利益的冲突。此外,政治市场上的政治家面对定期的竞选,往往会促使政府采用一些短期内见效的政策、计划和项目,从而导致当前利益与长远利益的冲突。

其次,部门利益的分化与博弈。传统上,政策研究者倾向于将国家机关看作是政策偏好一致的行动者,国家机关被视为一个具有层级节制的同构型机构,在议会权威独大的情况下,官僚机构仅是政策执行工具。[1] 但政策网络理论则强调,各行政机构因为拥有不同的政策责任与权力基础,其在与民间社会不同利害攸关团体互动时,展现出了不同的政策偏好与政策行动倾向。在我国,新时期的改革涉及更多的是中观与微观政策领域利益关系的调整,如教育政策、医疗卫生政策、社会保障政策、环境保护政策、收入调节政策等。其中,有的政策调整所造成的政策成本过分集中,但政策收益却相当分散;有的政策成本近在眼前,但政策收益却在遥远的未来。因而,这些政策调整所引发的社会矛盾会更加突出,更依赖政府部门之间的协调,上下级之间的沟通、合作。然而,由于政府部门的利益分化,各政府部门之间越来越难以沟通和协调。有时候,政府部门自己就是特殊利益集团或被特殊利益集团"俘虏",必然会阻碍政策协调,消解公共价值,进而导致公共政策冲突。

第三,政策行动者之间的利益博弈与利益冲突。查尔斯·安德森曾以美国为例指出,政策制定过程是一个敌对的过程,其特点是相互竞争的观点与利益、是冲突的而非中立的、无私的或客观的为政策问题追寻正确答案。[2] 政

---

[1] Smith, Martin J. 1993. *Pressure, Power and Policy: State Autonomy and Policy Networks in Britain and the United States*. London: Harverster Wheasheaf. pp. 45—46.

[2] Anderson, C. W. 1961. Politics and Development Policy in Central America. *Midwest Journal of Political Science*, Vol. 5, No. 4 (November):332—350.

策网络途径则将公共政策制定过程看作是多元行动者之间权力互动的结果，政策过程因此不再只是行政部门纯理性的规划活动，而是政策网络参与者基于各自拥有的政策需求与资源，依据妥协的逻辑，而就政策内容进行的交涉。① 政策网络可视为利害关系者与国家机关各部门之间建立例行化的互动模式，对关心的议题进行沟通与协商，使得参与者的政策偏好被满足或是政策诉求获得重视，以增进彼此的政策利益。通常政策网络内的行动者包括行政人员、国会议员、专家学者、利益团体等与该政策有利害关系的个人或团体，这些个别行动者或团体因为法定权威、资金、信息、专业技术与知识等资源的相互依赖，而结合成行动联盟或是利益共同体。② 而在行动联盟或利益共同体之外则是相互之间的竞争、超越甚至是冲突的关系。

4. 政策信息的阻隔

以上是从政府结构和利益诉求上分析产生政策冲突的原因。当然，政策冲突的原因不只是结构上的和利益取向的，政策信息也是其中的一个重要变量。从某种意义上说，公共政策过程就是信息的获取、加工、传递、流动、转换与利用，以及信息反馈的周期性运行过程。政策信息的公开与共享，是整个公共政策过程的良性运行的基础，而政策信息的沟通不畅、阻隔与封锁，则直接造成政策冲突，甚至导致一项公共政策的失败。

首先，良好的公共政策制定需要有更广泛的政策参与、更多且独立的政策建议来源，政府的政策规划需要从更大范围的政策利益攸关方包括普通公众那里输入。③ 然而由于"信息不对称"，制约了公共政策咨询和公众参与的有效实施，导致政府政策制定与实际政策需求的冲突。

其次，部门政策制定并不仅仅只是中央政策的进一步细化，而是需要结合本部门的实际情况、政策问题的性质，以及政策对象的需求，具体问题具体分析。同时还要考虑到与相关部门的合作与协同。这就需要相关部门之间保持沟通、协调与信息共享。然而，由于技术性、社会性和结构性因素的影

---

① van Waarden, Frans. 1992. Dimensions and Types of Policy Networks. *European Journal of Political Research*, 21(1/2):29—52.

② Skok, James E. & Harrisburg, Penn State. 1995. Policy Issue Networks and the Public Policy Cycle: A Structural-Functional Framework for Public Administration. *Public Administration Review*, 55(4):325—332.

③ Curtain, Richard. 2000. Good Public Policy Making: How Australia Fares? *Agenda: a Journal of Policy Analysis and Reform*, Volume 8, Number 1:33—46.

响,导致一个个"信息孤岛"的存在,并且严重阻碍了现代政府机构和部门之间的信息共享。① 在我国,由于传统观念与习惯的影响,以及在计划经济和审批经济条件下形成的"条""块"分割现象尚未彻底改变,政府的各个职能部门往往把自己的工作领域看成自己的"领地",出现了利益部门化的倾向。

第三,在电子政务建设过程中,一些部门以"信息安全与隐私保护"为由,放慢"信息公开"的步伐,不仅制约了电子信息的公共获取,而且也影响了政策制定的公众参与,进而也损害了公共政策制定的科学化与民主化进程。同时,由于"数字鸿沟"的客观存在,制约了公众电子参与的深度与广度。而在利益表达结构上形成的隔阂和政策信息反馈机制的不健全,就必然会产生政策冲突。

最后,政策信息的完备性是公共政策执行活动的必要条件。作为一种公共政策资源,政策执行信息是政策执行者制定切实可行的政策执行计划、控制政策执行过程的基础,也是使公共政策得到政策对象和目标群体的理解和认同的前提。所以,政策信息的阻隔,必然造成政策工具选择的障碍和政策执行过程中的政策冲突,甚至导致政策失败。

## 三、新时期我国公共政策冲突的消解机制建构

政策冲突现象不仅影响了政策的权威性,给政策执行带来了困难,产生了巨大的消极影响,不仅增加了政策成本,而且影响了政策效率,甚至导致政策失败。针对公共政策冲突的这些消极作用,应从以下几个方面着手探索政策冲突的解决之道,构建政策冲突的消解机制。

1. 政策价值引导机制

政策价值引导机制是一种防患政策冲突于未然的机制和方法。传统观点认为,政府对于相互冲突的政策价值观的回应就是"平衡"和"折中",而现代政府对于政策价值观的冲突则有着更加多样化的回应策略。② 具体包括:

首先,通过政治社会化过程培养公共价值观。这是避免政策制定过程中政策价值观冲突的一种长效机制。任何公共政策的目标都会涉及社会中的

---

① Hughes, V. and Jackson, P. 2004. The Influence of Technical, Social and Structural Factors on the Effective Use of Information in a Policing Environment. *The Electronic Journal of Knowledge Management*, Volume 2, Issue 1:65—76.

② Thacher, D. & Rein, M. 2004. Managing Value Conflict in Public Policy. *Governance: An International Journal of Policy, Administration, and Institutions*, Volume 17, Issue 4:457—486.

一些伦理价值考量,如自由、民主、安全、公平和效率等等。对这些价值目标,不同的社会主体都会有不同的立场和偏好,而公共政策的公共性则体现在其对于公共价值观的追求并致力于实现公共价值。马克·H.莫尔(Mark Harrison Moore)认为,公共管理的终极目的就是为社会创造公共价值。价值是根植于个人的期望和感知,公共价值是公民对政府期望的集合。从元政策视角考察,公共价值观是公共政策过程公共性、公正性和公平性的观念基础。而公共价值观的养成则要通过政治社会化过程,培养政策主体特别是政策制定者的公共价值取向,使其在公共政策过程中体现公共利益和公共意志,反映社会大众的利益需求,优先考虑社会弱势群体的利益和需求。政策行动者的公共价值观的养成有助于其在政策过程中追求公共目标,增进公共利益,避免政策冲突。同时,公共政策本身也具有引导功能,即通过公共政策的目标取向和价值取向对公众的行为加以引导,培养社会成员的公共价值观念,塑造全社会的公共价值核心理念,进而也有利于公共政策执行。

其次,通过政策咨询协商过程协调各种不同的甚至冲突的政策价值观。在政策过程中依靠专家咨询进行政策方案设计是公共政策制定科学化的题中应有之义,也是提高政策制定质量的必然要求。可是,政策制定的科学化绝对不是以牺牲政策过程民主化为代价的。相反,政策制定的科学化恰恰是建立在民主参与的基础之上的。现代思想库的一个重要特点是精英统治论:思想库是由高素质专业人士团队组成精挑细选的机构,致力于为政策制定作出首要的贡献。这并不意味着其他群体就没有对公共政策制定作出至关重要的贡献。可以说,公民参与、民意测验、政治家、高级公务员与思想库之间的适当结合,就是需要专门讨论的事情,并且有一系列可行的办法。[①] 在讨论协商的过程中,可以明确地沟通并广泛地交换意见。当政策内容出现冲突的时候,就坦率地交换关于差异和优缺点的意见,并积极反应对方的主张,从而在早期解决冲突。但是,如果缺乏关于政策目的的共同价值观并在利益关系上根本对立,那么只好采取变通的方法来达到合意,从而维持协商关系。[②] 在我国,政策过程中的民主协商既是一种政治特色,也是协调政策价值观冲突、避免政策冲突的一条成功经验。

---

① Dror, Yehezkel. 1984. Required Breakthroughs in Think Tanks. *Policy Sciences*, 16:199—225.

② [韩]吴锡泓、金荣枰编著:《政策学的主要理论》,金东日译,复旦大学出版社2005年版,第86页。

最后,通过政策沟通过程协调政策工具选择中的政策价值观冲突。在政策执行过程中,政策价值观影响政策工具选择,引导政策执行行动。政策工具选择无疑要受到政策行动者所持政策价值观的影响和制约。正如彼得斯在其"5 I"框架中所指出的,制约政府政策工具选择包括五项主要因素:观念、制度、利益、个人与国际环境。① 胡德也认为,工具选择并非是一种技术上的操作,而是"一种信仰上或是政治上的事物"②。就是说,有什么样的政策价值观,受什么样的意识形态左右,就会有什么样的工具选择倾向。因此,为了使政策执行机构和执行人员能够相互配合,协同动作,就必须加强政策沟通,消除分歧,减少矛盾和冲突。沟通是协调的前提和基础,政策沟通的目的在于统一思想认识,从而保证整个执行系统的协调运转,促进政策执行过程中的协调行动。

2. 政策部门整合机制

导致"政出多门""政令不一"的深层原因是府际关系的失调。因此,消解部门政策冲突的主要思路是进行府际关系调适,推动政策整合与部门协作,构建政策部门整合机制。所谓政策整合,就是指对政策制定中组织之间横向交叉议题的管理,这些议题超越既定的政策领域的边界,往往不对应于个别部门的机构责任。它也是指对一个单个组织或部门中的政策责任的管理。整合的政策制定既是指不同部门之间和(或)公共权威中的职业间的水平的部门整合,也是指垂直的部门整合,或者两者兼而有之。③ 而政策部门整合机制的建构就是基于政策问题的多部门整合治理的政策理念,明确政策制定权责的基础上,通过跨部门管理,进行部门之间合法的政策协调和协作,从而实现政策的一体化、整体性、一致性和一贯性。首先,在政策制定主体的权力划分上,应通过宪法、组织法、立法法等相关法律形式对各政策主体间的政策制定权力进行清晰的界定

---

① G. Peters. 2002. The Politics of Tool Choice, in Lester M. Salamon, ed. *The Tools of Governance: A Guide to the New Governance*. New York: Oxford University Press. pp.552—654.

② Hood, C. 1986. *The Tools of Government*. Chatham: Chatham House Publishers. p.9.

③ Evert Meijers, Dominic Stead. 2004. Policy Integration: What Does It Mean and How Can It Be Achieved? A Multi-disciplinary Review. 2004 *Berlin Conference on the Human Dimensions of Global Environmental Change: Greening of Policies – Interlinkages and Policy Integration*.

和明确的划分。在政策部门的设置与协调过程中,可以考虑撤销各部委、各部门的政策规制机构,成立统一的、独立的、直属各级政府行政首长的政策规制委员会,负责政策的总体设计、制定和政策的综合平衡工作,把各部门的政策协调起来。① 以加强政策制定的协调与一体化,促进公共政策的综合平衡与整合。其次,在政策制定的程序上,应着力于提升政策制定的民主化、科学化和规范化。改变政府政策制定在程序上存在的随意性,特别是地方政府规章、规范性文件的制定程序不规范的状况。第三,在政策冲突的处理上,应根据政策问题内容、政策冲突状况的结构特征、政治领导、政党政治等变量,在非零和博弈的基础上,协作解决政策冲突,实现共同利益,②通过协商进行政策冲突管理。政策过程中的政策冲突固然是不可避免的,但是,为了维护政策整合与一体化,政府应致力于将公开冲突的数量减少到最低,以加强协调和统一。一旦公共政策冲突威胁到社会稳定或导致大规模群体性事件如暴乱等剧烈冲突现象的发生,则必须要受到国家力量的干预。

3. 政策利益协调机制

政策冲突本质上是政策主体、政策部门、政策行动者之间利益的矛盾和冲突。政策利益协调机制是指妥善协调各方利益关系,化解利益矛盾和冲突的有效机制。在我国,建构政策利益协调机制既是消解政策冲突的现实需要,也是构建和谐社会的内在要求。这里所谓的政策利益协调机制,至少包括利益导向机制、利益表达机制、利益调节机制等几个方面。①政策利益导向机制。即在政策过程中引导政策行动者树立正确的利益观,理性看待社会变革过程中的利益分化,合理选择政策目标,自觉调整利益需求,正确处理中央与地方之间、地方与地方之间、部门与部门之间,以及政策行动者之间的利益关系。这是政策利益协调机制发挥作用的基础和前提。②政策利益表达机制。建立通畅的渠道如政策调查、政策听证、政策参与,以及政策反馈等,以使各政策主体、政策部门和政策行动者能够及时、有序、顺畅地表达其政策主张,参与民主决策和科学决策,充分表达各自的利益诉求,这是形成和谐社会中相对均衡利益格局的重要途径。③政策利益调节机制。这是政策利益协调机制的核心内容。阿尔蒙德把公共政策看作是政治系统输出的产品,公

---

① 冯庆、许健、邹仰松:《政策冲突及其成因与应对策略》,载《科技进步与对策》2003年第1期。

② Quirk, P. J. 1989. The Cooperative Resolution of Policy Conflict. *The American Political Science Review*, Vol. 83, No. 3 (September):905—921.

共政策通过提取、分配、管制、象征等政策功能输出而使公众共享福利、安全和自由等政策结果。确实,政府正是通过公共政策的实施,在利益提取和利益分配的基础上,对弱势群体实行利益补偿和救助政策(如困难群体就业扶持政策、最低工资制度、最低生活保障制度,以及廉租房制度等),建立欠发达地区利益补偿机制(如西部大开发政策、中部崛起战略、东北老工业基地振兴战略等)。同时,通过利益约束机制,包括法律制度、道德规范、舆论监督、信息公开,以及社团和行业协会自律机制的协同作用,对垄断行业和垄断部门进行利益约束。一旦发生政策利益冲突,则通过司法仲裁制度、府际对话机制、信访工作机制、劳动仲裁制度、群众组织调解制度、基层自治组织调解和民间调解等利益矛盾疏导机制,有效化解政策过程中的各种利益矛盾。

4. 政策信息共享机制

如前文所述,政策信息的沟通不畅、人为壁垒与封锁阻隔,是直接造成政策冲突,甚至导致一项公共政策失败的重要原因。比如,政策咨询中的政策辩论依赖信息,政策规划中的政策方案设计需要信息,政策执行直接依据政策信息,同样,政策评估、政策反馈也离不开准确全面的政策信息。因此,要避免政策冲突,政策信息共享机制的建构也就显得尤为必要。首先,要从法律的高度把握信息公开。2008 年 5 月 1 日,我国《政府信息公开条例》正式在全国范围内实施。这对于落实宪法赋予公民的言论自由和保障公民对行政权力运作的知情权无疑具有划时代的意义。在此基础上,还应通过立法的方式确保政府尊重和满足公民知悉政府运作的权利,促进政府各部门的运作更加理性、更加具有透明度、更加负责任,避免政策冲突。同时,这也为公众监督权力运作、促进政策服务于公共利益提供了更多的可能性。其次,打通"信息孤岛"(information silos),实现政策信息资源整合。在我国,造成"信息孤岛"的根本原因就是由于体制上的条块分割,导致政府信息资源的部门化利益分割和人为壁垒。因此,要在明确政府是责任主体的基础上,通过构筑责任追究制度,克服政府的自利性,彻底改变公共信息资源"私有财产化"和"利益部门化"的现象,打通"信息孤岛"(information gap),实现公共信息资源共享,防范政策冲突。其三,消弭数字鸿沟,疏通信息反馈渠道,推进公众的政策参与。国家应充分发挥制度的优越性,通过公共政策的制定与执行,借助于相关政策工具,促进区域均衡发展,资助边远、贫困地区信息通讯技术的应用,逐步消除落后地区与发达地区之间的"数字鸿沟"。在全社会,通过和谐社会建设,不断缩小社会贫富差距,扶助信息弱势群体,并在此基础上促进更广泛的政策参与,为消解不同地区、不同部门之间的政策冲突奠定更为坚实的社会基础。

# 第七章 公共政策执行主体研究

公共政策执行就是指公共政策主体将公共政策付诸实施的实践过程。公共政策目标的实现既依赖于公共权威系统基于公共权力动作制定出正确的公共政策,更有赖于政策主体的有效政策执行。影响公共政策有效执行的因素是多方面的,但公共政策主体则是其中的关键因素。在公共政策执行的实际过程中,政策执行主体自身的态度、素质和能力等因素都会影响公共政策的有效执行。笔者认为,公共政策执行主体本身又受到多种因素的影响和制约,其政策执行行为是深受其背后的政治社会化、成本-收益预期及责任追究等深层机制的影响。需基于公共权力运动,通过授权推动多元主体的政策执行,通过赋权促进公民参与政策执行,通过控权实现事前监督政策执行,从而提升政策执行主体的执行力。

## 一、政策执行主体的多元化

在公共政策运行过程中,政策执行的主体是多元化的。在现代政治系统中,公共政策的实施主要是由某种复杂的行政管理系统来进行的。这些行政管理机构处理着绝大部分的政府日常事务,因而它们的行动比其他任何政府部门都更直接地影响公民的生活。传统公共行政文献的经典特征就是认为政治与行政分立和分属不同活动领域的观念。弗兰克·古德诺(Frank Goodnow)在1900年写道,政治关心的是国家意志的形成,它与价值判断有关、与决定政府应该做什么或者不应该做什么有关,而且,是由政府的"政治"部门即立法机关和行政机关处理政治事务的;相比之下,行政涉及到国家意志的执行,即或多或少以自动的方式实行政治部门的决定。行政关心的是事实问题,是实然而非应然,并进而集中注意力于执行政策的最有效手段或"最好的方法"上。[①] 虽然行政机关和行政官员是公共政策最重要的执行主体,但

---

① James E. Anderson. 1984. *Public Policy-Making*, 3rd ed. Orlando, Florida: Holt, Rinehart and Winston, Inc. p.84.

是,立法者、法院、利益团体与社区组织都可能在执行公共政策和公共决策。事实上,假如我们狭隘地将政策执行者界定为"官方"的执行者(official implementers)而忽略了"非官方"的民间角色,将是很危险的事。[①] 公共选择理论主张通过分权实行权威的分割,政府各部门不应集政策制定与政策执行于一身,各种组织在不同的职能和管辖区域上都可以相互竞争。新公共管理理论也强调下放决策权和执行权力,充分发挥政府底层在公共决策中的作用。特别提倡社会中介组织、私营部门和公众直接参与具体的公共事务管理和公共服务。

笔者认为,公共政策执行主体首先是政府部门等社会公共权威机构。政府等社会公共权威在公共政策过程中的地位和能量是任何利益集团都无法比拟的,一切利益团体的政策诉求都必须经过政府的认同才能转化为公共决策并付诸实施。政府部门等社会公共权威机构作为公共政策执行主体一般采用命令执行、自主执行、授权执行等方式。

其次,公共政策执行主体还包括执行过程中的其他参与者,如私人组织和私营部门。根据美国政治学家加布里埃尔·A.阿尔蒙德(Gabriel Abraham Almond,1911—2002)的观点,所有政治系统都有相应的政治结构以及组成政治结构的政治角色。现代政治系统一般包含利益集团(interest groups)、政党(political parties)、立法机关(the legislatures)、行政机关(administrative agencies)、政府官员(government officials)和法院(the courts)等六种政治结构。政治系统的公共政策制定是对各种政治结构的利益表达进行筛选的结果,大多数情况下,公共政策所满足的是某些而并非全部政治结构的利益要求。实践中的公共政策的制定常常为一定的利益集团服务,帮助其实现经济利益的最大化。因此,当认为政治系统的公共政策有利于他人而不利于自己时,各政治结构就会采用诸多方法影响政治体系的公共政策制定。例如,政党通过游说由本党选票选出的议员,影响议员的看法、态度或投票行为等。私人组织和私营部门也是公共政策执行过程的重要参与者。私人组织和私营部门作为公共政策执行主体常常采用合同执行、委托执行的方式。

同时,第三部门作为公共政策执行主体也越来越活跃。第三部门又被称为"第三域"、"独立部门"(Independent Sector)、"志愿部门"(Voluntary Sector)、"利他部门"(Altruistic Sector)。1973年,美国学者列维特

---

① 李允杰、丘昌泰:《政策执行与政策评估》,元照出版公司2003年版,第7页。

(Theodore Levitt)首次使用第三部门(Third Sector)这一概念,用以统称处于政府和私营企业之间的社会组织①。几乎同时,美国组织社会学家艾兹奥尼(Amitai Etzioni)也阐释了"第三部门"在公共行政政策领域中的作用。② 第三部门也称非盈利组织、非营利组织、非政府组织。

从组织的基本功能来看,第三部门专做那些处于政府与私营企业"不愿做、做不好或不常做"的事情。美国研究第三部门问题的专家、约翰斯·霍普金斯大学公共政策研究所所长莱斯特·萨拉蒙(Lester M. Salamon)还将其称为"公民社会部门",并且认为它是"20世纪最伟大的社会创新"。③ 萨拉蒙提出了"委托政府"理论,即政府为了实现自己的目标而将提供公益服务的任务委托给非政府组织执行。政府、市场和第三部门共同构成了社区机制的三大板块,其中第三板块——即第三部门,亦即非政府组织和非营利组织,在社区中发挥的作用越来越受到国际社会的重视。在现实生活中,第三部门与政府部门、市场部门以及其制度性互动共同构成了现代社会的三大支柱(见图7-1所示)。

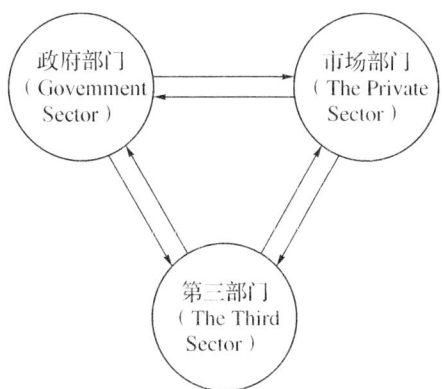

图7-1 第三部门与政府部门、市场部门的互动

---

① Theodore Levett. 1973. *The Third Sector: New Tactics for a Responsive Society*. New York: AMACOM.
② Etzioni, Amitai. 1973. "The Third Sector and Domestic Missions". *Public Administration Review*, 33: 314—323.
③ [美]莱斯特·萨拉蒙、赫尔穆特·安海尔:"公民社会部门",何增科:《公民社会与第三部门》,社会科学文献出版社2000年版,第257页。

对于第三部门的界定,各国的研究者根据侧重点的不同,有不同的定义方式。有的根据法律的规定,有的依据资金的来源,有的强调组织的目的或功能,有的着眼于组织的基本结构和运作方式,有的则根据组织的特征定义。日本立命館大学(Ritsumeikan University)政策科学部川口清史(かわぐちきよふみ)教授认为,非营利组织一般是指不以营利为目的,而从事商品生产、流通、提供服务的民间组织。① 根据组织的特征定义的方法包容性比较强,涵盖面比较大,即第三部门是指那些以服务公众为宗旨,不以营利为目的,其所得不为任何个人牟取私利,其自身具有合法的免税资格和提供捐赠人减免税的合法地位的组织。从这个定义来看,我国绝大多数社会团体、非营利的事业单位和一些民办的非企业单位都符合这些条件,都属于第三部门。

自 20 世纪 80 年代以来,由于政府责任范围的扩张与公共事务的渐趋复杂,使得现代政府的政策制定趋向分割性与专门性。随着政策过程的不断分割化,愈来愈多的团体被允许参与政策领域,政策制定与执行渐趋多元化。

## 二、政策执行主体的偏差行为分析

公共政策执行是政策执行者为了实现公共政策目标而采取的实际行动。公共政策目标的实现既依赖于公共权威系统制定出正确的公共政策,更有赖于政策执行者的有效执行,有赖于政策执行者成功地扮演好自己的角色。公共政策主体在公共政策执行过程占有相当重要的地位,起着关键的作用。政策执行主体的积极政策执行行为有利于促进政策的顺利实施,相反,政策执行主体的消极政策执行行为则常常会造成公共政策执行过程的"中梗阻",导致种种政策执行问题,如政策执行不力、政策执行走样和政策执行失误甚至失败等。

1. 政策执行中的偏差行为

政策执行中的"中梗阻"现象,具体有以下一些表现②:

(1)"上有政策,下有对策"。这是一种较为常见的政策执行偏差行为,如果政策执行者对于某项公共政策缺乏认同感,特别是当公共政策本身对政策执行者的利益有所矛盾和冲突的时候,一些政策执行者就会寻找政策替代。

---

① [日]川口清史:「非営利セクターと協同組合」、日本経済評論社、1994 年、25 頁。
② 钱再见、金太军:《公共政策执行主体与公共政策执行"中梗阻"现象》,载《中国行政管理》2002 年第 2 期。

长期以来中央政府对政策统得过死,一些地方性事务本应由地方政府因地制宜地加以解决的,但中央政府对此类事务也进行管理,这样也就容易造成一些不尽科学不尽合理的政策出现,常常让下级政府无所适从、无法执行,久而久之,也促使地方政府在政策执行过程中养成擅自改变上级政策的习惯。这些政策执行者"有法不依",对于国家明文规定的法律、政策不能严格执行,他们或者从本位主义和地区利益出发,我行我素,对有关政策置若罔闻,置之不理;或者"钻政策的空子";或者灵活变通,"用足用活","遇见黄灯赶快走,遇见红灯绕道走"。

(2)搞"土政策",自行其是。"土政策"是政策执行者在执行政策时,根据自己的理解和需要,附加上一些原政策目标中所没有的内容。"土政策"往往是与原政策内容不完全相符甚至相悖,为谋取自身利益、小群体利益或地方利益而另立一套、自行其是。因而,"土政策"的存在必然增加原政策执行和实施的成本,降低政策执行的效果,影响政策目标的实现。但是在我国政策执行过程中存在着很多象征性执行甚至抗拒执行的现象。例如,针对我国频繁出现的小煤矿事故的现象,国家作出了关闭私人中小煤矿进行安全整顿的决策。但是在实际的贯彻执行过程中,一些地方和部门为了地方利益甚至自身利益,仅象征性地对煤矿进行检查,空发一些指示,煤矿继续违规生产,危险依然存在,以至于小煤矿事故频发,给国家、人民的生命财产带来了巨大的损失。

(3)"断章取义,为我所用"。这是指政策执行者在政策执行过程中为了自身的利益,对原政策内容的有意曲解、肆意变通。改革开放以来,各级政府的职能逐渐由微观管理转变到宏观调控上来,各种社会组织的独立性和自主权迅速扩大,从而导致了公共政策的作用关系和实施环境的重大转变:下级对中央政府的各种政策的响应,已由过去以行政组织为主要基础的指令服从过程,转向以相对独立的社会组织为基础的对策博弈过程。在这一转变过程中,各种对策者普遍出现,他们对中央政府的各项政策和调控信号,会不同程度地独立作出有利于自己的选择和决策。造成政策执行过程中经常出现"断章取义""南辕北辙""政策偏废偏用"等政策执行不力现象和问题。"断章取义"的目的在于"为我所用",在于实现自身的利益;"断章取义"的结果破坏了公共政策的严肃性和科学性,导致"政策变形"和政策执行的"走样",直至造成公共政策执行的失败。

(4)"按章办事,迎合上级"。这是一种机械式的政策执行方式,指一些政策执行者盲目迎合上级意志,不是根据客观规律和现实条件办事,而是简单、机械地按照上级意志和意图执行政策,逃避责任,害怕风险,无意创新,使政策失去活力和广泛适用性。其形式主要表现在:一是无视公共政策的精神实质,不考虑政策执行的客观环境条件,对相关问题不能因时、因事、因地作出具体分析。二是无视政策环境中不断出现的各种新情况、新问题、新特点,只是听指示、照惯例机械地执行上级的政策,而不顾政策执行的实际效果。

(5)"阳奉阴违,拒不执行"。这种政策执行偏差是指在政策执行过程中,有些政策执行者由于种种原因只做表面文章,实际上则是"软拖硬抗""阳奉阴违",拒不执行政策,导致政策执行受阻,政令不畅,政策目标无法实现。社会上开始出现一些因共同的利益而形成的合作、共享、相辅相成式的利益分配格局,也出现了大量的因利益冲突导致的矛盾对抗式的利益分配格局,社会组织的利益关系异常复杂。各种对策者对政策反应的策略手段更加多样化和复杂化,致使各项公共政策达到预期效果的难度急剧增大。

(6)"照搬照抄,敷衍了事"。此类政策执行者被称为"录音机""收发室",看起来他们是"原原本本地传达,不折不扣地落实",但实际上他们对于上级的政策并不认真理解和领会,更不会结合本地、本单位实际情况灵活执行,而是不顾具体情况,也不考虑政策执行效果,简单地照搬照抄,敷衍了事。其形式主要表现在:一是不考虑本地区、本部门、本行业政策执行的客观环境和现实条件,对相关问题不作具体分析,照搬照抄其他地区、其他部门、其他行业的政策执行办法。二是无视现实政策环境中的具体情况,而是机械地套用以往陈旧的政策执行惯例。

(7)"左顾右盼,等待观望"。这类政策执行者在执行政策过程中,消极被动、坐等观望,缺乏创新精神和开拓意识。在我国,由于长期以来中央政府管得太多,管得太死,而地方权力太小,各地在遇到具体问题时往往都是等中央政府发话之后才着手加以解决。同时,也有一些政策执行者在政策执行中从本人、本地、本单位的利益出发,总想"搭便车",不愿意付出政策执行成本,更不愿意承担政策执行风险,左顾右盼,等待观望。其后果往往是因坐等观望而错失及时执行政策和解决问题的最佳良机。

(8)"讨价还价,政策攀比"。即在政策执行过程中为了个人、组织和地方的利益,片面追求政策执行的各项资源,相互攀比竞争更多的政策优惠条件。中央人民政府在制定政策时更多的是从国家整体的、宏观的角度来考虑,因而中央制定的政策往往是带有全面性、长远性的,需要地方服从有时甚至会牺牲一些地方的一部分利益。因此,在中央政府制定政策的过程中,各地各部门都积极游说,极力争取对自己有利的政策和政策执行条件,规避自身利益受到损失。一些所谓特区、开发区、实验区在开发建设的过程中,也是不断讨价还价,竞相从中央诉求政策优惠条件。一些政策执行者甚至通过竞争更多的政策优惠条件和政策执行资源,把公共政策的执行变成了为自己谋取私利的机会。

(9)"区分软硬,选择执行"。即在政策执行过程中根据自己对政策目标体系的理解,区分软硬指标,然后有选择地执行。根据欧博文(Kevin J. O'Brien)和李连江的研究,许多基层干部知道只有一些指标是真正重要的,他们据此区分了所谓的"硬指标"和"软指标"。他们将受欢迎的政策无一例外地归入"软"的、无约束的指标一类;而将计划生育、税费征收归入必须完成的"硬指标"。并且,基层干部对于有否决权的指标,常常也能在其内部区分出"硬""软"程度不同的部分。比如,生育政策具体规定了一对夫妇可以生几个孩子,并强调政策执行者要用说服的办法让农民不要违反这一规定。然而在实际中,由于这一政策的执行事实上决定着一位干部的政治命运,而说服工作很费时又无成功的把握,于是"耐心说服"往往就被视为一项硬指标中的软规定而被忽视掉。在征收税费和执行计划生育政策的时候,地方政府通常将所有地方力量全部动员起来以确保任务的完成。"五大班子——党委、政府、人大、政协以及纪委——一齐抓,后面跟着公、检、法。"①

政策执行"中梗阻"现象的产生以及政策执行者的政策执行偏差行为有多种表现,其产生的原因也多种多样,既有政策本身的原因,也有政策执行体制方面的原因,当然也有政策执行者自身的原因。政策执行过程的"中梗阻"现象种种偏差行为加大了政策执行的成本、造成了政策执行过程受阻和政策目标无法实现,同时,也增加政策执行失败的风险。

2. 影响公共政策主体政策执行的原因分析

公共政策有效执行的因素是多方面的,既有公共政策问题本身的因素,也有公共政策制定的因素,还有公共政策以外的因素。这些因素从不同的方面影响和制约着公共政策主体的有效政策执行。然而,公共政策主体则是其中的关键因素。在公共政策执行的实际过程中,政策执行主体自身的态度、素质和能力等因素都会影响公共政策的有效执行。美国公共政策学者托马斯·史密斯也认为,在政策执行过程中,有四个因素至关重要,即理想化的政策、政策环境、目标群体和执行机构。"具体地说,政策的形式、类型、渊源、范

---

① Kevin J. O'Brien(欧博文), Lianjiang Li(李连江). Selective Policy Implementation in Rural China. *Comparative Politics*. Vol. 31, No. 2 (January 1999): 167—186.

围及受支持度、社会对政策的印象;执行机关的结构和人员,主管领导的方式和技巧、执行的能力和信心;目标群体的组织和制度化程度、接受领导的情形以及先前的政策经验、文化、社会经济与政策环境的不同,凡此等等均是政策执行过程中影响其成败所需考虑和认定的因素。"①政策的合法化和合理化只是为公共政策的有效执行奠定了基础,然而,"徒法不足以自行",合法化的公共政策并不能自动得到有效执行。公共政策执行过程中仍然可能会出现政策歪曲、政策截留甚至政策抗拒等现象,正如美国著名行政学家埃莉诺·奥斯特罗姆所指出的,"在每一个群体中,都有不顾道德规范、一有可能便采取机会主义行为的人;也都存在这样的情况,其潜在收益是如此之高以至于极守信用的人也会违反规范。因此,有了行为规范也不可能完全消除机会主义行为"②。

(1)公共政策执行者的政治倾向性

公共政策执行者在政策执行过程中实际上承担着双重角色,既是政策执行者,同时又是政策对象。作为公务人员和普通个人,其特定的文化背景、道德观念与社会价值观以及个人情趣往往都在无形中左右其判断和选择倾向,对他在政策执行中的思维和行为不可避免地具有潜在的影响。日本学者、学习院大学教授村松岐夫(むらまつ みちお)在分析战后日本的政治过程时,也强调了意识形态对政策过程的影响。他用同心圆模型分析日本的政治过程,他认为,日本的政策过程即对社会价值的权威性分配构成了政治过程的内环;持有与现行政治行政体制相对立的价值体系并坚决要求改革的意识形态,以及维护现行政治行政体制的意识形态过程共同构成了外环(如图7-2所示)③。该模型简明地图示了政策过程中意识形态的影响力。

需要进一步明确的是,人们常常强调的是意识形态和政治倾向对政策制定过程的作用和影响,而实际上,公共政策的全过程都受到意识形态过程的作用和影响,公共政策执行和公共政策评价等政策环节都不例外。美国政策学者拉雷·N.格斯顿(Larry N. Gerston)也认为,官僚机构是政治过程中的重要构成部分,因为他们把指令、法规和决定传达到具体的运用中去。"但是官僚主要是

---

① Thomas B. Smith. The Policy Implementation Process. *Policy Sciences*, Vol. 4, No. 2 (1973):203—205.
② [美]埃莉诺·奥斯特罗姆:《公共事物的治理之道》,余逊达、陈旭东译,上海三联书店出版社2000年版,第61页。
③ [日]村松岐夫:《战后日本的官僚制》,东洋经济新报1981年版,第290页。

图 7-2 政策—意识形态过程

根据自身的倾向和解释来完成制定的任务。这种自命的(self-appointed)操作机制被称为'自由裁量权'(bureaucratic discretion)。"[1]正因为如此,官僚即政策执行者的意识形态和政治倾向就势必会影响甚至左右其政策执行行为,存在选择性政策执行的风险。而当卡尔·J.弗雷德里克(Carl Friedrich)在 1940 年主张行政裁量的必要性时[2],赫尔曼·芬纳(Herman Finer)立即表示反对而认为行政官僚的裁量乃是人民主权之贼。芬纳认为,当行政官僚独立地运用其政府权力时,他们将同时也独立地界定公共利益,因此他认为公共利益只有透过其民选代议人员之立法,才是对的,并且认为非民选的公职人员应严格地由规则、管制与标准的作业程序之铁笼所控制[3]。

行为主义学派学者强调对官僚机构和官僚的控制,防止其在政策执行过程中滥用公共权力。而制度学派的学者则更强调制度本身的合理性与完善性,认为虽然官僚具有双重角色,但在良性和完善的制度约束下,通过合理的功利目标的激励,并用科学方法考核官僚的政绩,则会最大限度地促使他们

---

[1] [美]拉雷·N.格斯顿:《公共政策的制定——秩序和原理》,朱子文译,重庆出版社 2001 年版,第 118 页。

[2] Carl J. Friedrich. Public Policy and the Nature of Administrative Responsibility. *Public Policy*,1(1940):5—6,19—20.

[3] Hermann Finer. 1941/1972. Administrative Responsibility in Democratic Government, in F. Rourke, ed. *Bureaucratic Power in National Politics*,2nd ed. Boston:Little, Brown.

恪尽职守,服务于社会公共目标。

(2)政策执行者的利益倾向性

从经济人假设出发,任何人都有自身的利益追求,概莫能外。政策执行主体的自身利益需求和行为倾向影响着公共政策的有效执行。[①]

首先,各项公共政策的最终执行者都是人,而人是不可避免地有着自身利益追求和行为倾向的。要使政策执行者在执行政策的过程中始终保持绝对的"价值中立"实际上是难以做到的。如果一项公共政策威胁到自身利益,那么执行者无论出于公心或者私心,都有可能抵制这一政策,因而就使得该项政策很难顺利有效地得到执行。法国行政学家夏尔·德巴什认为,对于行政机构来说,"如果决策与它所期望的东西不相符合或在它看来是无法实施时,它将反对这种毫无活力的东西或者试图改变既定措施的内容"[②]。

其次,公共政策本身的弹性空间则成了一些政策执行主体谋取自身利益的广阔天地。美国公共决策学者詹姆斯·安德森则指出,"行政机构常常是在宽泛的和模棱两可的法令下运行的,这就给他们留下了较多的空间去决定做什么或者不做什么"[③]。因而,政策执行主体的成本—收益预期也就必然在政策执行过程中发挥着重要的作用,即尽力降低政策执行的风险,争取自身利益的最大化。保罗·A.萨巴蒂尔(Paul A. Sabatier)和丹尼尔·A.马兹曼尼安(Daniel A. Mazmanian)认为,任何政策的执行都可以从三个完全不同的角度来看:①初始政策制定者(中心);②执行层官员(外围);③计划指向的私人行动者(目标团体)。"尽管外围的官员很少明目张胆地违反(中心)法律,但是很多研究已表明,他们还是要大胆地行使权力实现自己的目标,以满足自己组织的需要,并对付自己环境中的紧迫问题。"[④]

第三,公共政策的实质就是对于利益和资源的划分,因而,公共政策执行主体在执行政策时,必然会有成本—收益预期。如果其实际收益与预期收益之间,或者其本人的收益与他人的收益之间存在差距,就会产生相对剥夺的心理感受。这种利益受损的心理感受将直接影响到公共政策执行主体的有

---

[①] 钱再见:《论公共政策执行中的偏差行为》,载《探索》2001年第4期。

[②] [法]夏尔·德巴什:《行政科学》,葛志强等译,上海译文出版社2000年版,第113页。

[③] James E. Anderson. 1984. Public Policy-Making. Orlando, Florida: Holt, Rinehart and Winston, Inc. p.84.

[④] Nagel, Stuart S., ed. 1994. *Encyclopedia of Policy Studies*. New York: Marcel Dekker, Inc. pp.153—154.

效政策执行。美国公共政策学者尤金·巴达克则以博弈理论来分析公共政策执行过程,他把政策执行过程视为一种赛局,在冲突和竞争的情况下,每一参加者都寻求得到最大的收获,并且将损失减少到最低限度。而政策的成功与失败,取决于各方参加者的"战略选择"。①

在我国的公共政策执行实践中,由于政策执行主体的成本—收益预期较低,或者比较利益的相对剥夺,往往造成一系列的政策执行问题。一些政策执行主体根据自己的理解和需要,附加上一些原政策目标中所没有的内容,搞"土政策",为谋取自身利益、小群体利益或地方利益而另立一套、自行其是。一些汉学家对我国农村政策执行的研究也说明了同样的情况。当一项政策主要是象征性的之时,当政策损害了其目标对象的利益时,或者当其目标是相互冲突的多个目标时,政策的执行就会产生问题。②

## 三、影响政策执行主体的政治社会化机制分析

政治社会化是个人学习政治文化,由一个自然人成长为一个社会人、政治人的活动过程。政治社会化也是人类社会由上一代人向下一代人传递其政治文化、政治标准和政治信仰的方式。人们正是通过政治社会化机制,学习政治知识、政治能力、政治规范和政治文化,理解政治制度,形成政治信仰,从而能够在政治生活中,顺利地承担各种政治角色。

1. 成功的政治社会化有助于政策执行主体形成正确的政策执行态度

成功的政治社会化有助于公共政策的有效执行,因为,政策执行主体的政治态度影响公共政策的有效执行,政策执行效果的好坏取决于政策执行主体对于公共政策目标和价值取向的认知、理解和认同。公共政策的执行是一个从抽象到具体的过程,即把政策制定阶段形成的各种公共政策方案变成具体的政策活动。任何一项公共政策在制定出来以后,最终都要靠政策执行主体去执行和实施。在影响公共政策执行的各种不同因素中,最终都涉及到政

---

① 陈振明主编:《政策科学》,中国人民大学出版社1998年版,第318页。

② Stanley Rosen. Restoring Key Secondary Schools in Post-Mao China, in David M. Lampton, ed. 1987. *Policy Implementation in Post-Mao China*. Berkeley: University of California Press. Melanie Manion. Policy Implementation in the People's Republic of China. *Journal of Asian Studies*, 50 (May 1991); Kevin J. O'Brien. Implementing Political Reform in China's Villages. *Australian Journal of Chinese Affairs*, 32 (July 1994).

策主体——人的因素,都依赖于公共政策的执行者,即政府各级执行机构内的领导干部和公务人员。"执行者对政策的认同、对政策执行行为的投入、创新精神、对工作的负责、较高的政策水平和管理水平是政策得以有效执行的重要条件所在。"①台湾学者朱志宏认为,公共政策能否确实执行,取决于若干先决条件:一是沟通,二是资源,三是政策执行者的态度,四是官僚机构。② 政策执行主体的政治态度和对政策的态度是通过政治社会化机制的长期作用而形成人们通过政治社会化过程所形成的政治态度在政策执行过程中会经常有意无意地表现出来。美国政治社会学家赫伯特·H. 海曼(Herbert H. Hyman, 1918—1985)首次对以往由心理学、社会学、教育学分别进行研究的政治社会化进行了综合研究,他在《政治社会化:政治行为的心理学研究》(*Political Socialization*: *A Study in the Psychology of Political Behavior*) 一书中认为,"个人在亲身生活中早就全面了解了各种政治态度,接着不断表现出各自的政治态度"③。如对权威的顺从就是政策有效执行的重要因素之一,人们从小就在社会化的过程中,学习到了尊重以父母、知识、法律、政府官员等为代表的权威。这种尊重权威的态度和服从权威的习惯对于人们在成年以后的政策顺从和政策执行活动"是一种莫大的助力"。④

2. 政治社会化决定了政策执行主体的政策执行水平

政策执行的效果如何在一定程度取决于执行主体的政策执行水平。政策执行主体必须具备一定的政策知识和执行能力,才能有效地执行政策。

政策知识是指所要执行政策的专业知识及其相关知识,这些方面的知识特别是专业知识是政策执行主体提高业务水平和职业技能的基础,决定了政策执行主体在执行政策过程中的对业务工作的熟练程度、责任心和工作效率,也决定了他们在实际工作中对政策信息的搜集、筛选、处理、传递能力和对政策信息的敏感程度。

执行能力则包括执行政策过程中所需要的多方面的能力,如组织能力、协调能力、管理能力等。政策执行主体的专业知识和业务能力主要是在政治社会化过程中系统地学习到的,也是通过政治社会化机制才得到不断强化

---

① 陈振明主编:《政策科学》,中国人民大学出版社 1998 年版,第 318 页。
② 朱志宏:《公共政策》,三民书局 1991 年版,第 274 页。
③ [法]莫里斯·迪韦尔热:《政治社会学——政治学要素》,杨祖功、王大东译,华夏出版社 1987 年版,第 89 页。
④ 朱志宏:《公共政策》,三民书局 1991 年版,第 278 页。

的。政治社会化的过程实际上也就是政治学习的过程,既包括政治技能的学习,也包括政治概念的学习。政策执行主体通过学习,熟悉政治规范,了解自己在政治系统的权利和义务,掌握政治活动技能,从而为将来的政策执行能力奠定了基础。政治社会学家认为,政治社会化过程及机构同日常政治行为对于政府政策及其稳定性的影响之间必然具有相关性,而这种关系正是他们所感兴趣的。[①]

3. 不断的政治社会化过程是公共政策有效执行的重要保证

在传统社会中,由于社会核心结构的稳定性和封闭性,人一旦进入核心结构就意味着其政治社会化过程的完成,继续政治社会化既不迫切也不重要。然而,现代社会的政治生活复杂多变,而且变迁的速度越来越快,影响越来越深刻。所以,对于社会政治系统中的政策执行主体来说,如果不能有效地理解和执行各项政策,就要进行继续政治社会化。

首先,只有通过不断的政治社会化,才能使政策执行主体有机会系统地学习新的政治规范,适应社会政治环境的新变化。

其次,只有通过不断的政治社会化,才能解决政策执行主体由于知识老化而造成的技能失调。在现代社会中,知识老化的周期越来越短,一个政策执行主体无论他所学的专业知识多么"现代化",若干年之后,相对于应用领域而言,其专业知识就会面临老化、过时的问题。

最后,只有通过不断的政治社会化,才能使政策执行主体在经常性的角色变换中迅速适应各种不同角色的不同要求,顺利承担各种不同的政治角色,从而保证公共政策的有效执行。

继续政治社会化的主要途径包括不断的政治学习、政治参与等实践,形成和坚定政治信念,提升政治能力。政策执行主体对公共政策的认同态度和政策执行的实际水平在很大程度上是由其政治社会化过程所决定的。然而,在我国的现实社会政治生活中,政治社会化机制是乏力的。

首先,由于受"文化大革命"等政治运动的影响,人们至今对于政治生活仍然心有余悸。而社会的政治社会化机制在一些地方只是简单地表现为思想政治教育和例行的政治学习。这一方面阻碍了社会成员参与社会政治生活的积极性,另一方面,又使政策执行主体对政策内容本身缺少了解和认同,只是消极被动地执行政策,因而不利于政策执行主体在政策执行中发挥自己

---

① Dowse, Robert E. and John A. Hughes. 1986. *Political Sociology*, 2nd edition. Chichester: John Wiley & Sons Ltd. pp. 190—191.

的主动性和创造性。

其次,随着市场经济的深入发展,在一些地方和一部分社会成员中出现了重经济、轻政治的思想倾向,政治社会化机制作为社会成员适应社会政治生活和社会实现政治稳定的重要途径,未能得到应有的重视。相反,政治社会化有时则成了一些地方或一些人追求个人利益或小团体利益的手段,或者成了其社会生活中的一种点缀。因而,既影响了社会民主化进程的发展,也不利于政策主体的有效政策执行。

第三,近年来,由于西方国家的和平演变、文化渗透和不平等的经济全球化体系的进一步发展,传统的政治社会化机制受到了很大的冲击。但是,新的更有效的政治社会化机制还没有确立和完善起来。因而,在政治社会化过程中,就会有"失范"状态的存在。而社会成员的政治社会化程度,在一定程度上决定了政策执行主体的政策执行水平和实际效果。

公共政策执行是政策执行主体为了实现公共政策目标而采取的实际行动,然而,由于公共政策本身、政策资源、政策环境、政策执行机构以及政策执行主体自身等多种因素的共同作用,使得现实的公共政策执行过程不可能总是一帆风顺的,相反,它常常会遇到种种不确定性、风险和危机,出现政策执行走样,甚至造成政策执行失败。

首先,公共政策执行主体都承担五定行政角色的领导干部或国家公务员。"经法定程序进入行政体系中的公职人员,一经确立行政职务关系,必须履行职务,不失职;必须遵循权限,不越权;必须符合法定目标,不滥用职权;必须合理使用自由裁量权,避免行政失当。"[①]因此,必须建立与职位、职务、职权相一致的公共政策执行责任追究制度。

其次,政策执行主体是根据自己对于某项公共政策的目标、内容和实施方案的理解和把握,然后按步骤加以执行。而且,公共政策执行者在其执行政策的目标过程中,一般还具有对于政策的"初始的解释权"。[②] 因此,公共政策执行主体必须相应地承担与其"初始的解释权"相一致的责任。

最后,政策的合法化和合理化只是为公共政策的有效执行奠定了基础,然而,"徒法不足以自行",合法化的公共政策并不能自动得到有效执行。公共政策执行过程仍然可能会出现政策歪曲、政策截留甚至政策抗拒等现象,正如美国著名行政学家埃莉诺·奥斯特罗姆(Elinor Ostrom,1933—2012)

---

[①] 金太军:《公共行政的民主和责任取向分析》,载《天津社会科学》2000年第5期。
[②] 桑玉成、刘百鸣:《公共政策学导论》,复旦大学出版社1991年版,第160页。

所指出的,"在每一个群体中,都有不顾道德规范、一有可能便采取机会主义行为的人;也都存在这样的情况,其潜在收益是如此之高以至于极守信用的人也会违反规范。因此,有了行为规范也不可能完全消除机会主义行为"①。

因此,在政策执行过程中,必须建立行之有效的风险预警机制和责任追究制度。对政策执行情况及时地跟踪评估,强化监督控制;对由于政策执行失入而造成损失的执行者,要追究其责任。马丁·雷恩(Martin Rein)和弗朗西·拉宾诺维茨(Francine Rabinovitz)在《执行的理论观》(*Implementation: A Theoretical Perspective*)中指出,政策执行过程包括三个不同的阶段:纲领发展阶段、资源分配阶段和监督阶段。监督阶段就是对政策执行过程与成果加以评估,确认执行者所应承担的行政责任,监督包括监督、审计与评估三种形式(如图7-3所示)。②

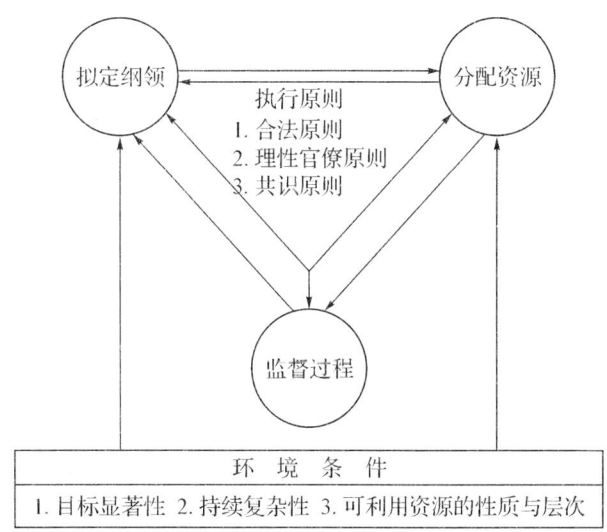

图 7-3　政策执行循环模型

然而,我国现行的公共政策执行体制中正是缺乏责任追究制度,特别是

---

① [美]埃莉诺·奥斯特罗姆:《公共事物的治理之道》,余逊达、陈旭东译,上海三联书店出版社 2000 年版,第 61 页。
② See Martin Rein and Francine Rabinovitz. 1978. Implementation: A Theoretical Perspective, in Walter Dean Burnham and Martha Wagner Weinberg, eds. *American Politics and Public Policy*. Cambridge, Massachusetts: The MIT Press.

一种"刚性"的责任制度。首先,政策执行过程缺乏正常的监督;其次,政策执行的效果缺乏明确的考核;其三,政策执行考核结果缺乏必要的赏罚措施。邓小平同志曾经指出了我国行政管理中缺乏人事法规的弊端,他说:"干部缺乏正常的录用、奖惩、退休、退职、淘汰办法。"①他强调必须要建立责任制,调动行政人员的积极性,灵活高效地执行各项政策。这就要求行政中要善于选用人员,量才授予职责,同时要"严格考核,赏罚分明"。只有这样,才能使政策执行主体把提升自身素质和有效政策执行结合起来,减少、避免和及时纠正政策执行中的种种偏差行为,提高公共政策执行的效率与质量。

## 四、通过公共权力运作提升政策执行主体执行力

针对政策执行者在公共政策执行过程中所存在的种种偏差行为及影响政策执行深层机制的分析,笔者认为,必须采取相应的对策措施,通过授权、赋权和控权,推动多元主体参与政策执行,建构问责和追责机制,明确政策执行者的角色要求,防止或纠正政策执行中的偏差行为,提高政策执行力。

1. 通过授权推动多元主体的政策执行

政府部门等社会公共权威机构作为公共政策执行主体一般采用命令执行、自主执行、授权执行等方式。无论通过哪种方式,公共权威部门都是基于公共权力而推动政策执行的。美国行政学家诺顿·E.朗(Norton E. Long,1910-1993)在其于1949年发表的《权力与行政管理》(*Power and Administration*)一文中指出,"行政管理的生命线就是权力(The lifeblood of administration is power)"②。公共权力因为得到全体社会成员的认可,得到法律的授权,因此,公共权力机关行使权力的行为对全体社会成员具有普遍的约束力。在利益分化的时代,作为政策制定过程的延续,政策执行过程中充斥着利益冲突与摩擦,仅依靠传统的命令控制与训导机制已难以有效协调相关利益主体的行为,从而需要引入谈判机制来解决彼此间的矛盾。③应授权不同的政策主体参与政策执行。美国学者迈克尔·利普斯基(Michael

---

① 《邓小平文选》第二卷,人民出版社1983年版,第328页。

② Long, Norton E. 1949. Power and Administration. *Public Administration Review*, 9(3):257—264. 另参见[美]诺顿·E.朗:《权力和行政管理》,载《国外公共行政理论精选》,彭和平等编译,中共中央党校出版社1997年版,第167页。

③ 丁煌、定明捷:《政策执行过程中政府与公众的谈判行为分析——非对称权力结构的视角》,载《探索与争鸣》2010年第7期。

Lipsky)在 1978 年的研究中就指出,基层官僚(the Street-Level Bureaucrats, SLB)才是决定政策执行的关键因素。传统公共政策理论模型假定,政策是自上而下即由上级选择下级执行的。利普斯基不同意这种观点,他考察了政策制定和政策执行过程中基层官僚的关键性作用,并进而认为,基层官僚在执行政策的过程中有着广泛的"自由裁量权"。因此,实际上是基层官僚真正做出了政策选择,而不是仅仅执行政策选择。政策执行的成功与两种授权方式有关,一种是把权力授予对政策有好感的现存机构,这种机构因缺乏实力而正寻找新的计划来执行;另一种是授予重大政治运动中产生出的新机构,计划在这种机构中必然受到重视,并且新机构中的大量新职位,会为那些坚决支持这一计划的新人提供就职机会。①

2. 通过赋权促进公民参与政策执行

在现实生活中,由于社会利益的分化和制度安排等原因,处于社会底层或社会边缘的弱势群体总是缺乏实现自我利益主张的权力和能力,甚至无力维权。改变这种状况的路径就是必须要对权力进行再分配,走赋权的途径。赋权的"权力"是指个人或群体拥有的能力,是对外界的控制力和影响力,强调的是人们对他人、组织或社会的拥有、控制和影响。正如迈克尔·曼(Michael Mann)所说的那样:"在最一般的意义上,权力是通过支配人们的环境以追逐和达到目标的能力。"②弱势群体的弱权力不仅无力维权,也弱化了该群体的政治社会化进程,影响其政治参与的意识和能力。只有通过赋权,改善其生活条件和自我发展能力,提升政治参与能力,才能够学会运用民主权利表达自己的意见和愿望,甚至通过政治参与影响相关政策的制定和执行。

3. 通过控权实现事前监督政策执行

自国家产生以来,公共权力主要表现为国家的政治权力。历史实践表明,无论是少数人还是多数人统治的国家,都无法做到统治者全体直接行使各种具体的国家职能权力,而只能经授权由部分人代为行使。从理论上说,任何授权关系都存在着权力被行使者非合理使用的风险,这是权力政治学和

---

① Nagel, Stuart S., ed. 1994. *Encyclopedia of Policy Studies*. New York: Marcel Dekker, Inc. p.153.

② [英]迈克尔·曼:《社会权力的来源》第 1 卷,刘北成、李少军译,上海人民出版社 2002 年版,第 8—9 页。

权力社会学的常识。行政权力是政府机关拥有的对社会公共事务处理的法定权力,具有公共性,是一种社会公共权力,致力于实现社会公共利益。在法治国家里,公共权力是有限度的,其运行必须是公开化的,接受公众监督,不能无限膨胀。公共权力只能在公共领域内发生作用,而不能侵入市场或社会等私人领域,否则公共权力就违背了法治的精神,侵犯了私人的权利,公共权力的行使就失去了合法性和正当性。因此,必须建立健全公共政策执行的监督机制,增强政策执行者的责任意识和风险意识。

# 第八章 政策执行中的政策宣传工具及其创新

政策执行是政策循环中的关键阶段,是实现公共政策目标的基本途径。从政策工具的视角考察,政策执行在很大程度上涉及到把政府的一种或多种基本工具应用到政策问题的解决中去。① 政策工具视角(the perspective of policy instruments or policy tools)是西方公共政策研究领域自20世纪七八十年代的"执行运动"(implementation movement)中形成的政策执行研究的主要途径之一。美国学者莱斯特·M.萨拉蒙早在1981年就呼吁执行研究应聚焦于政策工具,并且对不同工具的比较效率假设进行检验。② 英国公共管理学者克里斯托弗·胡德(Christopher Hood)甚至认为,政策执行就是工具选择的管理过程。事实上,政策执行的核心就在于如何选择和设计有效的政策工具。近年来,政策工具研究在我国公共政策学界也已经成为理论热点问题之一。然而,作为一种重要的政策工具并且也是我国政策执行明显特色的政策宣传却并未得到我国公共政策学界足够的重视。可以认为,作为政策执行起始环节的政策宣传,也是一种重要的政策工具,直接影响公共政策的有效执行,关系到公共政策能否实现预期的政策目标和政策效果。同时,政策宣传作为一种非强制性的政策工具,其对于目标群体的影响力又有着现实限度,因此,在分权改革的时代,我国的政策宣传应随着其政策环境的变化而不断创新。

## 一、作为一种政策工具的政策宣传

宣传是一种影响人们行动的技巧。而政策宣传作为政策执行的起始环节,同时也是政策执行的重要手段和方法,具有政策工具的性质、价值和意义。

---

① Michael Howlett and M. Ramesh. 2003. *Studying Public Policy: Policy Cycles and Policy Subsystems*, 2nd ed. Toronto: Oxford University Press. p.194.

② Salamon, L. M. 1981. Rethinking Public Management: Third-Party Government and the Changing Forms of Public Action. *Public Policy*, 29:255—275.

1. 宣传与政策宣传

宣传(propaganda)是一种专门为了服务特定议题(议事日程,agenda)的信息表现手法。在西方,宣传原本的含义是指散播哲学的论点或见解,但现在最常被放在政治脉络(环境)中使用,特别是指政府或政治团体支持的运作。在西方社会中,宣传一词常常与说谎专家(心战顾问,spin doctors)、洗脑(brainwashing)、信念操控(belief manipulation)、大众说服(大众诱导,mass persuasion)等概念[1]一起,被赋予了更多的贬义,甚至被划上这样的等式:"宣传=有组织的谎言。"实际上,宣传作为一种行为过程和策略,是许多学科的研究课题,如心理学、社会学、政治学、传播学、管理学等学科。而早期关于宣传的学术研究主要是应对战争发展的实际需要。[2] 政治学家、社会学家和心理学家对战争中的宣传问题进行了长期的研究,如哈伍德·蔡尔兹(Harwood L. Childs)[3]、丹尼尔·勒纳(Daniel Lerner)[4]、汉斯·斯佩尔(Hans Speier)、卡尔·霍夫兰(Carl I. Hovland)[5]、伦纳德·杜布(Leonard W. Doob)[6]等。本章主要从政策科学角度进行分析。

政策科学创始人哈罗德·D. 拉斯韦尔(Harold D. Lasswell)被公认为是传播学和宣传研究的先驱之一。在1927年出版的《世界大战中的宣传技巧》(*Propaganda Technique in the World War*, 1927)、1936年出版的《宣传与独裁》(*Propaganda and Dictatorship*, 1936)、1939年出版的《世界革命宣

---

[1] Cunningham, Stanley B. 2002. *The Idea of Propaganda: A Reconstruction*. Westport, C.T.: Praeger. p. 1.

[2] Lee, Loyd E., ed. 1998. *World War II in Asia and the Pacific and the War's Aftermath, with General Themes: a Handbook of Literature and Research*. Westport, Conn.: Greenwood Press. p. 207.

[3] Harwood L. Childs. 1942. America's Shortwave Audience, in Harwood L. Childs and John B. Whitton, eds. *Propaganda by Shortwave*. Princeton, N.J.: Princeton University Press; reprinted by Arno. Press, 1973.

[4] Lerner, Daniel ed. 1951. *Propaganda in War and Crisis: Materials for American Policy*. New York: George W. Stewart Publisher Inc.

[5] Hovland, Carl I., Irving L. Janis and Harold H. Kelly. 1953. *Communication and Persuasion: Psychological Studies of Opinion Change*. New Haven: Yale University Press.

[6] Doob, Leonard W. 1935. *Propaganda: Its Psychology and Technique*. New York: Holt.

传:芝加哥研究》(*World Revolutionary Propaganda*: *A Chicago Study*, with Dorothy Blumenstock,1939)、1946年出版的《宣传、传播与公众舆论》(*Propaganda*, *Communication and Public Opinion*, 1946),以及后期于1972年出版的《世界传播的未来:质量与生活方式》(*The Future of World Communication*: *Quality and Style of Life*, 1972)和《世界历史上的宣传与传播》(*Propaganda and Communication in World History*, with Daniel Lerner and Hans Speier,1979—1980)等著作中,拉斯韦尔对宣传及传播问题进行了深入的研究。他从政治心理学的视角出发,将宣传理解为"通过操控重要符号而对集体态度进行的管理(Propaganda is the management of collective attitudes by the manipulation of significant symbols)"。[1] 在《世界大战中的宣传技巧》一书中,他又将宣传表述为"通过直接操控社会建议而对意见和态度的管理(the management of opinions and attitudes by direct manipulation of social suggestions)"。[2] 拉斯韦尔试图以一种中立态度来界定宣传:"从最宽泛的意义说,宣传就是通过操控表述而影响人类行动的技巧。而这些表述可以是口头的、书写的、图片式的,或者是音乐形式的(Propaganda in the broadest sense is the technique of influencing human action by the manipulation of representations. These representations may take spoken, written, pictorial or musical form.)。"[3] 侧重于从技巧的角度理解宣传,体现了拉斯韦尔力图在关于宣传的研究中保持一种价值中立的立场和客观的态度。虽然拉斯韦尔承认宣传是对符号的操控,但是他并不认为宣传内在地就是负面的(negative)。在拉斯韦尔看来,宣传本身无所谓好坏,对于它的判定取决于宣传信息的真假。在《世界革命宣传:芝加哥研究》一书中,拉斯韦尔和多罗西·布卢门斯托克(Dorothy Blumenstock)将宣传技巧概括为:口号技巧(the technique of slogans)、符号制作(the elaboration of symbols)、证明技巧(the technique of demonstration)及表述的证明(representative

---

[1] Lasswell, Harold D. 1927. The Theory of Political Propaganda. *The American Political Science Review*, Vol. 21, No. 3. (Aug., 1927):627—631.

[2] Lasswell, Harold D. 1971. *Propaganda Technique in World War I*. Cambridge, Mass.: M. I. T. Press (Originally published as *Propaganda Technique in the World War* in 1927). pp.221—222.

[3] Lasswell, Harold D. 1927. *Propaganda Technique in the World War*. New York: Alfred A. Knopf. pp.214—222.

demonstration)四种。① 从现代战争是现代政治的集中体现这一认识出发,拉斯韦尔将宣传视为现代战争中不可分割的组成部分之一,即经济封锁扼制敌人,宣传迷惑敌人,军事力量给予敌人最后一击。然而,宣传并不只是运用于战争领域,它发生在社会生活的方方面面,社会动员、政治变革、经济改革,甚至商业运作等等,都必须要用到宣传。

在政策科学中,宣传涉及到政策循环的全过程,既应用于政策制定、政策执行,也影响到政策评估和政策终结。受篇幅所限,本章侧重研究政策执行过程中的政策宣传。作为政策执行的一种手段和方法,政策宣传是指关于公共政策决定、政策内容和政策实施方式的宣布和传播,是政策执行功能环节的重要组成部分。其直接目的在于通过对政策目标和政策内容的宣示、宣布和传播,促进政策执行者、政策对象、目标群体,以及各利益攸关方对政策的理解和认同,从而推动公共政策的有效执行和政策目标的实现。美国公共决策学者詹姆斯·E.安德森(James E. Anderson)认为,行政管理机构可以利用宣传来促进人们的服从(Administrative agencies may use propaganda appeals in support of compliance),包括推进公众理解和赞同,减少对政策的违反。正是在这个意义上,安德森认为,政策宣传并不是贬义的,而是指"通过政策与人们普遍具有的价值观和信念的认同而使人们接受政策的努力"("Policy propaganda is used here not in a pejorative sense but rather to denote efforts to gain acceptance of policies by identifying them with widely held values and beliefs")。② 可以认为,如果宣传可以归结为一种"影响人们行动的技巧",那么,政策宣传的含义也应当中性地理解为推动政策执行的工具和方法。

2. 政策宣传的政策工具意义

诚然,拉斯韦尔在分析苏联的宣传战略时,就进一步把宣传看作是总政策的一个工具(Propaganda is an instrument of total policy)。③ 而他所归纳

---

① Lasswell, Harold D. and Dorothy Blumenstock. 1939. *World Revolutionary Propaganda: A Chicago Study*. New York: Alfred A. Knopf. pp.101—188.

② James E. Anderson. 1984. *Public Policy-Making*, 3rd ed. Orlando, Florida: Holt, Rinehart and Winston, Inc. p.106.

③ Lasswell, Harold D. 1951. The Strategy of Soviet Propaganda. *Proceedings of the Academy of Political Science*, Vol. 24, No. 2, The Defense of the Free World. (Jan., 1951):66—78.

的四个主要政策工具则是外交、经济、军事和传播(即宣传)。① 但是,拉斯韦尔并未对政策工具进行系统的研究。在公共管理学和政策科学领域,人们对政策工具进行理论和经验研究是 20 世纪 80 年代以来的事情。其中比较有代表性的有 80 年代英国学者克里斯托弗·胡德(C. Hood)所著的《政府工具》(1983、1986)、90 年代美国学者 B. 盖伊·彼特斯(B. Guy Peters)和荷兰学者范·尼斯潘(Frans K. M. Van Nispen)所主编的《公共政策工具》(1998),以及新世纪以来美国学者莱斯特·M. 萨拉蒙(Lester M. Salamon)所主编的《政府工具——新治理指南》。虽然学者们对于政策工具的理解不尽相同,但有一个基本的认识却是一致的,即政策工具是政府赖以推行政策的手段和控制方法,具体说来,政策工具就是公共政策执行的技术。从这个意义上说,公共政策执行的过程就是政策工具的设计、选择和应用的过程。萨拉蒙甚至认为,工具是"新治理"范式中分析的基本单位②。从广义上说,政策工具是政府推动政策执行,解决公共问题,实现社会治理的方法、手段和技术。

政府可以运用一系列的政策工具来推行其公共政策。对于不同性质和功能的政策工具,学者们进行各式各样的分类。荷兰经济学家科臣(E. S. Kirschen)最早对政策工具进行了分类研究,③在他对 9 个国家经济政策的比较研究中,他整理出 64 种不同的工具,并且试图寻找是否存在着一系列的执行经济政策的工具,以实现最优化的政策结果。④

在美国政治学界,和西奥多·洛威⑤一样,罗伯特·A. 达尔和查尔斯·E. 林德布洛姆等人都对工具进行了宽泛的分类,如将工具分为规制性工具和

---

① Lasswell, Harold D. Psychological Policy Research and Total Strategy. *The Public Opinion Quarterly*, Vol. 16, No. 4, Special Issue on International Communications Research (Winter, 1952—1953):491—500.

② Salamon, Lester, ed. 2002. *The Tools of Government: A Guide to the New Governance*. New York: Oxford University Press. pp. 25—29.

③ E. S. Kirschen et al. 1964. *Economic Policy in Our Time* (3 Volumes). Chicago: Rand McNally.

④ Michael Howlett. Policy Instruments, Policy Styles, and Policy Implementation: National Approaches to Theories of Instrument Choice. *Policy Studies Journal*, Vol. 19, No. 2 (1991):1—21.

⑤ Theodore J. Lowi. 1972. Four Systems of Policy, Politics, and Choice. *Public Administration Review*, Vol. 32, No. 4. (Jul.—Aug.):298—310.

非规制性工具两类。①

范·德尔·多伦(Frans C. J. Van der Doelen)把政策工具分为法律工具、经济工具和沟通工具三类。②

安娜·施耐德(Anne Schneider)和海伦·英格拉姆(Helen Ingram)把政策工具分为权威型工具(Authority Tools)、激励型工具(Incentive Tools)、能力建设型工具(Capacity Tools)、符号与规劝型工具(Symbolic and Hortatory Tools)、学习型工具(Learning Tools)。③

洛林·M. 麦克唐纳(Lorraine M. McDonnell)和理查德·F. 埃尔默尔(Richard F. Elmore)把政策工具分为命令型工具(Mandates)、诱导型工具(Inducements)、能力建设工具(Capacity-Building)和系统改变工具(System-Changing)。④

史蒂芬·H. 林德尔(Stephen H. Linder)和B. 盖伊·彼得斯把政策工具分为直接提供(Direct Provision)、财政补助(Subsidy)、管制规定(Regulation)、征税(Tax)、劝诫(Exhortation)、权威(Authority)和契约(Contract)等类型。⑤

在英国,著名公共管理学者克里斯托弗·胡德提出了一种比较系统化的政策工具分类框架(即"NATO"模式)。他认为,所有政策工具都使用下列四种广泛的"政府资源"之一,即政府通过使用其所拥有的信息(Nodality)、权威(Authority)、财力(Treasure)和可利用的正式组织(Organization)来处理公共问题。

而安德鲁·乔丹(Andrew Jordan)、鲁迪格尔·乌泽尔(Rüdiger Wurzel)

---

① Dahl, Robert Alan, and Lindblom, Charles E. Politics. 1953. *Economics and Welfare*: *Planning and Politico-Economic Systems Resolved into Basic Social Process*. New York: Harper and Row.

② Frans C. J. Van der Doelen. 1989. *Beleidsinstrumenten en energiebesparing*. Enschede: Universiteit Twente, Faculteit der Bestuurskunde (with an English summary).

③ Schneider, Anne and Helen Ingram. 1990. Behavioral Assumptions of Policy Tools. *Journal of Politics*, 52:510—529.

④ McDonnell, L. M., Elmore, R. F. 1987. Getting the Job Done: Alternative Policy Instruments. *Educational Evaluation and Policy Analysis*, Vol. 9 No. 2, pp. 133—52.

⑤ Linder, S. & Peters, B. G. 1989. Instruments of Government: Perceptions and Contexts. *Journal of Public Policy*, 9:35—58.

和安东尼·济托(Anthony Zito)以工具的作用机理进行分类研究,他们认为强制性工具(Regulatory Instruments)、市场工具(Market Instruments)、信息装置(Information Devices)、志愿协议(Voluntary Agreements)是政策工具的主要形态。①

受到 G. 布鲁斯·多恩(G. Bruce Doern)等人将政策工具进行续谱排列②的影响,加拿大学者迈克尔·霍利特和 M. 拉米什依据政府介入公共物品与服务提供的程度把政策工具分为自愿性工具(Voluntary Instruments)、混合型工具(Mixed Instruments)和强制性工具(Compulsory Instruments)(如图 8-1 所示)。

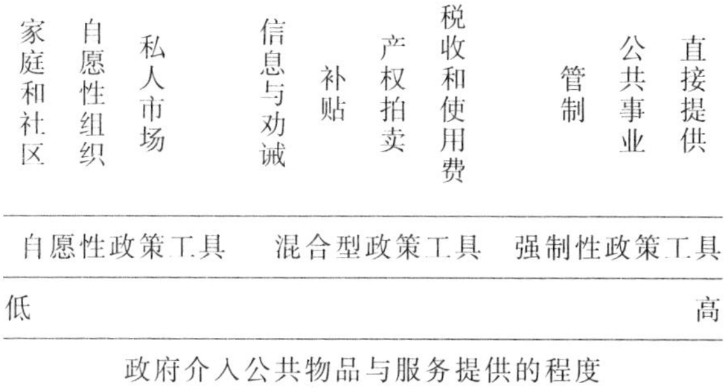

| 自愿性政策工具 | 混合型政策工具 | 强制性政策工具 |
| --- | --- | --- |
| 家庭和社区　自愿性组织　私人市场 | 信息与劝诫　补贴　产权拍卖　税收和使用费 | 管制　公共事业　直接提供 |
| 低 | | 高 |

政府介入公共物品与服务提供的程度

**图 8-1 政策工具图谱**

引自:Michael Howlett and M. Ramesh. 2003. *Studying Public Policy:Policy Cycles and Policy Subsystems*, 2nd ed. Toronto:Oxford University Press. p.195.

从上述政策工具类型学的研究中不难看出,无论"强制性—非强制性"的两分法,还是"强制性—自愿性—混合性"的三分法,都包含了政府所运用的政策宣传工具。首先,政策宣传作为政策工具的一种类型,属于一种混合型政策工具(如图 9-1 所示的"信息与劝诫"工具项)。其核心特征兼具自愿性工具和强制性工具的特质,政策宣传固然允许政府对非政府行为主体的决策进行不同程度的干预,如提供信息、施加影响和劝诫等,但最终仍由私人做出

---

① Jordan A., Wurzel R. and Zito A. 2000. *Innovating with 'New' Environmental Policy Instruments:Convergence Or Divergence in the European Union?* Paper delivered at the 2000 Annual Meeting of the American Political Science Association, Marriott Wardman Park August 31—September 3, 2000.

② G. Bruce Doern and V. Seymour Wilson. 1971. Conclusions and Observations, in Doern and Wilson, eds. *Issues in Canadian Public Policy*. Toronto:Macmillan. p.339.

决策。

其次,政策宣传是一种中性的政策执行工具。政策执行过程中的政策宣传,通过宣示、告知、传播、教育、影响、劝诫,通过各种舆论活动潜移默化地对政策对象和广大民众产生影响和作用。其价值主要在于政策目标的宣示、政策内容的传播,以及政策行动的引导和政策行为的劝诫。所以,政策宣传不仅是一种信息工具,而且也是一种引导性工具和劝诫性政策工具。

第三,政策宣传是一个被广泛运用的政策工具。当今时代已经进入信息社会,信息是决定人们命运的一个重要因素,也是经济社会运行的重要基础。"信息经理人"试图使人们接受"正确"的信息,这就需要借助于宣传工具。从这个意义上说,我们所处的信息时代就是一个"宣传的时代"。[1] 现代社会中任何一个国家的政府都十分重视利用大众传播媒介进行政策宣传,使广大民众充分了解政策,为政策的有效执行奠定广泛、坚实的群众基础,以推动政策的顺利实施。随着美国在历经两次世界大战而进入冷战后,华府里的人对宣传的战略潜力也变得愈发有兴趣。[2] 政策宣传被广泛运用于选举造势、政策实施和思想库的政策沟通与政策传播活动中。

## 二、政策宣传之于政策执行的功能及其限度

如上文所述,作为一种政策工具的政策宣传,是一种推动政策执行的工具和方法,是影响人们行动的技巧。政策宣传不仅是一种信息工具,而且也是一种引导性工具和劝诫性政策工具,是公共政策执行的重要工具、手段和方法。

### 1. 政策信息传播功能

政策宣传的信息功能是其作为政策工具的一种基本职能。它是政府等社会公共权威机构以信息发布(dissemination of information)的形式,向社会宣示在政策制定阶段所采纳的公共政策的目标和内容。其方式是宣示、宣布、公布、通知、告知等,在我国常常以文件或政府公报的形式出现。其目的首先就在于,通过多种形式的政策宣传,使政策执行者认真领会和理解政策

---

[1] Michael W. Hughey. 1996. Propaganda in Modern World (Review Essay of Robert Jackall, *Propaganda*. New York: New York University Press, 1995). *International Journal of Politics, Culture and Society*, Vol. 9. No. 4:569—577.

[2] Parry-Giles, Shawn J. 2002. *The Rhetorical Presidency, Propaganda, and the Cold War*. 1945—1955. Westport, Conn.: Praeger. pp.59—61.

目标和具体的政策内容,从而领会政策,认同政策,为有效地执行政策奠定坚实的思想基础。其次,通过政策宣传,也使公众充分了解政策内容,获取政策知识,增加公众的政治参与机会和政策认同感,使更多的人能够理解、接受、支持和执行该项政策,进而为政策的有效执行形成良好的政策环境(favorable policy environment)。其三,通过政策宣传,有助于充分实现公共政策执行主体和政策目标群体的知情权,即全面了解公共政策方案和计划,以及公共政策目标等。相反,如果政策宣传不够或者宣传不准确,就会造成政策不明确和政策信息不畅,政策执行者就不能准确理解政策目标和政策内容,也难以获得政策对象的理解和公众的支持和监督,进而容易产生政策执行的偏差行为。

2. 政策行动引导功能

政策宣传作为政策执行工具,其功能不仅仅在于宣示和告知,更在于其政策行动引导功能。所谓政策行动引导功能,就是指通过政策宣传,引导政策对象和目标群体认同政策目标并自觉执行该项政策以致力于其政策目标。政策的有效执行,固然需要得到政策对象和目标群体对政策的接受和顺从(compliance),而更重要的还在于将这种理解和认同付诸政策执行行动。在我国的政策宣传中,宣传标语发挥了积极的政策行动引导功能。宣传标语是指在政策宣传时用简短文字写出的带有宣传鼓动作用的口号,它用简洁的语言表达一个政策理念从而达到某种政策宣传目的。以色列行政学家、耶路撒冷希伯来大学政治学和公共行政学教授艾拉·夏坎斯基(Ira Sharkansky)认为,"标语是与商业或政治广告相连的简短表述,意在表达个人或组织的理念、目标或特性,以使其易于记忆、便于沟通"[①]。政策宣传中标语的作用是便于"造势",有利于形成一种氛围,也容易起到"安民告示"的作用。如我国计划生育政策宣传中的"计划生育搞得好,小康生活来得早""少生优生,幸福一生""贫困山区要致富,少生孩子多种树"等政策标语,在计划生育政策执行过程中都发挥着积极的舆论导向作用、行为倡导作用和行动引导功能。

3. 政策行为劝诫功能

政策宣传所传播的总是某种政策主张或政策理念,它通常表现为一定的理论、纲领、方针,或是某种道德主张,即便传播某些事实,这些事实也是为上

---

① Sharkansky, Ira. 2002. Slogan as Policy. *Journal of Comparative Policy Analysis: Research and Practice*, 4:75—93.

述政策主张或政策理念服务的。所以,政府的政策宣传必然对有悖其政策主张或政策理念的行为及行为倾向实施劝诫。首先,劝诫(exhortation or suasion)作为一种政策宣传工具,更多地体现了说服教育的含义和政府行为的色彩,它着力于改变目标群体的偏好和行为,而不仅仅只是向政策对象和目标群体提供政策信息,并期待其行为发生预期变化。其次,政策宣传作为一种混合型政策工具,是一种温和的工具,并不具有强制性,它并不涉及奖励和惩罚。此类政策工具具有以下一个或两个假设:"①私人行为领域必须保持其私密性,不受政府强制性工具的侵犯;②主体有足够强的动力,以至于一旦获得新信息,就能自动调整其行为以实现政策目标。"①例如,在卫生政策的执行过程中,"焦油含量中""吸烟有害健康""遏制艾滋病,预防是关键""不安全性行为和共用注射器吸毒是促使艾滋病病毒传播的高危行为"等各种公益性宣传广告是这类劝诫性政策宣传工具的典型例证。第三,劝诫性政策宣传也为政策执行建构广泛的社会监控系统。因为,通过劝诫性政策宣传,不仅使政策对象和目标群体了解到政策规定的具体内容,也使得一般公众明白什么是倡导的、什么是政策允许的、什么是政策明令禁止的,从而形成了对政策执行的公众舆论监督。

总之,作为政策执行的起始环节和一种被广泛运用于政策执行活动中的政策工具,政策宣传有许多优点。首先,政策宣传是政府政策工具箱的一种易于建立、便于实施的政策工具。通过政策宣传,进行政策倡导,这是政府等社会公共权威顺利推动政策执行的一个良好出发点。而且,如果通过政策宣传和政策倡导就能顺利地推动公共政策有效执行并进而解决政策问题的话,也就不必再寻求其他政策工具了。

其次,从政策工具的类型学意义上说,政策宣传是混合型的、非强制性的政策工具。相较于政策实验、经济手段和法律手段等政策工具而言,它是一种成本较低的政策执行工具和方法。由于其积淀成本较低,因而如果找到了更合适的政策工具,也能很容易地作出相应的改变甚或取消。

最后,由于政策宣传有关政策信息的发布和传播,所以,从中性意义上来理解的政策宣传,体现了信息公开的精神,也体现了对公众知情权的尊重。政策宣传和政策倡导是与重视论据、说服、个人责任和自由选择的自由民主

---

① Leslie A. Pal. 1987. *Public Policy Analysis: An Introduction*. Toronto: Methuen. p. 148.

社会的规范相一致的。① 特别是政策宣传的政策信息传播功能和政策行为劝诫功能,更是直接体现了民主社会的公开、透明、参与、协商等特质。

然而,政策宣传作为一种政策工具,其在政策执行过程中所能实现的职能是有限度的。

其一是工具选择的限度。政策工具的选择受到多种因素的限制,政策执行者并非不受约束地从政策"工具箱"(tool-kits)中任意地进行选择。相反,政策工具的选择必须既考虑政治因素,又考虑技术上的问题。政策信息发布和政策信息传播意义上的政策宣传只能是一种被动的工具,政府通过政策宣传向个人和公司提供政策信息并期待其行为发生预期的变化。但是,政策宣传所传播的政策信息并不具有强制性,即使是政策行动引导和政策行为劝诫意义上的政策宣传也不具备约束力,公众没有义务必须作出特定的回应。真正强力推动政策执行,最终还必须配合使用经济手段、法律手段和行政手段等强制性政策工具。

其二是宣传效力的限度。宣传效果是政策宣传的核心,它直接决定了政策宣传促进和影响政策执行的程度。拉斯韦尔的5W理论认为:任何传播活动是一个动态的行为过程,它是由传播者、传播内容、传播载体、传播渠道、传播技巧、传播对象等多种元素构成的。传播者、传播内容、传播渠道以及传播对象的不同都会不同程度地制约传播效果的实现。同时,从传播学的角度看,政策宣传还具有效力递减的规律。就是说,政策宣传在经历了一定的频次后,宣传效果就会不断递减。而过度宣传甚至还会适得其反。以霍夫兰为代表的耶鲁学派也认为,传播来源的宣传意图如果过于明显就会影响传播效果。另外,在危机时期,政策宣传和政策倡导甚至会成为一个虚弱无力的政策工具。

其三是政策环境的限度。所谓政策环境,就是指影响公共政策形成、存在和发展的一切因素的总和。从生态学的意义来说,任何公共政策系统的形成和运行都离不开一定的环境。公共政策系统与其环境之间进行着物质的、信息的、能量的交换与互动。这就是说,大凡公共政策,都是在特定的经济社会环境下运行的,政策循环的任何一个阶段和环节都会受到政策环境的制约。同样,政策执行手段和工具的选择是否合适、能否发挥作用,以及在多大

---

① William T. Stanbury and Jane Fulton. 1984. Suasion as a Governing Instrument, in K. Graham, editor. *How Ottawa Spends*. Ottawa: Carleton University Press. pp. 282—324.

程度上发挥作用,也都会受到政策环境的巨大影响。从"宣传"的哲学角度看,由于我国幅员辽阔、民族众多、地域文化差异较大,所以即使是国内政策宣传,也面对各种各样地区文化环境的受众;而对外政策宣传面对的是文化背景、价值观念、语言和思维习惯与中国人差别很大的西方受众。这都给政策宣传获得政策对象的理解、沟通和认同带来了极大的挑战,增加了政策宣传的难度。

## 三、新时期我国政策宣传工具创新的路径选择

对于政策工具的恰当运用,反映了政府的行政能力,也反映了政府的创新能力。如前文所述,宣传实际上是世界上许多政府在推行其公共政策的过程中都广泛运用的一种政策工具。在我国的政策执行过程中,善于运用政策宣传是一个明显的特色。然而,在信息社会和全球化的时代背景下,我国的政策宣传面临着许多新的挑战,亟待从理念上、方式上和体制上等方面全面创新。

1. 更新宣传理念

众所周知,注重政策宣传是中国共产党的一项传统,也是我国政策执行的一条重要经验。毛泽东等老一辈革命家在革命战争年代重视政策宣传工作。在《对晋绥日报编辑人员的谈话》中,毛泽东就指出:"我们的政策,不光要使领导者知道,干部知道,还要使广大的群众知道。有关政策的问题,一般地都应当在党的报纸上或者刊物上进行宣传。"然而,在实践中却存在着一些错误的观念,他指出,"在我们一些地方的领导机关中,有的人认为,党的政策只要领导人知道就行,不需要让群众知道。这是我们的有些工作不能做好的基本原因之一"[①]。邓小平也多次谈到了政策宣传等问题。例如在土改问题上,他还尖锐地批评了忽视对党的政策进行全面宣传的不良倾向和错误行为,他指出,"在宣传内容上,一般地只注意土改宣传,而忽视了党的各方面正确政策的宣传。'左'的口号、'左'的词句掩盖了或减弱了党的正确口号和主张的力量"[②]。遗憾的是,这些错误的宣传理念即使在今天的政策宣传工作中也还不同程度地存在着,其主要表现是:①高高在上、自上而下地进行政策宣传,缺乏群众视角。所谓"群众视角",就是站在群众的角度去思考政策,解读

---

① 毛泽东:《对晋绥日报编辑人员的谈话》(1948年4月2日),载《毛泽东选集》第4卷,人民出版社1991年版,第1318—1320页。
② 《邓小平文选》(第一卷),人民出版社2004年版,第133页。

政策,再考虑到地缘因素,去思考群众真正关心的内容。① ②由于政策宣传者未吃透政策内容和政策精神就"紧跟照办",造成政策宣传缺乏准确性。③由于未认真研究政策对象、目标群体和政策环境的特点,造成政策宣传缺乏针对性。从政策工具的意义上把握政策宣传,就要遵循政策工具选择的基本原则,更新宣传理念。胡德曾经阐述了工具选择的四项原则:一是只有在充分考虑到其他可替代方案时,我们才能确定哪种工具被选择;二是工具必须与工作相匹配,没有哪种工具能够适应所有环境,因此政府需要针对不同的环境选择不同的工具;三是选择必须不太残忍,工具的选择必须符合一定的伦理道德;四是有效性并不是唯一追求目标,理想结果的达成必须以最小的代价来换取。② 虽然这是关于工具选择的一般性规范,但对于如何更新政策宣传理念仍具有相当的启示意义。那就是,在政策宣传过程中,应该根据政策内容,针对不同的政策对象和目标群体,坚持"以人为本"的原则和理念,避免不分时间、地点、内容和对象的"一锅煮"式的粗暴宣传。

2. 改进宣传方式

信息的完备性是公共政策执行活动的必要条件。作为一种公共政策资源,政策执行信息是政策执行者制订切实可行的政策执行计划、控制政策执行过程的基础,也是使公共政策得到政策对象和目标群体的理解和认同的前提。这就要通过选择合适的政策宣传方式,及时、准确、有针对性地将政策信息传递给政策执行者、政策对象和目标群体。当前我国政策宣传方式中存在的突出问题主要表现在:①走极端式的政策宣传,要么过度宣传,要么宣传不到位或者不及时,造成政策信息传播障碍或失真。②自说自话式的政策宣传,缺乏政策解释和政策沟通能力。③走过场式的政策宣传,不顾弱势群体(如城市困难群体,农民工群体)的弱信息能力,③不顾政策宣传效果,缺乏责任意识,造成政策执行梗阻。改进政策宣传方式,首先要正确认识政策信息对于政策执行的重要性。避免过度宣传或者宣传不到位、不及时。其次,要不断提高政府政策宣传者的政策解释能力和政策沟通能力。政府沟通是现代治理的重要工具,也是政府的政策工具。通过使用如信息自由立法(freedom of information legislation)、公共绩效评估(public performance

---

① 刘赞、石蓬勃:《坚持"三贴近"改进省市级党报政策宣传策略》,载《河北大学学报(哲学社会科学版)》,2004年第3期。

② Hood, C. 1983. *The Tools of Government*. London: Macmillan. p. 133.

③ 郑英隆:《中国农民工弱信息能力初探》,载《经济学家》2005年第5期。

measures)、各种形式的电子政府(E-government),以及更多地利用政府调查和广告(government surveys and advertizing)等,可以发展和促进公民权(citizen empowerment)。① 可见,通过提高政策沟通能力,既改进了政策宣传方式,又促进了公民参与,同时也改善了政府治理。第三,要借助现代传播手段。政策宣传也是一种传播活动,当然可以通过任何传媒进行。当代各国政府在推行其公共政策过程中主要通过新闻媒介来进行政策宣传。因为,政策的有效执行,不仅需要得到政策对象和目标群体的理解和认同,而且还需要得到一般民众的广泛支持。通常,公众对某一政策或政策涉及的问题是否表现热衷和支持,在很大程度上取决于政策宣传。所以,借助大众传播媒介(mass media)的政策传播、舆论造势和宣传导向,是公共政策执行过程中的一个重要环节。在新闻事业兴起并不断发展以后,报刊、广播、电视成为政策宣传所使用的基本工具。而在当今信息社会中,卫星电视、有线电视和互联网已成为大众传播的重要工具。因此,政策宣传应适应时代的发展,不断改进宣传方式。当然,现代政策宣传并不排斥古已有之的各种简单媒介,如标语、口号等。

3. 创新宣传体制

政策宣传作为政策执行的一个环节和一种混合型政策工具,其功能的实现依赖于一定的组织体制运作实施。我国长期以来的宣传体制和新闻体制,是沿袭战争时期和苏联20世纪50年代宣传与新闻传播模式的产物。这种体制下的新闻传播模式的共同点是:"单一党报体系,高度集权调控,突出宣传功能,经费和发行国家包干。这种体制在战争年代尚可,到了建设时期则弊端四起。"②宣传体制的僵化,造成宣传意识过浓和宣传过度而宣传内容却缺乏针对性,这既是导致国家政策信息缺失和政策执行失败的一个重要原因,同时又使中国的政策宣传者特别是对外政策宣传者成了西方受众眼中的"坏孩子"形象。特别是在信息社会的新形势下,更是需要通过体制创新和机制创新,以新的方式应对社会发展、技术革新以及全球化时代对外宣传的挑战。新一届美国国务院在国务卿希拉里·克林顿率领下,利用网络宣传美国外交政策。其基本策略就是推动网络电子外交,传播美国外交政策信息。希

---

① Michael Howlett. 2009. Government Communication as a Policy Tool. *The Canadian Political Science Review*,3(2)June:23—37.
② 童兵:《主体与喉舌——共和国新闻传播轨迹审视》,河南人民出版社1994年版,第197页。

拉里团队将前总统乔治·W.布什执政时期的国务院网站(www.state.gov)升级改版,并链接其他网站,包括社交网站"脸谱"(Facebook)、视频网站Youtube、微型博客网站Twitter以及雅虎图片共享网站Flickr等。通过拥抱新媒体,开展"E外交",希拉里试图构建其提出的所谓"灵巧实力"(即一种既有别于以军事和经济实力为主的"硬实力",也有别于以传统和文化影响力为主的"软实力")的外交政策新战略。此外,在西方国家特别是在美国,思想库作为政府的"外脑"在政策宣传和传播中发挥了重要的作用,被誉为西方社会中的"第五种权力"(The Fifth Power)。思想库在国家政治生活中,主动充当政策宣传机构,对公众、决策者和社会精英进行政策宣传。通过出版书刊,在主流媒体上接受采访、发表评论,举办媒体吹风会,举办各种讲座、报告会和培训班,提供访问学者资助,以及出席国会听证会、参与政府政策咨询等多种途径,思想库进行广泛而深入的政策宣传。如美国企业研究所(American Enterprise Institute,AEI)每年的出版物达110种,布鲁金斯学会(The Brookings Institution)每年的出版物达84种,兰德公司(The RAND Corporation)每年发送给政府、大学、社会团体以及企业的出版物超过30万册。美国对外关系委员会(The Council on Foreign Relations,CFR)的外交政策讨论,参加者多达20余万人,借以引起公众和舆论对有关政策问题的关注,从而达到政策宣传效果。反观我国的一些思想库由于体制上的局限和经费投入不足,加上研究条件的局限(如信息封锁)和功能虚化,往往缺乏足够的政策宣传能力。所以,新时期我国政策宣传体制创新,就是要通过制度与体制改革,创新政策宣传组织的运行机制和运作方式,激发体制内和体制外的种种活力,促进政策宣传效果。

4. 优化宣传环境

政策工具研究的一个基本问题是:人们为什么会采用某种具体的政策工具,以及如何采用这种政策工具。[1] 对这一问题的回答绕不开政府政策工具选择的制约因素,其中的一个重要因素就是环境因素。正如胡德在其"工具选择四原则"中所指出的,政府政策工具的选择必须与工作相匹配,没有哪种工具能够适应所有环境,因此政府需要针对不同的环境选择不同的工具。彼得斯在其"5 I"框架中则列出了制约政府政策工具选择的五项主要因素:观念

---

[1] K. Woodside. 1998. The Acceptability and Visibility of Policy Instruments, in B. Guy Peters & Franks K. M. van Nispen, eds. *Public Policy Instrument*. Cheltenham, U.K.: Edward Elgar. p. 162.

(Ideas)、制度(Institutions)、利益(Interests)、个人(Individuals)与国际环境(International Environment)。① 彼得斯强调了国际环境对一国政府政策工具选择的影响和制约。确实,政策宣传作为一种政策工具无疑要受到各种环境因素的制约。但是在既有政策工具选择的条件下,我们就要不断优化政策宣传的环境。这既包括硬环境建设,也包括软环境优化,如:进一步加快信息化基础设施建设,提高有线电视家庭普及率、百人电脑拥有量、互联网普及率;推进电子政务建设,实现政府信息化;进一步提升公民的受教育水平,提高公众的政策理解能力和公民的政策参与水平;提高政策宣传者的自身素质,包括宣传责任、宣传意识、宣传技巧和宣传艺术;提高宣传内容的公信力,淡化官方色彩的意识形态宣传,增强以受众为中心的以人为本色彩的政策宣传;以及促进政治生活的民主化和透明度(transparency)、公共信息公开化程度等。

5. 提升宣传效果

在传播学中,20世纪40至60年代的"有限效果论"认为,大众传播不是效果产生的唯一和充分的条件,它只能在各种中间环节的连锁关系中并且通过这种关系才能发挥作用,至多也不过是对受众既有态度的强化。随着信息社会的发展和全球化的信息传播时代的到来,这种倾向明显地开始发生变化。在70年代后出现的"议程设置功能假说(Hypothesis of the Agenda-Setting Function)""沉默的螺旋假说(Hypothesis of the Spiral of Silence)""知识沟假设(Knowledge-Gap Hypothesis)"以及"培养分析(Cultivation Analysis)"等一系列新的研究都集中于探索大众传播综合的、长期的和宏观的社会效果,它们与社会信息化的现实密切结合起来,都不同程度地强调了大众传媒影响的有力性。在今天的西方社会,大众传播媒介被视为社会中的"第四大力量"和"第四种权力"(The Fourth Power),在政治权力与公众的互动中起到了重要的桥梁作用。从依法行政的角度看,通过大众传播媒体进行政策宣传是对公众知情权的尊重;从政策执行的角度看,借助于大众传播媒体进行政策宣传一方面是致力于提升政策宣传的效果,另一方面也有利于公众对政策执行过程的民主监督。总之,在政策过程中借力于大众传播媒体,具有工具的意义,旨在通过政策宣传促进政策执行。然而,政策宣传不是万

---

① B. G. Peters. 2002. The Politics of Tool Choice, in Lester M. Salamon, ed. *The Tools of Governance: A Guide to the New Governance*. New York: Oxford University Press. pp.552—559.

能的,政策宣传及传播的效果要受到各种社会因素的影响,与当时当地的社会环境、媒介环境、群体心态、政治军事经济及文化背景密切相关。因此,政策宣传要针对不同的社会环境、社会心理和文化背景,选择不同的宣传手段和宣传方法。同时,使用大众传播媒体进行政策宣传应注意避免过度宣传,以免造成受众的逆反心理,进而降低政策宣传效果。此外,还应根据政策效果递减规律,在政策宣传不同阶段使用不同的宣传方式和宣传工具。

# 第九章 基于公共权力公开化运行的政策评估

公共政策评估是指特定的评估主体根据一定的标准和程序,通过考察公共政策过程的各个阶段、各个功能环节,从而对公共政策的效果、效能及价值所进行的检测、评价和判断的一种政治行为。如果说公共政策过程是公共权威机关基于公共权力运作而进行公共资源分配进而实现公共目标和公共利益的过程,那么,公共政策评估就是促进公共权力合理配置公共资源,追求公共价值,维护公共利益的基础,也是实现公共政策过程民主化、科学化和规范化的必由之路。但是,成功的公共政策评估是建立在公共权力的公开化运行基础之上的。没有公共权力的公开化运行,客观、公正、规范的公共政策评估就无从谈起。

## 一、公共政策过程中的政策评估

在相当长的时期里,人们一直对公共政策制定过程比较重视,并且想当然地认为公共政策方案一旦规划出来并被公共权威部门采纳进而成为公共政策,政策制定就大功告成了,接下来的不过就是自上而下地遵照实施罢了。因而,在公共政策实践中疏忽了公共政策的评估工作。早在20世纪70年代,美国公共政策学者查尔斯·O.琼斯就曾指出,直到最近,公共政策评估是政策过程中探讨得最少的功能活动之一(Until very recently it was one of the least explored of the functional activities in the policy process)。[①] 美国公共行政管理学者菲利克斯·A.尼格罗(Felix A. Nigro)、劳埃德·G.尼格罗(Lloyd G. Nigro)在《公共行政学简明教程》一书中认为,"长期以来,方案的评估一直是公共行政领域中的一块未被开垦的处女地,一个几乎没有被人

---

① Jones, Charles O. 1977. *An Introduction to the Study of Public Policy*, 2nd ed. North Scituate, M. A.: Duxbery. p.173.

们认识的管理功能"①。实际上,有许多公共政策失败或公共政策执行不力等案例,正是由于公共政策评估不到位而造成的。因此,公共政策过程离不开公共政策评估。

1. 理解政策评估的不同观点

现代政策科学之父、美国著名政治学家哈罗德·D.拉斯韦尔从政策过程的角度将政策评估及其功能理解为"就一项公共政策的因果关系所作的事实陈述(actual statement of the cause-and-effect relationship of a policy)"。②拉斯韦尔不仅开创了政策研究活动的学术先河,而且为这门新学科树立了一个远大的目标和志向,即要成为"民主的政策科学(policy science of democracy)",一个"既着重于决策过程评估、又着重于对其结果评估的学科"③。美籍加拿大学者戴维·伊斯顿曾经对政治的制度途径作过这样的描述:评估为制定公共政策的人们提供了"反馈"(the process of learning about the consequences of public policy)④。从伊斯顿政治系统理论来看,公共政策是政治系统输出的产品,该产品是否解决了公共问题,是否实现了公共目标,需要作出公正、客观的评价,并反馈到政治系统,以实现政治系统的良性循环。叶海卡·德洛尔同样也认为,评估就是从反馈中作有系统的学习(systematic learning feedback)。⑤从系统理论的观点来看,评估属于反馈的一环(Viewing from the perspective of system theory, evaluation is a functional activity of feedback)。反馈是否有效,就是评估是否有效的问题。美国华盛顿城市研究所从事评估研究的先驱学者和主要权威约瑟夫·S.侯利(Joseph S. Wholey)认为,政策评估就是衡量一个全国性方案在实现目标方面的总体效果,或者是比较两个或更多方案在实现一般目标上的相对效果

---

① [美]菲利克斯·A.尼格罗、劳埃德·G.尼格罗:《公共行政学简明教程》,郭晓来等译,中共中央党校出版社1997年版,第201页。

② Lasswell, H. D. 1956. The Decision Process: Seven Categories of Functional Analysis, reprinted in Nelson Polsby et al, eds. *Politics and Social Life*. Boston: Houghton Mifflin. p. 102.

③ Fischer, Frank. 1995. *Evaluating Public Policy*. Belmont, C. A.: Wadsworth/Nelson-Hall. p. 4.

④ David Easton. An Approach to Analysis of Political Systems. *World Politics*. Vol. 9, No. 3 (1957,4):383—400.

⑤ Dror, Y. 1968. *Public Policymaking Reexamined*. Pennsylvania: Chandler Publishing Company. pp. 274—275.

(Policy evaluation is the assessment of the overall effectiveness of a national program in meeting its objectives or assessment of the relative effectiveness of two or more programs in meeting common objectives)。① 以色列民主研究所高级研究员、特拉维夫大学政治学教授戴维·纳奇米亚斯(David Nachmias)认为,政策评估是指就现行的政策、方案的预期目标而对其作用于目标群体之效果的客观、系统和经验性的检视(… policy evaluation research is the objective, systematic, empirical examination of the effects ongoing policies … have on their targets in terms of goals they are meant to achieve)。② 美国哈佛大学教授、兰德公司研究员、美国国家科学基金会教育与人力资源指导顾问委员会顾问、国家教育统计中心和联邦审计局项目评估与方法部研究人员卡罗尔·H.韦斯(Carol H. Weiss)认为,评估是一个涵义广泛的词汇,囊括了多种判断(Evaluation is an elastic word that stretches to cover judgments of many kinds)。但是,所有评估的用法都有一点是相同的……对于功绩判断的观念(all uses of evaluation have in common … the notion of judging merits)。③ 美国公共政策学者查尔斯·O.琼斯同意卡罗尔·H.韦斯的观点,他将政策评估理解为对政府计划之良莠的判断(judging the merits of government programs)。同时,他还指出,政策评估的目的在于确定政府计划是否已经以及如何对其所欲解决的公共问题产生了影响(determining whether and how the programs of the government have affected the public problems to which they are directed)。④ 美国政策学者弗兰克·费希尔(Frank Fischer)认为:"政策分析""政策科学"和"政策评估"等术语在语义上存在诸多混淆之处,政策分析和政策科学可以互换,均指与公共政策评估相关的应用学科或领域。至于这个学科或领域的人们所从事的工作或活动,我们统称为"政策评估"。然而,对评估活动的强调,不能与"评估研究"的狭义的方法论上的任务相混淆,评估研究与"项目评估"有关,仅仅被理解为政策分析的一种方法论。"政策评估"被赋予了整个学科评估任务

---

① Joseph S. Wholey et. al. 1970. *Federal Evaluation Policy*. Washington D. C.: Urban Institute. p. 25.

② David Nachmias. 1979. *Public Policy Evaluation*. New York: St. Martin's Press. p. 4.

③ Carol H. Weiss. 1972. *Evaluation Research*. Englewood Cliffs, N. J.: Prentice-Hall. p. 1.

④ Jones, Charles O. 1977. *An Introduction to the Study of Public Policy*, 2nd ed. Mass.: Duxbery. p. 174.

的广泛意义,可以视为"政策辩论的逻辑"(logic of policy deliberation)。政策评估主要是"政策分析"或"政策科学"的应用活动,是一种通过实践(对政策或方案)进行审查的形式,这种形式与政策评判的经验问题和规范问题相关。① 美国学者格朗兰德(N. E. Gronland)则以最为简洁的方法表述了自己对评估的理解:"评估＝量(或)的记述＋价值判断。"②

实际上,对于公共政策评估的不同理解,就是从公共政策过程的不同阶段强调公共政策评估的对象。

(1)公共政策方案的评估。这是从政策制定角度强调政策方案的事前评估。如美国政策学者斯图亚特·S.那格尔认为,政策评价主要关心的是解析和预测(explanation and prediction)。评估被看作一种分析的过程(analytical process),评估者通过搜集相关信息,运用定性与定量分析方法和技术,对政策进行分析,确定各种政策的优缺点及可行性,供决策者参考。所以,"政策评估正在不断成为事前的活动或预先进行,而不是针对某一事件的反应或事后进行(Policy evaluation is becoming increasingly proactive or preadoption, rather than reactive or post-adoption)"③。我国台湾学者林水波、张世贤认为,"评估是一种过程,这个过程在于确定重要的决策范围,选择适当的资讯,搜集与分析资信而作成有用的摘要资料,提供决策者适当的政策方案之基础"④。不难看出,这种观点也是强调公共政策评估就是对公共政策方案的评估。

(2)公共政策全过程的评估。即强调对政策过程各个阶段和功能环节的评估,既包括对政策方案的评估,也包括对政策执行及政策效果的评估。如美国公共决策学者詹姆斯·E.安德森在《公共政策制定》(*Public Policy-Making*)一书中认为:"政策的评价与政策的估计、评价和鉴定有关,作为某种功能作用,政策评价能够而且确实在整个政策过程中,而不能简单地将其作为最后的阶段。"⑤另一位美国公共政策专家爱德华·S.奎德(Edward S. Quade)在其所著

---

① [美]弗兰克·费希尔:《公共政策评估》,吴爱明、李平等译,中国人民大学出版社2003年版,第2—3页。

② 转引自张国庆主编《公共政策分析》,复旦大学出版社2004年版,第394页。

③ Nagel, Stuart S. 1983. Policy Evaluation Methods, in Stuart S. Nagel, ed. *Encyclopedia of Policy Studies*. New York: Marcel Dekker, Inc. p. 88.

④ 林水波、张世贤:《公共政策》,台北五南图书出版公司1984年版,第326页。

⑤ James E. Anderson. 1984. *Public Policy-Making*, 3rd ed. Orlando, Florida: Holt, Rinehart and Winston, Inc. p. 134.

的《公共决策分析》(Analysis for Public Decisions)一书中也认为,"政策评估从广义上讲是确定一种价值的过程分析,狭义上,却是调查一项进行中的计划,就其实际成就与预期成就的差异加以均衡"①。威廉·N. 邓恩在《公共政策分析导论》(Public Policy Analysis: An Introduction)一书中认为:"政策评估就是设法发现预想和实际执行情况之间的差异,由此提供政策的相关知识,从而在政策制定过程的评估阶段为政策制定者提供帮助(Evaluation yields policy-relevant knowledge about discrepancies between expected and actual policy performance, thus assisting policymakers in the policy assessment phase of the policy-making process)。"②邓恩还指出,"政策行动所带来的后果永远无法完全预知,因此,在政策行动开始之后进行跟踪监测至关重要"③。

(3)公共政策效果的评估。即后评估(Ex post evaluation),也称为结果评估(outcomes evaluation),指由政策评估人员,对政策方案的执行结果进行评估。它包括两个方面的评估:产出评估(output evaluation)及影响评估(impact evaluation)。如托马斯·R. 戴伊(Thomas R. Dye)认为,评估就是了解公共政策之结果的过程(Policy evaluation: assessing the impact of public policy)。④ 英国学者马丁·布尔默(Martin Bulmer)认为,政策评估是针对政策成效进行有系统的评断的过程。⑤ 我国台湾学者朱志宏认为,"发现误差,修正误差就是政策评估"⑥。我国大陆学者张金马认为,"政策评估就是对政策的效果进行的研究"⑦。持这种观点的学者认为,政策评估所要回答的基本问题包括:政策执行以后,是否达到了政策制定者预期的目标?该项政策给国家及社会生活带来了什么样的影响?政策的去向如何,是继续执行,进行改革,还是马上终止?

---

① Quade, Edward S. 1982. *Analysis for Public Decisions*, 2nd ed. New York: North Holland. p. 262.

② Dunn, William N. 1994. *Public Policy Analysis: An Introduction*, 2nd ed. Englewood Cliffs, N. J.: Prentice-Hall. p. 19.

③ Dunn, William N. 1994. *Public Policy Analysis: An Introduction*, 2nd ed. Englewood Cliffs, N. J.: Prentice-Hall. p. 334.

④ Dye, Thomas R. 2002. *Understanding Public Policy*, 10th ed. Englewood Cliffs, N. J.: Prentice-Hall. p. 312.

⑤ Bulmer, M. 1986. *Social Science and Policy*. London: Allen & Unwin.

⑥ 朱志宏:《公共政策》,三民书局1991年版,第290页。

⑦ 张金马:《政策科学导论》,中国人民大学出版社1992年版,第240页。

总之,从广义上讲,公共政策评估是指对公共政策运行全过程的分析和评判;从狭义上讲,公共政策评估则是专指依据一定的标准和程序,对公共政策的效果及价值进行判断的一种政治行为。政策评估目的在于取得有关政策过程方面的信息,作为决定公共政策调整、公共政策终结和制定新政策的依据。而广义的政策评估活动不仅指政策执行绩效的评估,也包含对政策执行前的政策制定过程以及执行过程的评估。

2. 公共政策评估的功能

公共政策评估是公共政策运行过程中的一个重要的功能环节,在政策实践中具有重要的地位,发挥了不可替代的作用。弗兰克·费希尔指出:"政策分析家们为各种不同组织或个人包括总统办事机构、立法小组委员会成员、内阁成员、各种政治利益组织、政治智囊团、学术界的社会科学家、私人咨询公司等等进行评估,要么旨在记录政府之建树,要么旨在指出其缺失,林林总总,乐此不疲。"①具体说来,公共政策评估的功能主要包括以下几个方面:

(1)公共政策评估是决定公共政策去向的重要依据。

政策评估是政策评估人员利用科学方法与技术,系统搜集相关信息,提供选择、修正、持续或终止政策方案所需的信息和判断(information and judgments)。政策评估活动不仅指政策执行绩效(performance)的信息,而且包括评估者(evaluator)对于政策运行情况的判断和评价(the judgment and appraisal of the operational condition of the existing policy)。正如威廉·N.邓恩(William N. Dunn)所认为的:"政策监控首先关注的是公共政策赖以建立的事实前提,与此相反,评估首先关注的则是建立起提供政策绩效信息所必需的价值前提。"②任何政策在执行一段时间后,政策决策者必须根据实际情况,决定该项政策是延续、革新或终止,而政策评估则为这种决定的作出提供了现实的依据,从而引导政策运行趋向于正确、科学的方向。同时,政策评估还是重新确定政策目标,制定新政策的必要前提,从政策的连续性角度来看,任何一个新的政策目标和新的政策方案都不是孤立的、凭空产生的,它总是以原政策及其执行效果为背景和基础的。政策评估的评鉴功能决定了政策评估在重新确定政策目标,制定新政策时能够提供必要的信息和判断作为

---

① [美]弗兰克·费希尔:《公共政策评估》,吴爱明、李平等译,中国人民大学出版社2003年版,第1页。

② [美]威廉·N.邓恩:《公共政策分析导论》,谢明等译,中国人民大学出版社2002年版,第434页。

依据。正如美国公共决策学者詹姆斯·E. 安德森(James E. Anderson)所认为的,为了延续、调整或终结现行政策,评估活动可能会重启政策过程,问题认定、政策方案规划等(evaluational activity may restart the policy process, such as problem identification, policy formulation, and so on)。"评估发现能被用以对现行政策和计划的修正,并有助于未来政策的制定(Evaluation findings can be used to modify current policies and programs and to help design others for the future)"①。实际上,有的新政策就是对原有政策进行分析和评估的产物,是原有政策的继续和发展。

(2)公共政策评估是合理配置资源的基础。

政策评估是检验一项公共政策的效益和效果的基本手段和途径。一项政策正确与否,只能以政策实践即政策执行的实际情况作为唯一的检验标准(criterion)。而政策评估就是在大量收集政策实际执行效果和效益的各项信息基础上,运用科学方法分析判断该政策是否实现了预期目标(Is this policy achieving its objectives?),在多大程度上实现了预期目标(To what extent does the policy achieve its objectives?),政策的成本和收益为何(What are the costs and benefits of the policy?),谁是受益者(Who are its beneficiaries?),该政策所产生的社会效益(societal effects)、经济效益(economic effects)、生态效益(ecological effects)如何。因此,只有通过政策评估,对政策运行效果进行分析、比较和评价,才可以知道政策运行的社会价值和经济效益。同时,由于政策资源的有限性,决定了政策决策者和执行者都必须考虑如何用有限的资源以获取最大的经济效益和社会效益,这就要政府主管部门在不同的政策投入中,必须合理地配置政策资源(to allocate the policy resources rationally)。而要合理的配置政策资源,只有通过政策评估,才能确认每项政策的价值,进而决定政策资源配置的优先顺序(priority)和比例关系(proportions),以寻求最佳的整体效果,避免政策或计划之间存在不必要的重叠或重复(to avoid unnecessary overlapping or duplication between policies and programs)。此外,通过政策评估,可以全面了解公共政策的实际执行情况。在政策评估的基础上,需要调整的政策或项目就要调整,该终结的政策或项目就要及时果断地予以终结。这既是节约政策资源的必要手段,同时也是合理配置资源的基础。

---

① James E. Anderson. 1984. *Public Policy Making*, 3rd ed. Orlando, Florida: Holt, Rinehart and Winston, Inc. pp. 134-135.

(3)公共政策评估是实现公共政策民主化、科学化的重要途径。

在公共政策决策过程中,决策科学化强调专家学者参与决策,决策民主化则要求广大群众参与决策。政策评估能有机地实现决策科学化与民主化这一对矛盾的辩证统一。不同的社会团体有不同的利益与价值,对于某一政策议题的偏好与看法也必然不同。因此,建立一套大多数人所能接受的政策指针系统,不仅需要学者专家的专业意见,更需要民众的参与,才能透过沟通妥协的过程,逐渐在公共利益(public interest)和特定利益(particular interest)之间寻求一个平衡点。政策指针的变项主要来自两个社会群体的价值——专家社群(expert community)和政治社群(political community)。在某些需要更多专业知识的政策议题上(如环保政策、医疗政策),学者专家的意见是政策指针的最重要的来源。通常一项重大政策议题并非单一专家所能独力解决,必须透过专家社群间的脑力激荡、研讨与对话,才能建立较完善周延且更具公信力的政策指针,而政策科学性品质才能得以保证。实践证明,通过政策评估能够广泛动员人民群众参与政策制定和实施,使政策运行能够真正地反映民意,集中民智,保障人民当家作主,有助于政策运行的民主化(helps to provide democratic accountability function for policy operation)。通过政策评估,人们不仅能够对政策本身的价值作出科学的评判,而且能够对政策的各个方面进行考查分析,发现问题,提供建议,为连续的政策实践提供良好的基础。所以说,政策评估不仅有助于政策科学化,也有助于政策的民主化。

(4)公共政策评估是检测政策制定与执行、厘清政策责任归属的必要手段。

厘清政策责任归属是政策评估的最初目的之一。美国学者、评估研究专家埃莉诺·薛林斯基(Eleanor Chelimsky)认为,虽然在细节方面会有很大出入,但评估的原因无外乎以下一个或几个主要原因:项目改进、责任承担力、知识生产、政治诡计或公共关系。"社会项目(或政策)使用的是纳税人的钱,同时社会项目也为社会带来了收益。因此,对社会投资负有责任的人就希望有效地利用资源,并让资源产生实际的收益。"[①] 系统的政策评估可以使政策制定者和一般公众认识了某些政策实际效果,并为政策讨论提供了某种现实的背景。通过政策评估,检视政策目标与政策执行的妥适性,可以全面、准确

---

① [美]彼得·罗西、霍华德·E. 弗里曼、马克·W. 李普希:《项目评估:方法与技术》,邱泽奇等译,华夏出版社2002年版,第30—31页。

地掌握政策制定及政策决策、政策执行的实际情况和政策过程各主要功能环节中的各项责任归属,使各类政策主体对各自的政策决策失误及其后果、政策执行不力及其后果、政策失败及其后果,明确其责任所在,并且承担相应的全部责任,而绝不能因决策失误或政策执行不力而推卸责任。从这个意义上说,政策评估有着促进宪政民主政体下的"责任政治",以及建设"有限政府"(limited government)和"责任政府"(responsible government)的功能,对民主法制社会中的"责任政治"和"责任政府"建设以及行政管理中的"问责制"(accountability system or responsibility-ascertained system)的建构,都具有积极的意义。

总之,公共政策评估是整个政策过程的重要一环。在当今世界各国特别是发达国家,政策科学研究发展的新趋势是,政策绩效评估已成为公共政策研究的热点,如美国的"重塑政府运动(Reinventing Government Movement)"、日本的"新行动审议会"、英国的"新公共管理运动(New Public Management Movement)"无不反映了这一点。在理论上,政策评估"正朝着独立学科的方向发展"[①],逐步形成了自己独特的模式和方法,强调进行跨学科研究(interdisciplinary study),如充分借鉴了社会学中建立的社会指标体系方法和实验(experiment)与准实验(quasi-experiment)分析、经济学中的成本-收益分析(cost-benefit analysis)、政治学中的政治与管理的理性原则等。

## 二、公共政策评估中的公共权力博弈

公共政策评估中的关键问题是确立政策评估主体,即解决由哪些人进行政策评估的问题。公共政策评估主体就是依法有权直接或间接地参与公共政策评估过程的个人、团体或组织。无论是政府评估抑或是民间评估,也不管是正式评估或者是非正式评估,其对于评估者都有一定的要求,如法定的评估权力,一定的专业理论和方法素养,相关政策领域的政策知识,一定的政策分析能力,客观公正的评估态度;不畏权势、不怕困难的敬业精神,等等。在公共政策评估过程中,公共政策评估主体构成因素的差异,都会对公共政策评估过程和结论产生很大的影响。

---

① 张金马:"政策科学译丛总序",《公共政策词典》,上海:远东出版社1992年版,第3页。

1. 基于权力多元化的政策评估

政策是价值的具体表达,涉及资源和权力的分配。① 如果说公共政策过程是公共权威机关基于公共权力运作而进行公共资源分配进而实现公共目标和公共利益的过程,那么,公共政策评估就是通过对政策方案、政策过程和政策效果的评价促进公共权力合理配置公共资源,追求公共价值,维护公共利益,实现公共目标的基础,也是实现公共政策过程民主化、科学化和规范化的必由之路。对公共政策进行评估,形式上是对政策方案执行前、执行中和执行后的评价,实质上则是行政权与公民权的再分配。② 公共政策主体主要是指国家权力主体,在实际政治生活中,国家公权力体系中最为典型的有立法权、司法权和行政权。这些权力迄今都是国家统治社会的主要权力。其中,行政权是最具扩张性与侵略性的权力,是国家权力最核心的一种体现。在当代社会中,国家的行政权力日益扩张,甚至出现了"行政国家"或"以行政为中心"(executive-centered)的现象,行政机关在公共政策过程中的地位和作用更加日趋重要。行政权扩张就如一把双刃剑,通过履行其执行和管理的职能产生的社会效益是巨大的,但是如果控制不好,则会后患无穷。公共政策制定者基于公共权力制定政策时总是声称服务于公共利益,但是正如公共选择学派所论证的,政府等公共政策制定者都是经济人,都会追求自身利益的最大化。政治家、官僚和普通人一样具有自利性,在制定公共政策时,并不总是服务于公众的利益,因此,他们制定和实施的公共政策,必须要接受检查和评估。伴随着民主和社会发展,国家权力内部分权的社会化,出现了立法权的社会参与,行政权通过参权、委托、授权和还权等形式实现向社会的部分转移,在社会多元化的基础上逐渐实现了权力主体的多元化。③ 可是,即使国家正处于削弱其机构和功能的过程中——"去规制社会",也没有人可以质疑:当市场逐步接纳这些职能的时候,需要取得国家的授权。④ 尽管如此,国家权

---

① [加]梁鹤年(Hok Lin Leung):《政策规划与评估方法》,丁进锋译,中国人民大学出版社 2009 年版,第 33 页。

② 姜国兵、蓝光喜:《重构公共政策评估——基于公民权与行政权相对平衡的分析》,载《中国行政管理》2008 年第 8 期。

③ 郭道晖:《权力的多元化与社会化》,载《法学研究》2001 年第 1 期。

④ [美]乔尔·S. 米格代尔:《强社会与弱国家——第三世界的国家社会关系及国家能力》,张长东、朱海雷、隋春波、陈玲译,凤凰出版传媒集团、江苏人民出版社 2009 年版,第 17 页。

力已不再是唯一的权力,与之并存的还有人民群众和社会组织的社会权力,有凌驾于国家权力之上的、由各国政府组成的国际组织的超国家权力,以及国际非政府组织的国际社会权力。① 其中,作为制衡国家权力的社会权力是指社会主体以其所拥有的社会资源对国家(政府)和社会的影响力、支配力、强制力。此外,从"权力对象说"的视角看,权力也并非国家所独有,甚至不局限于合法社团;权力可以扩大到一切同行使权力有关的种种形式,人们只有通过对社会互动体系的描述才能揭示其中存在的影响、力量和权威。② 不同的社会权力主体共同参与公共政策评估本身就是社会权力制衡国家(政府)权力的一种方式。

2. 分权改革中的政策评估

政府的高高在上,使公民难以接近并对公民的需要感觉迟钝。高度集权化的组织被看作是封闭式的官僚制的缩影。而分权被认为是使这种系统开放并使其"降低官僚化程度"的必要手段。③ 在20世纪80年代,以英国撒切尔内阁和美国里根政府为代表的西方发达国家均出现了大规模的政府再造运动,到20世纪90年代,这一运动已经成为席卷欧美主要发达国家以及其他发展中国家和转型国家的一场声势浩大的世界性行政改革浪潮。这一运动被冠以不同的称号,如管理主义(managerialism)、以市场为基础的公共管理(market-based public administration)、企业型政府(entrepreneurial government)、新右派(New Right)、新治理(New Governance)等。④ 其中以新公共管理(New public management)最为代表。以新公共管理为标志的行政改革运动,主张采用私人部门管理主义的理论、技术和方法对公共部门进行全方位的改革和再造,分权化改革成为公共部门管理尤其是政府管理领域的一股新的改革潮流。新公共管理倡导以公众需要为导向,以灵活、富有效率的管理手段实现部门的目标,注重服务质量和工作结果。同时,新公共管理

---

① 郭道晖:《社会权力与公民社会》,译林出版社2009年版,第36页。
② [法]莫里斯·迪韦尔热(Maurice Duverger, 1917— ):《政治社会学——政治学要素》(Sociologie de la Politique; Éléments de Science Politique),杨祖功、王大东译,华夏出版社1987年版,第11—16页。
③ [美]菲利克斯·A.尼格罗、劳埃德·G.尼格罗:《公共行政学简明教程》,郭晓来等译,中共中央党校出版社1997年版,第111—142页。
④ 张成福:《公共行政的管理主义:反思与批判》,载《中国人民大学学报》2001年第1期。

提倡用授权(authorizing)和分权(decentralization)来对外界迅速做出反应，主张转变政府职能，广泛采用授权或分权的方式进行管理，鼓励各类公共组织参与社会公共事务的管理。按照戴维·奥斯本和特德·盖布勒在《改革政府：企业家精神如何改革着公共部门》(Reinventing Government: How the Entrepreneurial Spirit Is Transforming the Public Sector)一书中的概括，新公共管理范式下的政府改革主要有十个方面的原则：起催化作用的政府，掌舵而不是划桨；社区拥有的政府，授权而不是服务；竞争型政府，把竞争机制注入提供服务中去；有使命感的政府，改变照章办事的组织；讲究效果的政府，按效果而不是投入拨款；受顾客驱使的政府，满足顾客的需要而不是官僚政治的需要；有事业心的政府，有收益而不浪费；有预见的政府，预防而不是治疗；分权的政府，从等级制到参与和协作；以市场为导向的政府，通过市场力量进行变革。他们指出："授权是美国的一项传统，历史同开拓边疆时代一样长久。"这10项原则构成了新公共管理改革的主体内容和分析框架，它标志着政府公共组织结构从大型化、合理化、等级制的官僚组织模式转向分散化、独立化、分权化和灵活性的"企业家政府"组织模式。奥斯本和盖布勒提出要"把所有权从管理机构那里夺过来送到社区去"。他们认为，在50年前，权力集中的机构是必要的。因为当时的信息技术还呈原始状态，不同地方的交流很缓慢，公共机构雇员的教育程度相对很低。但是在今天的信息时代，分权的机构有许多优越性，"比集权的机构有多得多的灵活性；更有效率；更具创新精神；能产生更高的士气、更强的责任感、更高的生产率"[1]。新公共管理理论主张从社会公众的角度出发采取有效措施，为公众提供公平、高效、透明的服务以获得公众对政府工作的支持。

美国著名公共管理学者戴维·H.罗森布罗姆(David H. Rosenbloom)和罗伯特·S.克拉夫丘克(Robert S. Kravchuk)在《公共行政学：管理、政治和法律途径》(Public Administration: Understanding Management, Politics and Law in the Public Sector)一书中指出，传统管理、政治、法律的观点都倾向于认为，如果允许行政人员个人有太多的自由裁量权(discretionary authority)，执行将会出现问题。然而，新公共管理则主张行政管理者拥有广

---

[1] [美]戴维·奥斯本、特德·盖布勒：《改革政府：企业家精神如何改革着公共部门》，周敦仁译，上海译文出版社2006年版，第22—23、186—188页。

泛的自由裁量权(broad discretion)。① 政府在下放权力、规范治理的过程中变直接微观管理为间接宏观管理,通过营造良好的治理环境推进各项工作的开展。英国公共管理学者安德鲁·梅西(Andrew Massey)指出,改革的目标还包括"缩小"国家的角色和范围……将大量决策(主要是经济决策)非政治化并将其托管给专家,而不是像原先的政客和官僚那样迫于服务于自身利益的利益集团的压力而做出的带有极大随意性的决策……通过赋予公民不可剥夺的财产权和确保公民个人的自由确定公私部门的区分,以较为灵活的方式保障其免受国家权力的侵害,并防止公务员和民选政治家经受不住诱惑而独断专行,朝令夕改,滥用公民授予的权力。② 新公共管理分权改革的合乎逻辑的结果就是对产出控制的格外重视和对绩效评估的强调。依据交易成本理论和委托—代理理论,实施质量管理、目标管理、战略管理和绩效评估等方法,以提高政府的整体效率。正如英国公共管理学者克里斯托弗·C.胡德(Christopher C. Hood)所指出的,根据所测量的绩效将资源分配到各个领域,因为"需要重视的是结果而非过程"。③ 20世纪90年代以来,一些发达国家相继开展了公共政策绩效评估工作。其中,韩国的制度评估、日本的政策评价、美国的政策规定绩效分析、法国的公共政策评估都具有较强的代表性。④

韩国政府内部不仅设立了政策分析与评估局,而且还成立了独立的政策评估委员会。⑤ 除了专门的政策评价委员会,还有直属于国务总理的政策协调办公室(Office of Government Policy Coordination,OPC),以及在政府内部专门设立的政策分析与评价局。日本的行政评价局负责对内阁和政府部

---

① Rosenbloom, David H. and Robert S. Kravchuk. 2005. *Public Administration: Understanding Management, Politics and Law in the Public Sector*, 6th ed. The McGraw-Hill Companies, Inc. p.351.

② Massey, A. 1993. *Managing the Public Sector: Comparative Analysis of the United Kingdom and the United States*. Aldershot, U.K.: Edward Elgar Publishing Limited. pp.7—8.

③ Hood, Christopher. 1991. "A Public Management for All Seasons". *Public Administration*, Volume 69, Issue 1:3—19.

④ 姚刚:《国外公共政策绩效评估研究与借鉴》,载《深圳大学学报(人文社会科学版)》2008年第4期。

⑤ 吴江:《国外政策科学研究与我国政策科学教育》,载《中国行政管理》1999年第12期。

门的各项政策实施全面深入的绩效评价,同时对政府部门已实施的政策评价实施再评价。有一个专门进行政策评估的主管部门,能增强政策评估的组织保障,从而避免政策评估成为政府部门运动式或阶段式的活动,使政策绩效评估工作趋于连续,并使评估的权威性得到保障。法国1989年成立国家研究评估委员会,领导跨部门的评价工作,有16个法律法规条款对该机构从职能机构、人员组成、评估费用等作了明确的规定。1993年美国《政府绩效与结果法案》(Government Performance and Results Act,GPRA)要求到2000年联邦政府的各个机构都在实际上使用绩效评估制度,进行绩效管理。美国的"国家绩效评议委员会",负责对联邦政府的政策制定框架和政策绩效进行评价。在政策评估的过程中,除了专业政策评估从业人员外,会积极吸纳民间人士的参与,使政策评估不再局限于精英阶层,公众意志得到充分表达和尊重。在《政府绩效与结果法案》指导下,美国国家绩效评估委员会建立了一整套较为完善的评估体系,从不同角度不同程度地反映了政策的质量、经济、效率、效果等绩效标准。

新公共管理运动以深化改革政府绩效评估为主要内容,实现政府民众本位和服务取向,大大缓和了长期以来存在于政府与民众之间的矛盾。

3. 从授权到赋权

经历长达二十年之久的新公共管理改革之后,在现代公共部门的第二轮改革中,作为对新公共管理改革中出现的一些消极问题的回应,改革的重点已经从结构性分权、机构裁减和设立单一职能的机构转向整体政府。整体政府,起初被称为"协同政府"(joined-up government,JUG)[1],它的含义非常广,既包括决策的整体政府与执行的整体政府,也包括横向合作或纵向合作的整体政府;整体政府改革的实施可以是一个小组、一级地方政府,也可以是一个政策部门。[2] 整体政府的概念并不是一组协调一致的理念和方法,最好把它看成是一个伞概念(umbrella term),是希望解决公共部门和公共服务中日益严重的碎片化问题以及加强协调的一系列相关措施。[3] 整体政府

---

[1] Bogdanor, V., ed. 2005. *Joined-up Government*. Oxford: Oxford University Press.

[2] Pollitt, C. "Joined-up Government: A Survey". *Political Studies Review*, Vol. 1 (1), 2003:34—49.

[3] Ling. T. 2002. Delivering Joined-Up Government in the UK: Dimensions, Issues and Problems. *Public Administration*, 80 (4): 615—642.

(Holistic Government)理论认为,传统管理存在转嫁问题、重复浪费、互相冲突、缺乏沟通、部门主义、各自为政等缺点,导致公众无法得到公共服务,或对得到的公共服务感到困惑,他们常常不知道到那里去获得恰当的公共服务。所有这些问题必须通过协调、合作、整合或整体性运作进行解决,即在公共政策与公共服务的过程中,采用交互的、协作的和一体化的管理方式与管理技术,促使各种公共管理主体(政府、社会组织、私人组织以及政府内部各层级与各部门等)在共同的管理活动中协调一致,协同行动,达到功能整合、消除排斥的政策情境,进而有效利用公共资源,为公民提供无缝隙服务。挪威公共行政学者汤姆·克里斯滕森(Tom Christensen)、佩尔·拉格雷德(Per Lægreid)认为,整体政府比专门化和职责的清晰更加适合,这是对新公共管理中公共部门的"各自为政"或"部门主义"的反动。我们所看到的整体政府是在加强中央权力的方向上对新公共管理基本模式的调整,而不是根本性的变革。① 协同政府与整体政府都很重视发挥政府的积极作用,这一般也被认为是一件好事。但是正如英国公共政策学者爱德华·C.佩奇(Edward C. Page)所强调的,它们所反对的"各自为政"却也有充分的存在理由②。另一位著名的公共管理学者克里斯托弗·波利特(Christopher Pollitt)也指出,职责清晰的组织边界不应仅仅被视为一种过时的思想的标志。他认为,尽管其他的标语(伙伴关系、电子政府、协同政府)可能已经占据了改革的重要部分,但是新公共管理并没有受到严重挑战。向更加分权化、合同化、以产出为导向的体制转变的进程并没有受到多大的干扰(remains undisturbed)。新的改革类型通常是对新公共管理改革成果(inheritance)的进一步发扬光大,而不是简单地取而代之。③ 整体政府强调协商、协调和协同,协商是"整体政府"的题中应有之义,它的范围极其广泛:不仅包括内阁内部的协商,参与跨部门的特殊任务、计划或项目各部之间的协商,还包括联合提供服务的专业机构之间的协商。

---

① 汤姆·克里斯滕森(Tom Christensen)、佩尔·拉格雷德(Per Lægreid):《后新公共管理改革——作为一种新趋势的整体政府》,张丽娜、袁何俊译,载《中国行政管理》2006年第9期。

② Page, Edward C. 2005. Joined up Government and the Civil Service, in Bogdanor, V., ed. *Joined up Government*. Oxford: Oxford University Press. pp. 139-155.

③ Pollitt, C. 2003. *The Essential Public Manager*. Maidenhead and Philadelphia: Open University Press and McGraw Hill. pp. 49-50.

美国著名公共管理学者罗伯特·丹哈特夫妇基于对传统公共行政和新公共管理理论的反思,特别是针对作为新公共管理理论之精髓的企业家政府理论缺陷的批判而提出新公共服务理论。丹哈特夫妇指出,"所谓新公共服务,指的是关于公共行政在以公民为中心的治理系统中所扮演的角色的一套理念"[①]。罗伯特·丹哈特夫妇在民主公民权(Democratic Citizenship)、社区和市民社会的模型(Models of Community and Civil Society)、组织人本主义(Organizational Humanism)和后现代主义(Postmodernism)等理论和模型的基础上,从七个方面阐述了新公共服务理论的基本内涵:①服务于公民,而不是服务于顾客;②追求公共利益;③重视公民权胜过重视企业家精神;④思考要具有战略性,行动要具有民主性;⑤承认责任并不简单;⑥服务,而不是掌舵;⑦重视人,而不只是重视生产率。[②] 新公共服务理论强调公共政策过程中的公民参与和社区建设,关注建设政府与公民之间、公民与公民之间的信任与合作关系,重视公民权和公共服务。在新公共服务中,共同领导(shared leadership)、合作(collaboration)和赋权(empowerment),无论是在该组织内部,还是该组织外部,都已成为规范。[③]

20世纪70年代末以来,政策网络研究取代多元主义(pluralism)、法团主义(corporatism)以及其他的传统模式,成为英、美与欧洲政策分析的共同途径。政策网络是指互赖行动者之间或多或少稳定的社会关系型态,以形成政策问题或政策计划。政策网络可视为利害关系者与国家机关各部门之间建立例行化的互动模式,对关心的议题进行沟通与协调,使得参与者的政策偏好被满足或是政策诉求获得重视,以增进彼此的政策利益。通常说来,政策网络内的行动者包括行政人员、国会议员、学者专家、利益团体等,与该政策有利害关系的个人或团体,这些个别行动者或团体因为法定权威、资金、信息、专业技术与知识等资源的相互依赖,而结合成行动联盟或是利益共同体。英美学者视政策网络为一个政策领域的国家与社会关系模式,德国学者认为政策网络是跳出传统官僚与市场机制的新的治理型态。90年代前后,政策网

---

① Denhardt, Robert B., Denhardt, Janet Vinzant. 2000. The New Public Service: Serving Rather Than Steering. *Public Administration Review*, Vol. 60, Issue 6: 549—559.

② Janet V. Denhardt and Robert B. Denhardt. 2003. *The New Public Service: Serving, Not Steering*. Armonk, N.Y.: M. E. Sharpe, Inc. pp. 42—43.

③ Janet V. Denhardt and Robert B. Denhardt. 2003. *The New Public Service: Serving, Not Steering*. Armonk, N.Y.: M. E. Sharpe, Inc. p. 167.

络研究与治理理论结合,产生了运用政策网络框架来解释当前的网络治理理论(theory of network governance)。网络治理理论认为,治理战略分为经营管理和网络构建。前者是指对现有网络结构内的关系进行管理,常常需要政府为妥协创造出共同决策的环境;后者则指改变或参与网络结构的努力,这包含更多的介入式参与,要求改变行为主体之间的关系,转变资源分配方式,寻求政治上的变动。①

在新治理理论中,社会—控制论研究方法(the social-cybernetic approach)强调了处于中心的行动者进行管理时所受到的限制,声称不再有单一的主权权威。替代它的是:每个政策领域特有的多个行动者;这些社会—政治—行政行动者之间的相互依存;共同的目标;界限模糊的公共部门、私人部门以及志愿部门;行动、干预以及控制方式的多样化和新出现的方式。治理成了互动式的社会政治管理方式的结果。② 另外,治理是一个比政府管理范围更广的术语,政府、私人部门以及自愿部门可以在服务功能上进行任意的替代。在实际中,莱斯·麦特卡佛(Les Metcalfe)和苏·理查兹(Sue Richards)就把公共管理定义为"通过其他组织解决问题",③并且强调其实治理是关于网络管理的。正如让—彼埃尔·戈丹(Jean-Pierre Gaudin)所说,"治理从头起便须区别于传统的政府统治概念"。传统上,政府统治的权力运行方向总是自上而下的,它运用政府的政治权威,通过发号施令、制定政策和实施政策,对社会公共事务实行单一向度的管理。与此不同的是,治理则是一个上下互动的管理过程,它主要通过官民合作、协商、伙伴关系、确立认同和共同的目标等方式实施对公共事务的管理。治理的实质在于建立在市场原则、公共利益和认同之上的合作,是政府与公民对公共生活的合作管理,是使公共利益最大化的管理。其管理机制所依靠的主要不是政府的权力和权威,而是合作网络的分享的权力和权威。其前提假设是"多中心"理论,其权力向度是多元的、相互的,而不是单一的和自上而下的。

纵观西方各国公共管理改革进程中分权的实践经验可以看出,政府分权

---

① 唐兴霖、尹文嘉:《从新公共管理到后新公共管理——20世纪70年代以来西方公共管理前沿理论述评》,载《社会科学战线》2011年第2期。

② Rhodes, R. A. W. 1996. The New Governance: Governing Without Government. *Political Studies*, Vol. 44, No. 4:652—667.

③ Metcalfe, L. and Sue Richards. 1990. *Improving Public Management*, 2nd ed. London, U.K.: Sage. p. 220.

主要包括政府系统内部的分权,政府系统内部和外部之间的分权、授权。分权、授权的结果是公共政策绩效评估越来越必要,而且评估主体的多元化和专业化也显得越来越重要,同时,进一步赋权,推进公民参与的民主化的政策评估也成为发展的必然趋势。

## 三、我国公共政策评估的权力逻辑分析

在社会转型时期,我国公共权力已形成政府、市场、社会和公民相互博弈的状态,出现了社会公共资源重新分配的格局。在这一大背景下,公共政策评估是公民权利制约公共权力、社会权力制衡公共权力的必然选择。但现实的政策评估却存在着种种问题与困难,有的评估活动难以展开,有的评估则只是一种形式而并无实效。在20世纪80年代中期甚至出现了所谓的"认同危机"(identity crisis)。有不少批评者认为,评估研究虽然投入了大量的人力和物力,但其研究成果在政策过程中的利用率并不高。[①] 在政策评估所面临的种种困难和障碍中,人为的抵制是最直接的,也是最为严重的。究其原因,根本上还在于公共权力博弈中行政权与公民权的非均衡发展态势,主要是行政权总是试图垄断公共权力,挤压社会权力的空间,其结果往往是侵蚀了公民权利的领域。

1. 简政放权,实现政策评估主体的多元化

由于公共权力的性质是保障个人权利实现的手段,所以,公共权力只是个人权利的一种伴随物。权力作为权利的产物,它的正当性来源于权利。权利和权力之间的关系只是一种委托关系,一种监督与被监督的关系,其运行只有依民主范式方能取得其正当性。公共权力的运行是否具有妥适性、是否实现了公共利益则需要对其实施的政策及其结果进行评价。"依绝对公正的原则来评断,凡照顾到公共利益的各种政体就都是正当或正宗的政体;而那些只照顾统治者的利益的政体就是错误的政体或正宗的政体的变态(偏离)。"[②]

公共权力在运作过程中会出现异质性而与权利对立。"权力导致腐败,绝对的权力绝对地会导致腐败。"[③] 政治场域中的和经济场域中的人一样受到

---

[①] Dennis J. Palumbo and David Nachmias. The Preconditions for Successful Evaluation: Is There an Ideal Paradigm? *Policy Science*, 16, 1983: pp.67—79.

[②] [古希腊]亚里士多德:《政治学》,吴寿彭译,商务印书馆1965年版,第132页。

[③] [英]阿克顿:《自由与权力——阿克顿勋爵论说文集》,侯健、范亚峰译,商务印书馆2001年版,第342页。

自身利益的驱动。作为权力的行使者，人存在非理性的一面，因而一切权力都存在被滥用的可能性。正如法国思想家孟德斯鸠所说，"一切有权力的人都容易滥用权力，这是万古不易的一条经验。有权力的人们使用权力一直到遇有界限的地方才休止"。因此，"要防止滥用权力，就必须以权力约束权力"①。"控权"作为现代法治的基本精神，首先应该体现在公共政策过程和运行体制之中。从这个意义上说，公共政策过程中的政府决策权应与执行权、监督权适度分离，并进一步分权、放权，还权于民。通过在政府内部科学设置机构和有效配置职权，建立健全决策、执行、监督既相互制约又相互协调的权力结构和运行机制，实现民主化、科学化的决策，通畅、高效的执行，全面、有力、到位的监督。真正的监督来源于体制外的力量，来自于公民参与的监督和公众的评价，应该建立在"第三方"独立、客观、公正的评估基础之上。

但吊诡的是，评价政府政策制定和执行的政策评估还是由政府来主导的。金伯利·A.弗雷德里克斯（Kimberly A. Fredericks）、乔安妮·G.卡曼（Joanne G. Carman）和托马斯·A.伯克兰（Thomas A. Birkland）从21世纪评估在一个充满挑战和授权（authorizing）的环境中，政府间和组织间关系因素从评估影响的角度对评估进行了研究，认为现有的评估理论缺少从政府间（中央和地方）、多个组织间共同发起评估这一视角来设计、制定、执行和评价政策或项目的考虑。弗雷德里克斯等人指出，近些年项目评估发生的变化主要体现在中央政府向地方的放权，服务提供中非政府组织参与的扩大，人们对政府效率的关注，以及社会服务的提供所涉及的利益相关人的增多。这些公共管理中的发展趋势对评估提出了严峻的挑战。弗雷德里克斯等人从政治和制度的安排及政府的管理和执行两个方面讨论了环境变化对评估的影响以及应对的策略，指出通过增加多方的沟通，建立信任的方法满足多方需求，以应对复杂局面是最重要的方式。②

长久以来，我国公共政策评估主要由各级政府负责，评估主体都是以政府机关为主的，其他公共组织和公民个体参与政策评估的积极性、主动性不

---

① ［法］孟德斯鸠:《论法的精神》（上册），张雁深译，商务印书馆1982年版，第160页，第154页。

② Fredericks, K. A., Carman, J. G., &. Birkland, T. A. 2002. Program Evaluation in a Challenging Authorizing Environment: Intergovernmental and Interorganizational Factors, in R. Mohen, D. J. Bernstein &. M. D. Whitsett, eds. *Responding to Sponsors and Stakeholders in Complex Evaluation Environments: New Directions for Program Evaluation* (95). San Francisco, C. A.: Jossey Bass. pp. 5—22.

强,难以体现政策评估的客观公正原则。公共政策评估的一个基本假设是,任何一项公共政策或公共政策过程都不可能是完美无缺的;而公共政策评估的目的就是要从政策运行过程中发现问题,分析政策出现问题的原因,进而调整相关政策以提高公共政策绩效。但是,政策制定者往往基于自身利益的考虑而强调政策的正确性。正如日本公共政策学者药师寺泰藏所指出的,一般来说,在许多政策问题上,我们尚不具备可供依据的理论和逻辑。因此,政策当局势必试图强调某项政策干预是正确的,并取得了效果。[①]

突破政策评估困境的一个重要路径就是要改变目前评估主体单一化的现状,公共政策评估可以参照 360 度绩效评估以及国外的成功经验,在目前官方绩效评估的基础上,实行政府、党的组织、权力机关(人大)、专业评估组织(包括大专院校和研究机构)、社会组织和公众特别是受到政策影响的利益相关者群体代表等多元评估主体的结合,实现评估主体多元化。

实现评估主体多元化的关键是要简政放权,防止行政权垄断公共权力,保障公民权,发挥不同社会权力在政策评估中的作用和影响力,充分认识到评估工作绝不是政策过程中可有可无的环节,它不仅是一种利益表达与综合的渠道,也是实现公共政策民主化和科学化的重要保障。通过公共政策评估,可以减少政策失误和执行阻力,提高行政效率,它不是某种附属的政治陪衬物,更不是个别机关和个人谋取私利的工具。同时,任何一项公共政策必然涉及到社会资源的分配,为防止决策者随意决策、执行者滥用职权,必须通过制度把评估结论与有关人员的奖惩直接联系起来,真正实现政策过程的权责利相统一。

2. 积极授权,推动政策评估的专业化和独立性

一般来说,政府的人员常常偏好于证明自己的政策是有效的,而且在政府的内部也往往存在着各种各样利害关系的制约。因此,要求政府在对自己所制定政策进行评估的时候做到客观几乎是不可能的。另外,由于受传统文化的影响,政府的工作人员更习惯于服从上级的领导,为了自身前途也不会去反驳领导。这会导致公共政策评估的信息源受到上级政府部门偏好的影响,使得最后公共政策评估的结论不准确。所以,公共政策评估在简政放权和分权的基础上,积极推动外部评估,授权第三方(authorizing a third-party)

---

① [日]药师寺泰藏(薬師寺 泰藏,やくしじ たいぞう):《公共政策》,张丹译,经济日报出版社1991年版,第63页。

实施政策评估。

外部评估的优点首先在于外部人(outsiders)能够保持一个相对客观的、中立的立场(impersonal and neutral position);其次,外部评估者(the outside evaluators)更可能具备进行评估所必须的专业技能。美国学者彼得·H.罗西(Peter H. Rossi)等人认为,理想上,每个从事评估研究的人都应该具备社会科学研究的基本知识。① 外部评估的缺点则在于,由于外部评估(申请)接受有关单位的委托,因而在评估经费、评估资料等方面容易受到委托人的控制。同时,各种外部独立评估者自己组织的评估在获取评估所需的资料和经费方面也存在很大的困难,受到很大局限。美国加州大学洛杉矶分校公共政策教授詹姆斯·Q.威尔逊(James Q. Wilson)在一篇批评社会政策评估的论文中,提出了政策评估的两条通则(general laws)②:威尔逊第一法则(Wilson's First Law),即所有介入社会问题的政策都会是产生预期效果的——如果研究是由执行政策的人或他们的朋友进行的话(All policy interventions in social problems produce the intended effects—if the research is carried out by those implementing the policy or their friends)。威尔逊第二法则(Wilson's Second Law):没有一个介入社会问题的政策会是产生预期效果的——如果研究是由独立的第三方,特别是那些对政策持怀疑态度的人来进行的话(No policy intervention in social problems produces the intended effect—if the research is carried out by independent third parties, especially those skeptical of the policy)。正因为如此,在封闭的政府体制中,政府没有足够的胸怀承受外部对于自己执政能力的怀疑和评判,因而独立的第三方评估往往不容易得到政府的授权评估。美国评估协会(American Evaluation Association, AEA)前任会长、政策与项目评估学者迈克尔·斯克里汶(Michael Scriven)认为,政策评估过程中作为评估对象的组织和个人当中常常存在着一种"评估恐惧症(evaluation phobia)",即个人及组织对仔细检视其决策逻辑的恐惧(the fear that individuals and organizations have about carefully examining the logic of their own decisions)。组织的惰性(organizational inertia)也是评估的一个障碍。美国著名政策学家艾伦·维

---

① [美]彼得·罗西、霍华德·E.弗里曼、马克·W.李普希:《项目评估:方法与技术》,邱泽奇等译,华夏出版社2002年版,第23页。

② Dye, Thomas R. 2002. *Understanding Public Policy*, 10th ed. Englewood Cliffs, N.J.: Prentice-Hall. pp. 323—324.

尔达夫斯基(Aaron Wildavsky)认为,评估(evaluation)与组织(organization)是相互矛盾的,原因是组织追求稳定而评估必然带来变动。所以,要做好评估确实不是一件容易的事情。评估者本身必须是一位"勇敢者"(a brave man),不畏权势,不怕困难,在经过客观、审慎的研究后,认为要改变,就会果断地采取具体行动,做必要的改变。由此看来,评估是一种"精神"、一种"伦理",即所谓的"评估伦理"(evaluation ethics)。①

发展第三方评估的独立评估,重要的是进一步授权成立独立的评估机构,授权进行独立评估。

首先,要建立独立的评估机构。在这方面,美国的兰德公司、斯坦福国际咨询研究所、布鲁斯金学会、美国企业公共政策研究所,日本的野村综合研究所、三菱研究所,英国的伦敦国际战略研究所等的成功经验对我国建立独立的专职政策研究和评估中介组织具有积极的借鉴意义。如日本会计检查院作为日本的最高审计机关(Supreme Audit Institution,SAI),行使着独立的审计监察权和财政监督权,还拥有特别检查权。国会可以要求会计检查院对特定事项进行检查,并将检查结果直接报告国会。可以从法律的依据和财政民主主义的观点出发考察会计检查院独立性的意义。② 会计检查院是从法律角度,对决算的合法性和合适性进行审查,国会则是基于政治高度,为明确内阁的预算执行责任而进行审查③,"宪法之所以将有关决算的最终统制权赋予国会,亦是国会中心的财政原理之归结"④。根据1997年新修订的会计检查院法第三十条的规定,国会可以要求会计检查院对特定事项进行检查,并将检查结果直接报告国会。评估者要维持其客观性及独立性,只有保证评估组织的超脱地位,才能有效地避免评估工作不受政府的干扰,实现评估工作的客观性、独立性。

其次,评估者的地位要有周全的职业保障。如美国联邦审计局(General Accounting Office,GAO)担任考核、评估联邦政府各单位预算执行的情形,

---

① See Wildavsky, Aaron. 1979. *Speaking Truth to Power: The Art and Craft of Policy Analysis*. Boston, MA: Little, Brown and Company.

② 西川伸一. 2005. 会計検査院の独立性をいかに強化するか——鴻池「決算革命」の動向にかかわらせて. 政経論叢. 第 74 巻第 1・2 号. 125—160 頁。

③ [日]柳原修:《日本的国会与政治》,邢文柱、邢文良译,北京中国广播电视出版社2008年版,第111页。

④ [日]阿部照哉、池田政章、初宿正典、户松秀典:《宪法(上)——总论篇、统治机构篇》,周宗宪译,北京中国政法大学出版社2006年版,第445页。

责任重大。它对国会负责,其首长任期为 15 年,以为保障。① 日本《会计检查院法》第三条就"院长的任命"作出具体规定:"(院长的任命)会计检查院院长由检查官互选,并由内阁加以任命。"②《会计检查院法》第五条专门就"检查官的任期及退休年龄"作出了具体的规定:检查官的任期为七年,只得连任一次。根据《会计检查院法》的规定,检查官在任期届满前,不得随意罢免。检查官的任职年龄不得超过65岁,到了法律规定的年限,检查官即应退休。根据其他检查官的合议,如认为某检查官因身体疾病不能履行自己的职务或认为其有失职行为时,并在参众两院作出决议认定合议有效时,该检查官则自动失去其官职。在任检查官由于某种原因而辞职或罢免时,后任检查官的任期到前任者规定的任期期满为止。

　　第三,评估过程中的信息公开。信息系统不健全、信息设备不完善,信息管理不到位,网络化管理意识淡薄等问题是独立评估中的突出难题。在信息化社会快速发展的今天,这种落后的信息意识和信息管理体制造成政策评估难以及时对有效数据和资料进行加工和整理,评估所获数据资料残缺不全或陈旧滞后,严重阻碍客观、公正、科学的政策评估。针对这种由于信息不对称而导致的公共政策评估中评估障碍,政府应进一步落实信息公开法律和相关政策,完善信息公开制度,从封闭政府走向开放政府,使公共政策评估参与主体在评估前可从有关部门那里获取评估对象的全面、真实信息,建立一个完善的信息系统进行及时的信息收集、分析,以满足对公共政策评估的信息需求。

　　最后,评估者要有独到的评估理论视角、方法和技术。评估在某种程度可以被看作是一种政策分析的过程。因为评估者实际上就是通过搜集相关信息,运用定性与定量分析方法和技术,对相关政策进行分析,确定该政策及其执行与影响的优缺点,供决策者参考。卡罗尔·H. 韦斯(Carol H. Weiss)认为,由于政策评估本质上包含了政治性质,所以,为了提高评估研究的效果和公正性,必须以对政策或项目得以形成和执行的制度机构和过程及其社会条件的更彻底的理解为前提。这就是说,评估研究要以客观事实为依据,克服在微观层次上的方法论缺陷。评估者只有"在对政治体制内的其他行为者所关心的事情、他们的动机、评估活动上的障碍或机会、评估活动上的制约因素和可能性等具有洞察力的时候,才可以做出独到的和在战略上有用的政策

---

　　① 朱志宏著:《公共政策》,三民书局 1991 年版,第 292 页。
　　② 会計検査院法・第 3 条:会計検査院の长は、検査官のうちから互選した者について、内閣においてこれを命ずる。

评估"①。如果方法论上存在缺陷,就会直接影响评估结果,从而影响政策评估本身。美国著名评估研究学者、评估协会(American Evaluation Association,AEA)前任会长迈克尔·奎因·帕顿(Michael Quinn Patton)在其1986出版的《以利用为中心的评估》一书中也强调说方法论的质量和水平以及方法论的适合性是影响评估利用的重要因素。② 总之,方法论上的科学性是评估者和评估机构得以维持其独立性、专业性和科学性的先决条件。

3. 充分赋权,推动政策评估的公开化和公民参与

在公共政策过程中,政策评估作为一个功能环节是基于公共权力运作而实现的对政策过程和政策效果的评价和判断。公共权力只是手段而不是目的。由于公共权力的性质是保障公民权利实现的手段,所以,公共权力只是公民权利的一种伴随物。从这个意义上说,公共政策评估是保障公民权利、创造公共价值、实现公共利益的手段。公共政策评估的公开化说到底就是公共权力运行的公开化。其基本路径是在放权、分权、授权的基础上,通过信息公开制度的实施,强化官民合作,促进公民参与,并积极赋权(empowering),实现权力共享(sharing power)。

20世纪70年代以后,在对传统评估理论进行批判的基础上产生了所谓的"第四代评估(Fourth Generation Evaluation)"理论。如果说,第一代评估着重在测量(measurement)、第二代评估着重在描述(description)、第三代评估着重在判断(judgment),那么,第四代评估的着力点则是在于协商(negotiation)(如表9-1所示)。美国学者埃根·G. 古巴(Egon G. Guba)及伊芳娜·S. 林肯(Yvonna S. Lincoln)认为,第四代评估是一种响应性的建构主义式评估(the responsive constructive evaluation)。评估设计时应该建立民众参与渠道,重视政策相对人(利害关系人)的感受,也就是了解政策相对人的要求、关切和议题。用相对性替代绝对性、用授权替代控制、用局部理解替代普遍性诠释,用谦逊替代傲慢,这就是第四代评估者得到的最明显的收获。③ 美国教育评估学会前任主席大卫·M. 费特曼(David M. Fetterman)

---

① [韩]吴锡泓、金荣枰编著:《政策学的主要理论》,金东日译,复旦大学出版社2005年版,第449页。

② Michael Q. Patton. 1986. *Utilization-Focused Evaluation*. Beverly Hills, Cal.: Sage Publications.

③ Guba, Egon G. and Lincoln Y. S. 1989f. *Fourth Generation Evaluation*. Newbury Park, C. A.: Sage Publications. pp. 22—48.

也强调了评估的目的在于促进社会公正,主张采用赋权评估的方法(empowerment evaluation approach),其核心是对评估过程的关注,通过对话、多元主义、利益相关人的全程参与来实现评估对社会公正的促进。① 他的方法中的利益相关人参与不同于以往的利益相关者视角的评估模式,这里的利益相关人不只是考虑政策诉求的对象,而是从评估开始到产生结论全程参与的评估参加者。

表 9 - 1 政策评估研究的演进②

|  | 第一代<br>(效率评估) | 第二代<br>(实地评估) | 第三代<br>(社会评估) | 第四代<br>(回应性评估) |
| --- | --- | --- | --- | --- |
| 主要活动 | 测量<br>(measurement) | 描述<br>(description) | 判断<br>(judgment) | 协商<br>(negotiation) |
| 活动方式 | 实验室实验<br>(lab experiment) | 实地实验<br>(field experiment) | 社会实验<br>(social experiment) | 政策制定<br>(policy making) |
| 时间 | 1910年至第二次世界大战以前 | 第二次世界大战后至20世纪60年代 | 20世纪60年代至70年代中期 | 20世纪70年代中期以后 |
| 理论基础 | 实证论范式<br>(postivism paradigm) | 实证论范式<br>(postivism paradigm) | 实证论范式<br>(postivism paradigm) | 自然论范式<br>(naturalism paradigm) |
| 活动实施内涵 | 工具导向<br>(instrument-oriented)<br>运用适当工具有系统地搜集个别资料。如:学校对学生所作的考试、智力测验。 | 目的导向<br>(objectives-oriented)<br>已执行之政策方案依预期的特定目的的描述其结果之优劣。 | 暂时性的决策导向<br>(tentativeness of decision-oriented)<br>依被评估者之内在本质、外在前因后果二价值来判断被评估者之优劣。强调判断乃评估不可或缺的一部分。 | 考虑到人类全体,并综合考虑政治的、社会的、文化的和前因后果相关之所有因素。强调结合评估者和政策相对人(利害关系人),并在彼此互动、协商中进行评估。重视评估的公平性与公正性。 |

① Fetterman, D. 2003. Fetterman-House: A Process Use Distinction and a Theory. *New Directions for Evaluation*, 97, Spring 2003:47—52.

② 吴定:《公共政策》,台北:华电 1994 年版,第 419 页。

续表

|  | 第一代<br>(效率评估) | 第二代<br>(实地评估) | 第三代<br>(社会评估) | 第四代<br>(回应性评估) |
| --- | --- | --- | --- | --- |
| 评估者角色 | 技术人员<br>(technician) | 描述者<br>(describer) | 判断者<br>(judger) | 技术人员、描述者、判断者、调停者、协力者、变革推动者<br>(coordinator, adjuster)。 |

赋权评估的要义就是要打破传统的单一、集权式的评估,从单向评估转到多向评估,调动政策制定者、政策执行者、政策分析者、政策相对人、政策利益相关方以及公众广泛地参与政策评估,并且是在协商中进行评估。在弗兰克·费希尔看来,这种民主化的政策评估理念始于哈罗德·拉斯韦尔创立"民主的政策科学"的初衷。而政策协商(policy deliberation)的逻辑就是要把这一口号付诸实施。① 对于哈贝马斯来说,现代社会——或者如何社会——的政治观点都采用了"系统地歪曲沟通(systematically distorted communication)"的形式,占主导地位的统治群体力求通过控制和操纵基本社会观点背后的意识形态共识的假设来确保他们的权力。权力精英们对那些挑战自己意识形态共识的观点设置障碍,他们限制或者拒绝某种现实主张和价值判断进入公共协商过程。但是,如果没有被议论的政府,民主将不复存在。② 讨论(discourse)同权力之间的关系既微妙又复杂。虽然政治讨论(political discourse)不能等同于权力,它却能传播着、产生着权力(Discourse transmits and produces power)。它既可以作为控制(domination)的工具,又可以作为解放(liberation)的工具。用米歇尔·福柯在《性史》中的话说,讨论既可以是权力的工具和权力的结果,也可以是障碍、屏障,一个约束点,又是一个反击战略的起点(a discourse can be both an instrument and an effect of power, but also a hindrance, a stumbling point of resistance and a starting point for an opposing strategy)。讨论加强权力,但也可以使它虚弱从而具有消灭它的可能性(Discourse reinforces power, but also undermines and

---

① Fischer, Frank. 1995. *Evaluating Public Policy*. Belmont, C. A.: Wadsworth/Nelson-Hall. p. 207.

② Majone, Giandomenico. 1989. *Evidence, Argument, and Persuasion in the Policy Process*. New Haven, C. T.: Yale University Press. p. 1.

exposes it, renders it fragile and makes it possible to thwart it)。① 当然,讨论需要在哈贝马斯所谓的公共空间(public sphere)中进行。民主必须辨认、区分公共利益和其他各种利益,并揭示新出现的利益和关切。② 罗伯特·达尔甚至建议,每个公民都应该在某个咨询委员会(advisory council)里服务一年,咨询委员会的成员应保持经常的通信往来,并且咨询委员会要成为一个在法律上制约代表的制度化机制。③ 美国公共政策学者彼得·德利翁(Peter Deleon)则建议通过"参与型政策分析(Participatory Policy Analysis,PPA)"增加面对面交流(face-to-face interaction)的环节,随机选择那些可能被特定政策影响的公民(affected citizens),在一年之内,与政策制定专家和官员会面,在行政事务上影响他们决策。④ 向一些外行公民进行咨询和协商是为了使行政国家合法化(consultation and deliberation with some lay citizens is used to contribute to legitimizing the administrative state)。参与性政策分析也使专家的实践满足政治赋权(political empowerment)的要求。这种专家被重新定义为公共知识(public learning)和赋权(empowerment)的"促进者"("facilitator"),他们不仅仅提供数据,而且努力把过程评估(process evaluation)与技术评估(technical evaluation)的经验主义要求(empirical requirements)结合起来。有了相关知识,公民们就能够形成他们自己的观点,并且能够进行交流(exchange)。澳大利亚国立大学的约翰·S.德赖泽克(John S. Dryzek)教授认为,这种交流可以看作是一种对话(conversation),在对话中,公民和社会科工作者们都通过彼此对抗(confrontation)扩大了自己的视野。⑤ 从这个意义上说,政策专家跟公民的角色将不会明显地截然不同。戴维·C.帕里斯(David C. Paris)和詹姆斯·F.雷诺兹(James F.

---

① Foucault, Michel. 1998. *The History of Sexuality: The Will to Knowledge*. London: Penguin. pp. 100-101.

② Habermas, Jürgen. 1973. *Legitimation Crisis*. Boston, M. A.: Beacon Press. p. 108.

③ Dahl, Robert Alan. 1970. *After the Revolution: Authority in a Good Society*. New Haven: Yale University Press. pp. 149-150. Also see Dahl, Robert Alan. 1989. *Democracy and Its Critics*. New Haven: Yale University Press. p. 340.

④ Deleon, Peter. 1997. *Democracy and the Policy Sciences*. Albany, N. Y.: SUNY Press. pp. 111-112.

⑤ Dryzek, John S. 1982. Policy Analysis as a Hermeneutic Activity. *Policy Sciences*, Volume 14, Issue 4:309-329.

Reynolds)进而提出,分析家最好被看成是一个"有专长的公民(specialized citizen)"。①

我国公共行政管理依靠的是一套精密的等级制公共组织结构和一套完整的公共行政权力体系运行的。公共政策的制定和实施依赖于政府权力的运作。政府是整个社会的中心,也是全社会的权力中心。公共政策是社会生活中各个利益团体之间互相协调利益关系的产物。因此,公共政策的评估也应该建立在各个利益团体共同平等协商的基础上,通过赋权,包括知情权、言论权和监督权等,促进公民参与政策评估。

首先是知情权。知情权(Right to Know)是指知悉、获取信息的自由与权利,包括从官方或非官方知悉、获取相关信息,也称"了解权""知的权利",如前文所述,知情权是二战后出现的概念。狭义的知情权仅仅是指知悉、获取官方信息的自由与权利,是公法领域内的一项政治权利。但是,随着知情权外延的不断扩展,知情权既有公法权利的属性,也有民事权利的属性,特别是对个人信息的知情权,是公民作为民事主体所必须享有的人格权的一部分。②日本宪法学者芦部信喜(あしべ のぶよし,1923—1999)曾认为,知情权是兼有自由权的方面和请求权以及社会权方面的复合性质的权利。③ 1950年代初,美国新闻界倡导和推动了一场知情权运动。在这场运动的推动下,美国终于在1966年制定了《信息自由法》(*Freedom of Information Act*,通常称为 FOIA)。这一法律确定了政府在信息公开方面的法定义务和责任,从而有力地促进了公民知情权的保障。随着信息时代的到来,制定政府信息公开法以切实保障公民知情权已成为一种世界潮流。瑞典、芬兰、丹麦、挪威、荷兰、法国、德国、美国、加拿大、澳大利亚、新西兰、韩国、日本等国先后制定了情报公开法或有关的法律。各国情报公开立法的直接目的和具体制度多有不同,但客观结果和最终目的大多是规定公众的知情权,规定行政机关或其他公共机关情报公开的义务,增加其说明责任,使政府活动透明度增加,扩大了公众

---

① Paris, David C. and Reynolds, James F. 1983. *The Logic of Policy Inquiry*. New York: Longman. p.266.

② 关于知情权的范围,我国学者有三种观点:"五权说"认为知情权包括知政权、社会知情权、对个人信息了解权、法人的知情权和法定知情权(指司法机关享有的了解案件有关情况的权利);"三权说"认为知情权包括知政权、社会知情权和个人信息知情权;"二权说",认为知情权包括知政权和社会知情权。

③ 芦部信喜:《宪法学Ⅲ人权各论》,引自朱芒《开放型政府的法律理念和实践:日本信息公开制度》,载《环球法律评论》2002年(秋季号),第292页。

对国政的参与,最终保障行政民主,有助于消除行政腐败。公众知悉政府情报的利益,从政府的自由裁量给予的"恩赐"转变为法定的普遍权利,是国民主权的体现,是历史的进步。① 知情权是现代民主政治的基石和具体体现。科恩认为:"一个社会如果希望民主成功,必须负责提供并发行普遍参与管理所需的信息……获知信息,就可以把问题理出头绪,有助于形成意见与原则,导致采取适当的行动。充分而准确地获知信息的公众,即已充分而且正确地塑造的公众,处于活跃状态的公众。如果提供的信息是歪曲的或不完整的,根据这些信息所定的政策,当然也会是歪曲的、不完整的。源源不断地提供信息,公众随时可以看到,要民主欣欣向荣,这是极关重要的条件。"② 罗伯特·A.达尔也认为,多种信息来源(知情权)与"表达意见的自由"一样是民主国家最起码的要求。公民有权利从其他公民、专家、报纸、杂志、书籍、电讯等等那里,寻找替代的、独立的信息来源。此外,必须存在不受政府控制、也不受其他某个试图影响公众的政治信仰和政治态度的政治团体控制的、替代的信息来源,并且,这些来源都得到法律的有效保护。③ 在参与性赋权政策评估过程中,要做到平等地协商,最重要的一点就是评估者和被评估者双方掌握的信息一定要对称,因为在信息不对称状态下,缺乏信息的一方会处于协商的弱势地位,这是不利于该方的利益表达的,这会使政策更偏向于掌握更多信息的一方,也就是说对它更有利。公共政策过程的民主化、科学化和规范化需要重申和回归政府绩效的民众本位价值取向。在实际的政策评估过程中,有些政府部门会基于自身的利益考虑而提供虚假的信息,或者出于政治性策略的考虑有意歪曲实际政策效果,或者提供一些误导性信息,这就使得公共政策评估参与主体在评估过程中,出现了对话地位的不平等。参与评估的主体在缺乏全面真实信息的情况下,也不可能科学客观地去对一项政策进行系统的分析评价。总之,没有知情权,就没有真正的控权,就没有宪政与法治,政策评估也就无从谈起。

其次是监督权。监督权(supervision rights)是指公民有监督国家机关及

---

① 皮纯协、刘杰:《知情权与情报公开制度》,载《山西大学学报(哲学社会科学版)》2000年第3期。

② [美]卡尔·科恩(Carl Cohen):《论民主》,聂崇信、朱秀贤译,商务印书馆1988年版,第159—160页。

③ [美]罗伯特·达尔:《论民主》,李柏光、林猛译,商务印书馆1999年版,第93—94页。

其工作人员的公务活动的权利,它是公民参政权中的一项不可缺少的内容,是国家权力监督体系中的一种最具活力的监督。我国宪法第27条规定:一切国家机关和国家工作人员必须依靠人民的支持,经常保持同人民的密切联系,倾听人民的意见和建议,接受人民的监督,努力为人民服务。监督权包括公民直接行使的监督权和公民通过自己选举的国家代表机关代表行使的监督权,另外,公民的许多权利也都具有监督国家权力的性质。作为参政权的一项内容的监督权,是一种直接的政治监督权。它主要包括五项内容,即批评权、建议权、申诉权、控告权、检举权。其中,批评权是指公民对国家机关和国家工作人员在工作中的缺点、错误有提出批评意见的权利,建议权是指公民对国家机关、国家工作人员的工作提出建设性意见的权利。我国宪法第41条规定:中华人民共和国公民对于任何国家机关和国家工作人员,有提出批评和建议的权利。批评建议权是公民的一项权利,作为一个公民有权向国家机关和国家工作人员提出批评或一些建议性意见。马克思主义关于人民监督的思想也批判地继承了资产阶级理论家、思想家提出的"以权力制约权力"学说的合理因素。实践证明,加强人民监督对于完善国家的政治体制具有重要意义。邓小平在1980年论及《党和国家领导制度改革》问题时指出:"让群众和党员监督干部,特别是领导干部。凡是搞特权、特殊化,经过批评教育而又不改的,群众就有权依法进行检举、控告、弹劾、撤换、罢免,要求他们在经济上退赔,并使他们受到法律、纪律处分。"[①]确实,也只有在赋予公民监督权的基础上,才能真正实现民主化的、公民参与的政策评估。

再次是言论权。言论是人类交流思想、传递信息的重要工具。密尔在其代表作《论自由》(*On Liberty*)一书中指出"迫使一个意见不能发表的特殊罪恶乃在它是对整个人类的掠夺"。[②] 言论自由是宪法自由权利中的重要内容,作为宪法所保障的基本权利之一,言论自由几乎出现在所有国家的宪法条文当中。美国宪法上的言论则包括纯粹言论及象征性言论。日本宪法第21条规定要保障集会、结社、言论、出版及其他一切表现的自由。所谓其他一切表现自由,包括电影、戏剧、音乐、广播、电视等所有表现形式,甚至包括绘画、照相、唱片等一切发表思想的手段。《中华人民共和国宪法》第35条规定:"中华人民共和国公民有言论、出版、集会、结社、游行、示威的自由",它规定了公民享有言论和表达自由的权利。众所周知,没有言论自由,就不可能实现思

---

[①] 《邓小平文选》第2卷,人民出版社2002年版,第332页。
[②] [英]约翰·密尔:《论自由》,许宝骙译,商务印书馆1959年版,第19页。

想的解放。解放思想必须通过一定的言论表现出来。解放思想要求人们按照我国宪法现定的范围充分表达自己的立场、观点、意见和态度。在公共政策评估活动中，除立法机关、政党组织、司法机关、社会组织和公民外，比较重要的公共政策评估主体是政策制定者和执行者、专业机构和人员、大众传播媒体。此外，政策对象作为一个重要的评估主体对政策效果有亲身感受，对公共政策最有发言权。因此，作为政策对象的社会组织和公众代表也不能缺位，不能缺失话语权，社会组织和公众作为政府行为相对人参与公共政策评估，不仅能够提高公共政策评估的客观性和全面性，更能够提高公共政策评估结论的公信力。

# 第十章 基于公共权力博弈的政策终结

公共政策终结是公共权威部门基于公共权力在公共政策运行过程中主动实施的一种公共政策行为,它通过对政策进行慎重评估后,采取必要的措施终止那些过时的(outdated)、无效的(ineffective)或完全实现政策目标的公共政策的一种行为。公共政策终结是公共政策运行过程的最后一个环节,它一般被认为是与公共政策评估相联系的一种政策现象。正如B. 盖伊·彼得斯(B. Guy Peters)所认为的:"政策必须加以评估,政策也必须经常加以变革(Policies must be evaluated, and frequently policies must be changed)……评估常常导致政策变革(Evaluation frequently leads to policy change)。"[1]如果在对一项公共政策的评估和监控中发现,该项公共政策已经完全实现了先前所预期的公共政策目标,或者根本不可能实现预期的政策目标甚至根本无法继续运行下去,则该项公共政策就应该被终止或者被新政策取代。同时,从理论逻辑上讲,任何公共政策都应该是基于公共权力公开化运行并致力于实现公共利益,如果一项公共政策违背了政策的公共性原则,出现公共权力异化现象,则该项政策必须予以终结。然而,由于政策终结是公共权力博弈的过程,甚至是政策主体否定自己所制定和实施的特定公共政策的过程,必然会遇到较大的阻力和抵制,因此就需要更大的勇气和更多的策略。公共政策终结是公共政策运行过程中的一个必不可少的环节,是政策发展和政策创新的基础。公共政策的"制定—执行—评估—终结"实际上是一个完整的运行周期,它是一种积极的公共政策变迁。在这一变迁过程中,政策终结既是一个政策周期的终端,又是新的政策周期的起点,在政策过程中有着特殊的作用和意义。

---

[1] Peters, B. Guy. 2007. *American Public Policy: Promise and Performance*, 7th ed. Washington, D.C.: Congressional Quarterly Press. p.181.

## 一、公共政策终结的理论基础

在政策科学的发展历史上,政策终结曾经是一个"被忽视的环节",但是,20世纪70年代中期以后,公共政策研究中出现了"趋后倾向",即注重研究公共政策的"执行与评估"(implementation and evaluation),以及"政策终止"(policy termination)。不过,政策终结是在20世纪90年代才真正受到人们广泛重视的一个政策研究领域,随后即发展成为政策科学研究的一个热点问题和领域。① 其主要的社会背景则是在美国首先兴起的政府再造运动。公共权威部门实施公共政策终结的直接目的就在于提高公共政策运行的绩效,避免政策僵化、促进政策优化和政策创新。而其深层原因则在于作为公共政策基础的公共权力在其运行过程中会出现异化和失灵,进而违背公共目标和公共利益,导致政策失灵和政策失败。

1. 理解公共政策终结

1951年,美国著名政治学家、政策科学创始人哈罗德·D.拉斯韦尔(Harold D. Lasswell)在其和政治学家丹尼尔·勒纳合著的《政策科学:视野与方法的近期发展》(*The Policy Sciences: Recent Developments in Scope and Method*)一书中提出了政策科学的概念和政策过程的研究途径。1956年,哈罗德·D.拉斯韦尔在其关于政策过程研究途径(policy process approach)的概括中,更是明确提出:政策终结是政策过程中一系列必要的步骤或阶段之一,② 即他称作决策过程(decision process)的七个阶段中的一个阶段。这七个阶段包括情报(intelligence)、提议(promotion)、规定(prescription)、合法化(invocation)、应用(application)、终止(termination)、评估(appraisal)。从此,政策过程阶段论成为公共政策研究中的主流理论观点。按照哈罗德·D.拉斯韦尔的理解,政策终结乃是"一个机构里规划与安排的结束过程(The ending of prescriptions and arrangements entered into

---

① 1997年,美国公共政策学者马克·R.丹尼尔斯(Mark R. Daniels)在《公共项目的终结》(*Terminating Public Programs: An American Political Paradox*)一书中对美国政策终结研究的发展进行了系统的回顾。

② Lasswell, Harold D. 1956. *The Decision Process*. College Park, M. D.: University of Maryland Press. 转引自[美]保罗·A.萨巴蒂尔:《政策过程理论》,三联书店2004年版,第23页。

within their frameworks)"。①

1976年,美国著名政策学者尤金·巴达克(Eugene Bardach)在《政策科学》(*Policy Science*)杂志特刊上发表了《作为一种政治过程的政策终结(*Policy Termination as a Political Process*)》一文②,首次试图对政策终结的原因、形式、障碍与对策等问题进行了分析。巴达克将政策终结看作是一个政治过程,一个通过政治联盟的建构以支持或反对政策终结的博弈过程。

时任美国哈佛大学肯尼迪政府管理学院讲师的罗伯特·D.贝恩(Robert D. Behn)也在同期杂志上发表了题为《马萨诸塞公共培训学校的终结》(*Closing the Massachusetts Public Training Schools*)一文,通过案例研究和分析,提出了关于政策和组织终结的12点建议。③ 此外,美国著名行政学者赫伯特·考夫曼(Herbert Kaufman)也在他的《政府组织是不朽的吗?》(*Are Government Organizations Immortal？*)④和《时间、机遇和组织:险境中的自然选择》(*Time, Chance, and Organizations: Natural Selection in a Perilous Environment*)⑤两部著作中深入考察了组织的活动,分析了组织特别是公共组织难以终结的原因。随后,美国著名政策分析家、政策终结的主要学者之一的彼得·德利翁(Peter Deleon)也倡导必须对组织理论和政策终结做更深入的研究。

美国公共政策学者查尔斯·O.琼斯将政策终结理解为政府终止政策行动的功能活动(functional activity)。他认为,政策终结通常是一种组织调整的过程,在此过程中,政策行动者将其注意力转移到其他相关的事物上

---

① Lasswell, H. D. 1956. The Decision Process: Seven Categories of Functional Analysis, reprinted in Nelson Polsby et al, eds. *Politics and Social Life*. Boston: Houghton Mifflin. p.93.

② Eugene Bardach. 1976. Policy Termination as a Political Process. *Policy Science*, Vol. 7. No. 2:123—131.

③ Robert D. Behn. 1976. Closing the Massachusetts Public Training Schools. *Policy Sciences*, Vol. 7, No. 2 (June 1976):151—171. Also see Robert Behn. 1978. How to Terminate a Public Policy: A Dozen Hints for the Would-be Terminator. *Policy Analysis*, Vol. 4, No. 3:339—341.

④ Kaufman, H. 1976. *Are Government Organizations Immortal?* Washington D. C.: The Brookings Institution.

⑤ Kaufman, H. 1985. *Time, Chance, and Organizations: Natural Selection in a Perilous Environment*. Chatham, N. J.: Chatham House.

(Termination is typically a process of organizational adjustment in which policy actors shift to consider related matters)。①

美国公共政策学界关于政策终结有两种代表性的定义：一种是彼得·德利翁的定义，即他认为，政策终结是"政府当局对某一特殊的功能、计划、政策或组织，经过审慎评估的过程，而加以结束或终止（the deliberate conclusion or cessation of specific government functions, programs, policies, or organizations）"②。另一种是美国政策科学家加利·D. 布鲁尔（Garry D. Brewer）的定义：政策终结是"政府对那些已经存在功能障碍，并且是多余的、过时的以及不必要政策和项目的调整（Termination refers to the adjustment of policies and programs that have become dysfunctional, redundant, outmoded, unnecessary, and so forth）"③。美国政策学者马克·R. 丹尼尔斯（Mark Ross Daniels）在《公共项目终结：美国的政治悖论》（*Terminating Public Programs: An American Political Paradox*）一书中认为，政策终结是对政府项目、政策、组织的终结，也是组织为削减预算对自身的调适和政府服务民营化而产生的削减，并指出政策终结是一个发展的概念。④

我国学者张金马认为，政策终结就是政策决策者通过对政策进行慎重的评估后，采取必要的措施以终止那些多余的、不必要或无效的政策的过程。⑤陈振明则认为，政策终结是政策决策者通过对政策或项目进行慎重的评估后，采取必要的措施，以中止那些过时的、多余的、不必要的或无效的政策或项目的一种政治（或政策）行为。⑥

---

① Jones, Charles O. 1977. *An Introduction to the Study of Public Policy*, 2nd ed. Mass.: Duxbery. p. 215.

② Deleon, Peter. 1978. Public Policy Termination: An End and a Beginning. *Policy Analysis*, 4: 369—392. Also see Garry D. Brewer and Peter Deleon. 1983. *The Foundations of Policy Analysis*. Homewood: The Dorsey Press. p. 385.

③ Brewer, Garry D. And the Clocks Were Striking Thirteen: The Termination of War. *Policy Sciences*, 7, 2 (June l976): 225—243. Also see Garry D. Brewer. 1978. Termination: Hard Choices, Harder Questions. *Public Administration Review*, Vol. 38, No. 4: 338—344.

④ Daniels, Mark. R. 1997. *Terminating Public Programs: An American Political Paradox*. Armonk, New York: ME Sharpe. pp. 5—6.

⑤ 张金马：《政策科学导论》，中国人民大学出版社1992年版，第267页。

⑥ 陈振明主编：《公共政策分析》，中国人民大学出版社2003年版，第339页。

概括地说,公共政策终结就是公共政策主体在进行政策评估后,采取必要的措施终止那些过时的、多余的、不必要的或无效的公共政策的一种政策行为。基于公共权力视角所理解的公共政策终结是由于一项公共政策违背了政策的公共性原则,背离了公共利益的价值取向,出现公共权力异化现象,因而该项政策必须予以终止。首先,政策终结的主体是依法享有公共权力的公共权威部门特别是政府中的政策制定者,其他任何组织或个人无权终结公共政策。其次,政策终结的客体(即政策终结的对象)包括过时的、无效的公共政策、公共项目和公共组织。最后,政策终结的依据是政策评估。判断一项公共政策是否无效、过时或多余,需要依据政策评估的结果。从某种意义上来说,没有科学有效的政策评估,也就可不能有科学有效的政策终结。政策终结的学理基础在于承认公共权力运行会出现异化现象,会违背公共政策的公共性原则,在公共资源配置过程中偏离公共政策的公共利益价值取向。因而,通过公共政策终结,终止特定公共政策或公共项目,使其回归公共性价值追求,实现公共目标和公共利益。

2. 公共政策终结的内容

公共政策终结是政策运行过程中由政策主体基于公共权力的运作而实施的一项重大的政策行动。由于公共政策终结往往会使一些与该项公共政策直接相关的组织和个人受到影响,特别是对于那些政策受益者(policy beneficiaries)、政策制定者和原政策执行机构的负责人来说,更是有着切身的利害关系。因此,在实施公共政策终结前,必须先分析政策终结所涉及的各方面的关系,界定政策终结的具体内容。一般地说,作为政策过程功能环节的政策终结包括以下四个方面的内容:

(1)功能的终结(Functional termination)。

美国公共政策学者詹姆士·P.莱斯特(James P. Lester)和小约瑟夫·斯图尔特(Joseph Stewart, Jr.)在《公共政策导论》(*Public Policy：an Evolutionary Approach*)一书中认为,这种类型的政策终结是整个领域的终结,如卫生保健。[①] 功能是政府等社会公共权威机构通过政策的执行而向民众提供的具体利益和服务。功能的终结即终止由政策执行所带来的某些具体的利益和服务。在政策终结的所有内容中,以功能的终结最为困难。"由

---

① Lester, James P., and Joseph Stewart, Jr. *Public Policy：An Evolutionary Approach*. 詹姆士·P.莱斯特、小约瑟夫·斯图尔特:《公共政策导论》,中国人民大学出版社 2004 年版,第 71 页。

于政府功能是通过组织和政策来实现的,因此政策终结时所遇到的抵制最大的不是组织本身,而是由组织来发挥的政府功能。"① 因为一方面,政策功能的履行,是政府实现政策目标(policy goals)、满足民众需求的结果,如果予以取消,则势必会引起各方面的反对和抵制;另一方面,某项政策功能往往不是由某项政策单独承担的,而是由许多不同政策和机构共同承担、协作完成的,所以这种类型的政策终结覆盖了许多机构、组织和政策,要予以终止往往要做大量的组织和协调工作。

(2)机构的终结(Agency termination or organizational termination)。

正如查尔斯·O.琼斯所认为的,政策终结通常是一种组织调整的过程(a process of organizational adjustment)。有些机构是专门为某项政策而设立的,随着政策的终止,机构也随之终止。在这种情况下,政策终结就是整个机构的撤消(the elimination of the entire organization)。有些机构,往往同时承担着多项政策和功能,某项政策的终止不足以导致机构的撤消。在这种情况下,通常的做法则是缩小规模,减少经费等办法对机构进行缩减。伴随着政策终结而进行的机构缩减或撤消,就是机构终结(organizational termination)。机构终结的难度也是比较大的。安东尼·唐斯(Anthony Downs)认为,一个机构越老,就越不容易撤消(The older a bureau is, the less likely it is to die)。一方面是由于它的领导者,往往愿意转变机构的职掌,以保机构的存在(This is true because its leaders become more willing to shift major purposes in order to keep the bureau alive);另一方面是由于一个机构的功能消失殆尽,但是由于人们仍然可用很低的代价得到一些服务,所以他们还是愿意看到这个机构能继续存在(bureau clients are willing to offer support despite reduced usefulness because they get something for little or no cost)。②

(3)公共政策本身的终结(Basic policy redirections or termination)。

这类终结是指当一项政策的根本理论和方法不再需要或不再正确时而对其实施的根除(This type of termination refers to the elimination of a policy when the underlying theory or approach is no longer needed or

---

① [韩]吴锡泓、金荣枰编著:《政策学的主要理论》,金东日译,复旦大学出版社2005年版,第493页。

② Down, Anthony. 1967. *Inside Bureaucracy*. Boston, M.A.: Little, Brown and Company. p. 20.

believed to correct)①它是狭义的政策的终结,即承担政策活动的机构依然存在,而政策所担负的功能则由新的政策来担负。与前两种终结相比,政策本身的终结所遇到的阻力较小。这是因为,就某项具体政策而言,其目标比较单纯,如教育政策、人口政策、社会福利政策等,容易进行评估并决定取舍。另一方面,某项具体政策更改的成本比功能转变、组织调整和撤消要少得多,因而容易得到实际部门的认可。再加上政策的可选择性较大,也使得政策本身的终结在操作上比较容易实现。当一项政策被另一项政策所替代,或者上升为法律时,政策本身的终结并不一定意味着政策功能的终结或机构的终结。如哈罗德·D.拉斯韦尔所理解的,政策终结乃是"一个机构里规划与安排的结束过程"。②

(4)计划的终结(Program termination or eliminations)。

即执行政策的措施和手段的终结(the elimination of specific measures designed to implement a policy)。计划的终结也称项目的终结,是最常见的政策终结形式(the most common type of policy termination)。在所有终结内容中,计划的终结是最容易达成的(program termination is the easiest type of all kinds of policy terminations)。这是因为,首先,仅仅停止执行某项公共政策或项目,暂时还不会涉及政策组织机构和人员的问题,所以阻力不会很大(Eliminating a specific program with a relatively smaller constituency is always easier than eliminating a policy or organization with a much larger constituency)。其次,由于公共政策执行无效带来的负面效果或者没有效果的公共政策所浪费的资源显而易见,大家有目共睹,比较容易达成共识,所以停止执行比较有说服力(As the negative effects brought by ineffective public policy implementation and the resources wasted in non-effective public policy is obvious to all, consensus is easily reached and it is persuasive to terminate a policy program)。第三,一旦某项公共政策被终结,对其执行的政策资源投入就会终止,执行活动很自然就会停止,不会引起太大的震动(Once a policy

---

① Lester, James P., and Joseph Stewart, Jr. *Public Policy: An Evolutionary Approach*. 詹姆士·P.莱斯特、小约瑟夫·斯图尔特:《公共政策导论》,中国人民大学出版社 2004 年版,第 156 页。

② Lasswell, H. D. 1956. The Decision Process: Seven Categories of Functional Analysis, reprinted in Nelson Polsby et al, eds. *Politics and Social Life*. Boston: Houghton Mifflin. p. 93.

program is terminated, the input of policy resources will be stopped and the policy implementation comes to an end automatically without any huge shocks)。总之,项目容易完成或被新项目取代。① 例如,美国的联邦研究开发项目、州政府人员缩减项目、补偿预备军等项目的终结等。

马克·R.丹尼尔斯认为,在政策终结的四个方面内容中,由于所受到的阻力大小的不同,计划的终结是最容易达成的,其次是政策的终结,比较难以达成的组织的终结,而最难达成的则是功能的终结。从难易程度来看,它们处在一个层级关系中(如图 10-1 所示)。②

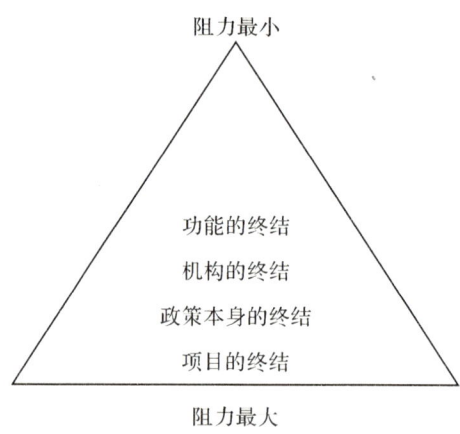

图 10-1 政策终结难易程度关系图示

3. 公共政策终结的形式

美国著名政策学者尤金·巴达克根据政策终结所需要的时间将其划分为爆发型(a bang, the explosion-type endings)、渐减型(a very long whimper, the protracted whimper or a long term decline)和混合型(the blended type)三种类型。③ 爆发型(the bang-type endings)是指特定的政策

---

① Geva-May, Iris. 2004. Riding the Wave of Opportunity: Termination in Public Policy. *Journal of Public Administration Research and Theory*, 14:309—333.

② Daniels, Mark. R. 1997. *Terminating Public Programs: An American Political Paradox*. Armonk, New York: ME Sharpe. pp. 8—9.

③ Eugene Bardach. 1976. Policy Termination as a Political Process. *Policy Science*, Vol. 7, No. 2:123—131.

在短时间内终结的类型。在项目终结的情况下,最常见的就是这种类型的政策终结。渐减型(the whimper-type endings)是通过长时期的缩减政策所需预算等方法而逐渐终结的类型,这种类型的终结是渐减主义(decrementalism)的方式。混合型(the blended type)是上述两种类型的混合形态,是在短时期内分阶段终结政策的类型。

美国政策科学家彼得·德利翁(Peter DeLeon)和加利·D. 布鲁尔(Garry D. Brewer)根据政策终结的程度,把政策终结划分为完全终结(Complete Termination)和部分终结(Partial Termination)两大类。其中,部分终结又可分为代替型、合并型、分离型、渐减型和断绝型五种形式。

马克·R. 丹尼尔斯则认为,政策终结的方式有两种:一是政策效力减弱的自然老化;二是与强烈抵制政策终结的力量博弈,使其终结,这一过程需要运用终结的策略,也需要强有力的终结执行者。

在实际政策过程中,政策终结由于涉及面广,影响大,而且直接关系到政策相对人的切身利益,因此,为使政策终结得以顺利实施,减少终结时受到的阻力和影响,政策主体在实施政策终结时很少采取全面的、彻底的、一次性的政策终结方式,而多采取一些稳健的、局部性的渐进终结方式。概括起来说,针对政策终结内容的不同,政策终结的形式也可以区分为五种:

(1)政策废止(Policy Abolition)。

这是对公共政策进行终结的最果断、最彻底的方式。公共政策的废止就是使某项运行中的政策立即终止。如果一项政策所针对的社会问题已经获得解决,政策目标已经实现,或由于某种原因已经不复存在,这项政策就应该立即予以废止。如2003年4月,深圳实行了近8年的关外购房入户政策正式宣告终止。如果一项政策在执行一段时间后,出现了严重失误的情况,给社会带来了很大的负面影响,也应该立即废止,以防止引发更大的社会问题。如我国的收容遣返政策。

(2)政策替代(Policy Replacement)。

政策替代指的是新政策代替旧政策,但所面对的问题不变,所要满足的要求不变。政策替代产生的新政策在政策内容上有所变化,但更多的只是方法上的变化,或者只是操作程序上的更改,其目的是为了更好的解决旧政策无法解决的问题,实现原定的政策目标。如我国的公费医疗政策、住房政策、在改革开放初期实行的利改税政策以及目前实施的农村税费改革政策等。公共政策替代要注意新旧政策之间的连续性和相互衔接,保证新旧政策之间的平稳过渡,既要防止出现"政策撞车",即新旧政策同时实行的矛盾,又要防止出现"政策真空",即公共政策的中断现象。

(3)政策合并(Policy Consolidation)。

政策合并指的是旧的政策虽然被终止了,但该政策所要实现的功能并没有取消,而是将其合并到其他的公共政策中去了。实际上这就是通过整合政策或项目而实现部分政策终结的一种形式。政策合并通常有两种基本情况:一是将被终止的公共政策的内容合并到一项已有的公共政策当中;二是两项或两项以上被终止的公共政策合并到一起,形成一项新的公共政策。如我国高校收费政策的并轨。

(4)政策分解(Policy Splitting)。

政策分解指的是将旧政策的内容按照一定的原则分解成几个部分,每个部分各自形成一项新的公共政策。当原有的政策由于内容繁杂、目标众多而影响政策的效果时,运用政策分解的办法,将其分解为若干个目标具体明确、操作性更强的具体政策,往往能收到较好的政策效果。如我国的传统社会保障政策的终结,形成了新的统一的社会保障体系,包括医疗社会保险政策、养老社会保险政策、社会救济政策、最低生活保障政策,等等。

(5)政策缩减(Policy Diminution)。

政策缩减指的是采用渐进(incremental)的方式对政策进行终结,并逐步协调与政策相对人等各方面的关系,以消除政策终结所带来的负面影响,降低政策终结的各项成本。一般来说,政策缩减是通过逐步减少对该政策的投入,缩小该政策的实施范围,放松对该政策执行的控制等措施,来逐步达到最终完全终止政策的目的。如我国的物价改革政策。

4. 公共政策终结的功能

美国著名政策学家、耶鲁大学社会暨政策研究所所长查尔斯·E.林德布洛姆教授认为,公共政策学有两个基本主题:一是公共政策的制定是否符合人民的要求,是否要解决人民所需要解决的公共问题,此即公共政策的制定是否受到人民"控制"的问题。二是政府制定的公共政策,是否有能力解决人民的公共问题,满足人民的需要,此即公共政策的"效力"问题。就是说,在公共政策过程中,公共权力的运行是否实现了公开化运行,公共政策制定是否致力于实现公共目标和公共利益,能否解决公共问题,不仅是公共政策的基本主题,而且决定了其能否存续。在现代社会,随着社会的快速发展和社会事务的日益复杂多样,公共政策在解决社会问题、引导和规范社会生活等方面中的作用更加重要。因此,及时终结一项已完成使命的、失误的、无效力或是低效力的公共政策意义特别重大。公共政策的终结是公共政策发展、创新

的重要前提和基础,其作用主要表现在以下几方面:

(1)公共政策终结有利于节省公共政策资源

政策终结的作用首先是可以节省政策资源。政策的运行是必须付出一定成本的,即需要耗费一定的政策资源。而任何一个国家的财政负担和资源配置都是有限的。因此,当一项公共政策目标已经实现,公共政策问题已经解决,或是公共政策目标虽然没有实现,但实践已经证明该公共政策是无效的;在这种情况下,如果不能及时地予以终止,就会提高政策运行成本,浪费有限的公共政策资源。只有及时终结过时或失效的政策,才能减少人力、物力、财力的无效消耗,从而降低政策成本、节省有限的政策资源。根据政策效力递减规律,一项公共政策,它的正效力(即有利于社会生产力发展的政策效力)的周期规律是"低效期→增效期→效力递减期"。当一项公共政策的正效力周期结束时,该政策如果继续执行而不及时终结,就会朝着负效力的方向转化,这时政策不仅不会给社会带来任何效益,甚至造成某种危害,尤其是当这项公共政策为错误的时候,它就会导致资源配置的低效、无效或失效,从而浪费社会资源,加重政府的财政负担,最终阻碍社会生产力的发展。然而,任何一项公共政策都不会自行终结,它的存在是由人(政策主体)决定的。"解铃还须系铃人",公共政策是由政策主体制定和执行的,也需要政策主体来终结。当政策的正效力周期结束时,就需要政府部门对该政策进行主动的、及时的终结。

(2)公共政策终结有利于提高公共政策绩效

公共政策终结不但意味着一项旧政策的结束,同时也意味着一项新政策的开始。正如我国台湾学者林水波、张世贤所说的:"政策终结这个概念不仅隐含了一套期望、规则和惯例的终止,政策活动的停止,机关组织的裁撤;而且还包含了新期望的提出,新规则、新惯例的建立,崭新活动的展开,机关组织更新与发展。"[①]当一项公共政策在执行过程中失败,无法解决所面临的公共政策问题和实现公共政策目标时,旧政策的终结实际上就意味着新政策的启动和新规划的诞生以及相关机构和人员的更新与发展。这无疑有利于更好地解决政策问题,降低公共政策运行成本,促进公共政策绩效的提高。由于公共政策运行的周期性特点,只有不断地终结因过时、失效而导致绩效低下的旧政策,及时出台适应新形势的新政策,才能保持公共政策的周期性良性循环,公共政策绩效才能大大地提高。尤其是在当代信息社会的背景下,

---

① 林水波、张世贤:《公共政策》,台北五南图书出版公司1984年版,第360页。

由于全球化进程的深入发展和世界多极化趋势的进一步加强,各国的公共政策问题在类别、性质等方面随时间和空间的变化而不断变化并日趋复杂。在存在种种障碍和制约因素(如信息的不完全、人类知识能力有限等)的现实条件下,公共政策决策者难免制定出无效的甚至是错误的公共政策。同时,由于信息社会的瞬息万变,政策环境也随之复杂多变,并且变化的周期日益缩短、变化的步伐日益加快。因此,一旦在变化发展的环境中发现某项公共政策无法解决面临的困难和问题,公共政策决策者必须及时而果断地终止原公共政策,并且不断调整自己的政策行为,才能在发展与变动的环境中充分运用有限的政策资源,取得更好的公共政策绩效。

(3)公共政策终结可以避免公共政策僵化

所谓公共政策僵化,简单地说,就是政策运行过程中存在的应该终结的政策或项目没有及时予以终结的政策现象。公共政策僵化将带来严重的不良后果。在发展变化了的政策环境中,如果一项长期存在的政策或项目已经进入僵化状态,继续执行该项公共政策或项目,不仅不能解决政策问题,实现政策目标,反而成为解决政策问题和实现政策目标的阻力与障碍。同时,由于公共政策作为政府行为,一经颁布便具有了强制性,成为社会行动的准则。如果人们违背一项尚未宣布予以终结的政策,这项通过合法途径制定的、具有合法性的、依然处于执行状态的公共政策必然会作出反应,给予相应的约束和制裁。由此可见,政策僵化必然遏制人们的积极性和创造性的发挥。从这个意义上说,公共政策的终结是公共政策发展、创新的重要前提和基础。"一项多余的、不必要或无效的政策,若不能及时予以终结,则不但浪费宝贵的政策资源,还会延误解决政策问题的时机,影响政策的绩效,甚至有可能危及政府在人民心目中的威望。"[①]然而,政府等社会公共权威部门由于其对政策终结的认识不够,往往不能采取有力措施及时进行政策终结,致使政策僵化现象时有出现,有时甚至比较严重。近年来,我国政府部门采取了很多措施,终结或修改了许多已经失效或与法律相违背的政策。但由于认识上的原因以及实施终结的阻力太大等原因,政策终结的力度也还是不够的。甚至一些计划经济体制下制定的过时政策依然迟迟得不到终结。如导致应试教育的教育政策、粮油关系政策、户籍政策,等等。

(4)公共政策终结可以促进公共政策优化

如前文所述,公共政策终结是公共政策运行过程中的一个必要环节,是

---

① 刁田丁、兰秉洁、冯静编著:《政策学》,中国统计出版社2000年版,第271页。

政策发展和政策创新的基础。因为,公共政策在现代社会的发展进程中具有举足轻重的作用,一项公共政策既能促进一个社会的繁荣,也能使一个社会濒于崩溃的边缘。如美国罗斯福总统所实行的"新政(the New Deal)"及其一系列的重大公共政策,对于应对经济危机、解决社会问题和促进社会发展,都起到了至关重要的作用。对于我国来说,改革开放政策与"文化大革命"政策也分别是上述两种情况的典型例子。从某种意义上可以说,一个社会或国家的命运在很大程度上取决于其公共政策的水平。由于社会的繁荣和落后在时间上是相对的,在空间上是动态变化的,因而,公共政策决策者和政策相对人地十分关注如何不断提高公共政策的决策水平、执行效率和运行质量,即如何对公共政策进行不断优化的问题。在公共政策过程中,公共政策终结作为一个重要的政策环节,有助于促进公共政策优化,这主要表现在两个方面:一是公共政策人员的优化。公共政策人员不仅包括公共政策决策者,还包括公共政策执行者以及参与公共政策过程的其他相关人员。由于公共政策终结意味着人员的裁减与更新,因此,终结旧公共政策有利于优化公共政策人员,促进公共政策向更有效率和更高质量的方向发展。二是公共政策组织的优化。公共政策组织的优化是公共政策优化的核心内容。如果仅仅通过政策相关人员的优化,还达不到公共政策优化的目的。这是因为在当代组织化的社会中,公共政策人员只是公共政策制定、咨询、执行、评估、监控组织的一分子,其公共政策行为和活动必须通过组织机构才能进行。因此,要优化公共政策,还必须实现公共政策组织的优化和创新。优化的公共政策人员只有在优化的组织机构中才能制定和执行优化的公共政策。由于公共政策终结包括了组织机构的裁撤、更新和发展,因而公共政策终结必然有助于公共政策组织的优化,人们不仅可以利用公共政策终结实现组织内部人员的优化组合,使具有不同素质特长的公共政策人员协同合作,形成最佳的组织总体效应;而且可以借此促进公共政策组织体系的优化,从而进一步针对公共政策所涉及的不同层次和领域,建立更为合理的公共政策机构,[1]提高公共政策的运行效率和质量,更好地发挥公共政策在现代社会发展进程中的重要作用。

## 二、公共政策终结阻力中的权力因素分析

公共政策终结在本质上主要不是一种分析研究的过程,而是一种行动的过程。一般说来,政策终结的原因包括政策环境的变化、政策目标的实现、政

---

[1] 陈振明主编:《政策科学》,中国人民大学出版社1998年版,第417—418页。

策自身的原因以及政策相对人的态度,等等。其中,大多数政策学者认为,政策终结的原因首先是因为某项公共政策的目标已经实现,其使命已经结束,因而予以终止。但是,从深层次原因分析,由于公共政策是基于公共权力而进行的公共资源配置,其本质属性是公共性,其最终目标是追求公共利益,因此,从理论逻辑上讲,如果一项公共政策违背了政策的公共性原则,背离了公共利益的价值取向,出现公共权力异化现象,则该项政策必须予以终结。然而,由于政策终结涉及到政策过程中的多种权力因素和利益关系、一系列的人员和机构,以及政策环境中的诸多复杂因素,因此,政策终结往往会面临种种困难和阻碍。美国政策学者彼得·德利翁把公共政策终结的障碍概括为六个方面:心理上和知识上的抵制(intellectual reluctance)、组织机构和政策本身的连续性(institutional permanence)、动态的保守主义(dynamic conservatism)、反对终结的联合体的形成与活动(anti-termination coalitions)、法律上的障碍(legal obstacles)、高昂的执行成本(high start-up costs)。① 英国政策学者布赖恩·W. 霍格伍德(Brian W. Hogwood)和刘易斯·A. 冈恩(Lewis A. Gunn)在这个基础上又增加了三个因素:缺乏足够的政治动机(lack of political incentives)、可能带来的负面效果(adverse consequences)、决策者的拖延和拒绝(procrastination and refusal)。②

一般说来,一项公共政策的影响范围越广,终结该项公共政策的障碍就越多。在现代公共政策过程中,终结一项公共政策会遇到许多方面的障碍,其中,至少包括以下一些主要方面的阻碍因素:

1. 公共权力主体心理上的抵触(Psychological reluctance)。

一般说来,对政策终结存在抵触心理的主要有三种人:一是政策受益者(policy beneficiaries)。正如一部分人出于维护自身利益的考虑而主张终结某项政策一样,政策的受益者往往会竭力要求延续该项政策。因为政策制定的出发点就是为了满足社会的某种需要,在社会范围内进行的权威性的利益分配,而政策的终结和变更则意味着利益的再分配。因此,他们往往囿于既得利益,不愿意看到对自己有利的政策将有变化甚至终结,他们担心因政策的终结会丧失已有的实际利益,就难免对某项政策的终结产生逆反情绪和抵

---

① Peter Deleon. 1978. Public Policy Termination: An Ending and a Beginning. *Policy Analysis*, Summer:369—392.

② Brian W. Hogwood and Lewis A. Gunn. 1984. *Policy Analysis for the Real World*. London: Oxford University Press. pp.247—248.

触心理。如精简机构的政策，常常会引起那些认为自己的既有权力、地位和影响受到威胁的人持消极态度；而由于政策终结造成工资、福利、奖金等经济利益损失更是容易引起当事人的不满而对政策终结持反对态度。二是政策制定者（policy makers）。政策制定者对于自己所制定的政策也有一种心理偏好，如果对政策问题缺乏高度的自觉性、责任感和科学态度，他们一般不愿承认政策的缺陷、失误或失败。一方面，他们认为现有政策是通过周密考虑精心制定出来的工作成果，宣布终结该政策，会使他们在内心出现一种失落感；另一方面，他们感到若承认政策失败等于承认他们工作中的失误，甚至有可能影响其名利地位，因而会对某项政策终结可能造成的后果具有本能的恐惧感和防备心理。三是政策执行者（policy implementers）。如果对政策问题缺乏自觉性、责任感和科学态度，他们往往也不愿承认政策的失败，因为在政策实施过程中，已经凝聚了他们的精力、劳动和智慧，耗费了他们的心血，尤其是当实施某项政策能使他们获得某些实际利益，或是终结某项政策可能危及他们的利益实惠和发展前途时，这种心理上的抵触就更为强烈，不愿意看到执行中的政策被终结。同时，某项政策在实际执行了一段时间之后，政策执行者会自觉或不自觉地形成一种工作习惯和心理定势，如果宣布终结该政策，也会造成政策执行者的不习惯和不适应。

上述三类人的心态，往往成为政策终结的首要障碍。特别是当这三类人结成彼得·德利翁所谓的反对政策终结的"联合体"（联盟）、并切实进行反对政策终结的活动时，他们对政策终结的阻碍力量则更大、更有影响。美国著名政策学家托马斯·R.戴伊认为，"政府的方案很少会被终止（Government programs are rarely terminated）。哪怕评估研究得到的结果是负面的，哪怕政策制定者自己也充分意识到它的欺骗性、浪费和无效率，哪怕报告表明成本—收益比率相当糟糕，政府的方案仍然会想方设法存在下去（Even when evaluative studies produce negative findings; even when policymakers themselves are fully aware of fraud, waste, and inefficiency; even when highly negative benefit-cost ratios are reported, government programs manage to survive）。一旦一项政策被政府制度化了，它就特别难以终止（Once policy is institutionalized within a government, it is extraordinarily difficult to terminate）"[①]。

---

[①] Dye, Thomas R. 2002. *Understanding Public Policy*, 10th ed. Englewood Cliffs, N.J.: Prentice-Hall. p.324.

2. 公共权力组织机构的持续性(The durative of agencies)。

任何公共政策的执行都是由一定的组织机构来承担的。组织机构具有四个特性,这四个特性在某种程度上都成了政策终结的阻力。一是机构的惯性(The inertia of agencies)。一项新政策的执行可以指派给现存的机构,也可以通过建立新机构来执行。政策执行机构如同其他社会政治组织一样,具有为寻求自身生存空间而无限扩张的本性,直到遇到障碍为止。正因为如此,一个机构即使在没有新的推动力的情况下,也依然能在相当长的时间内正常开展工作,纵然该机构实际上已经没有生存的必要,但是它也不会自行停止自身的运行。这其实就是由于组织的惯性在起作用,这种惯性是维持组织稳定、推动组织正常运转的基本力量。组织机构所固有的惯性,使它本能地反对任何变化的要求。在我国,由于"公共权力部门化,部门权力利益化,权力利益法制化",使得机构的惯性更加强大。二是机构的生命力(The vitality of agencies)。组织机构本身还具有成长性,它如同人一样,有着很强的生存能力,通常一个组织持续的时间越长,就越难以终结。这正如美国公共决策学者詹姆斯·E.安德森所说,"某一政策、项目机构持续的时间越长,它被终结的可能性就越小,经过一段时间,会形成对它继续存在的条件和支持(The longer a policy, program, or agency remains in existence, the less likely it is to be terminated. Over time, accommodations are made and support developed that enable them to survive)"[①]。一旦政策终结危及组织机构自身的生存时,它就会出于自身利益和生存的考虑,主动设法减轻所面临的压力,或改变策略,或调整结构,以延续自身的生存,极力阻止政策终结的进程,这样就给政策的及时终结带来了消极影响。三是机构的动态适应性(The dynamic adaptability of agencies)。根据组织理论的研究,组织机构不是静止不变的,而是动态发展的,机构本身却有一种动态的适应性,可以随环境和需要的变化和压力而产生变动。权变理论(contingency theory)认为,任何组织要能生存,就必须使自身同变化的条件相适应。这种适应就是要在稳定性、持续性、适应性和革新性之间保持动态平衡。[②] 组织机构甚至能针对政策终结的各种措施来调整自己的方向,使政策终结的计划夭折或破产。正如美国公共政策学者查尔斯·O.琼斯在《公共政策研究导论》(*An Introduction*

---

① Anderson, James E. 1984. *Public Policy-Making*, 3rd ed. Orlando, Florida: Holt, Rinehart and Winston, Inc. p. 155.

② 朱国云:《组织理论:历史与流派》,南京大学出版社1997年版,第326页。

*to the Study of Public Policy*)中所指出的"组织机构是动态而不是静态的，它会调整自己的方向以适应变化了的要求"①。同时，机构的动态适应性常常反作用于环境，使得这种动态适应性最终发展成为机构与环境之间的动态适应性，②从而增加了政策终结的难度。四是行政机关的联盟（The coalition of administrative agencies）。由于执行某项公共政策而获得既得利益的一些行政机关，为了维护自身的既得利益，往往会在公共政策面临终结时结成行政机关的联盟，共同反对公共政策终结。这是因为行政机关比其他社会组织具有进行政治活动的便利条件，它们可以利用自身有利的地位对公共政策的终结施加影响。而"一旦它们结成一个共同体，就能够有效地威胁政策终结行为"。③ 特别是官僚制的技术优势使理性化的世界渐渐变成了一个怪物，它把自己的制造者非人化了。法国社会学家米歇尔·克罗齐（Michael Crozier）在《官僚现象》（*The Bureaucratic Phenomenon*；*Le Phénomène Bureaucratique*）中指出了官僚制的这一悖论：一方面，大多数学者把官僚制组织看作是现代世界理性的化身，并因此而认为它高于所有其他类型的人类组织。另一方面，许多作家，常常是同一批人，则把官僚制看作是一种利维坦（Leviathan），准备把人类置入牢笼。德国社会学家马克斯·韦伯也有这样的担忧，他说："没有人知道将来会是谁在这铁笼里生活；没有人知道在这惊人的大发展的终点会不会又有全新的先知出现；没人知道会不会有一个老观念和旧思想的伟大再生；如果不会，那么会不会在某种骤发的妄自尊大情绪的掩饰下产生一种机械的麻木僵化呢，也没有人知道。因为完全可以，而且是不无道理地，这样来评说这个文化的发展的最后阶段：'专家没有灵魂，纵欲者没有心肝；这个废物幻想着它自己已达到了前所未有的文明程度。'"④这些官僚行政机构对于外界来说，极像弗朗茨·卡夫卡（Franz Kafka，1883—1924）笔下的《城堡》（*The Castle*），有其神秘、排外和自我保护的特质和倾向性。当政策终结威胁其利益时，他们一方面会要求其内部成员齐心协力共同抵制政策终

---

① Jones, Charles O. 1984. *An Introduction to the Study of Public Policy*, 3rd ed. Monterey, C. A.: Brooks/Cole Publishing Company. p.236.

② [美]彼得·布劳、马歇尔·梅耶：《现代社会中的科层制》，马戎等译，学林出版社2001年版，第116页。

③ Jones, Charles O. 1984. *An Introduction to the Study of Public Policy*, 3rd ed. Monterey, C. A.: Brooks/Cole Publishing Company. p.236.

④ [德]马克斯·韦伯：《新教伦理与资本主义精神》，于晓、陈维纲等译，三联书店1987年版，第143页。

结;另一方面则互相团结、拉拢和接近政府内外有影响的人士来抵制政策终结。

3. 法律程序的滞后性(The lag of judicial procedures)。

这主要是指公共政策终结由于法律程序的滞后而延迟。公共项目的设立、组织机构的确立和公共政策的制定都要通过法定程序取得合法性,同样,公共项目的终止、组织机构的撤销和公共政策的终结也应该如此,也必须通过法定程序来进行,这是法制国家依法行政的必然要求。但由于法定程序要求按照一定步骤进行而不能随意更改或省略步骤,而且政策终结的程序是十分复杂的。这一过程不仅耗时费力,而且操作起来往往十分复杂,特别是已上升为法律的政策,要使其终结更要费尽周折,由于立法机关作为公共权力机关有着"因政策终结而引起人们对其立法科学性、有效性怀疑"的顾虑,在考虑终止某项政策或法律时,往往顾虑重重,举棋不定。在一项政策终结的时机成熟时,政策终结由于法律程序的严重滞后而往往会延误终结的时机。可见,法律程序的滞后性也是影响政策终结的重要因素。美国政策科学家加利·D. 布鲁尔和彼得·德利翁认为,政策终结在法律上的制约甚至要通过法律上的修改才能改变。①

4. 公共舆论"第四种权力"的压力(The pressures from public opinion)。

在西方国家,大众传播媒体和公共舆论常常被认为是与立法、行政、司法并立的"第四种权力(The Fourth Power)"。作为影响公共政策过程的重要主体和要素之一,公共舆论"确定了公共政策的基本范围和方向"(the general boundaries and direction of public policy may be shaped by public opinion)。公共舆论借助于现代新闻传播媒介可以渗入到社会的方方面面和每一个角落,形成广泛的社会影响和巨大的社会冲击力。所以,詹姆斯·E. 安德森说:"当选的公共官员如果公然无视公共舆论,并且不把其作为他的决定准则中的一种,那么他简直是愚蠢透顶;而且可能会发现自己是民意测验中的不幸人物(the elected official who totally ignores public opinion and does not include it among his decision criteria, should there be an official so foolish,

---

① See Garry D. Brewer and Peter Deleon. 1983. *The Foundations of Policy Analysis*. Homewood: The Dorsey Press. p.395.

is likely to find himself out of luck at the polls)."①实际上,通过传媒所形成的社会公共舆论,也必然对政策终结产生影响和压力。一项为大众传播媒体和公共舆论关注和支持的政策或项目,对其实施强行终结往往是极其困难的。

5. 利益团体的影响力(The influence from interest groups)。

在一个存在着多元结构的社会中,各种力量都会对公共政策过程产生影响。公共政策的团体理论模型认为,公共政策实际上是多种政治力量相互作用的结果。社会生活中的政治过程实际上就是各种团体力争影响公共政策的行为过程,每一个利益集团为了实现自己的团体目标,都尽力加强自身的实力并尽可能对公共政策主体施加更大的影响力。所以,公共政策就是多种团体利益均衡的产物和反映。只有通过团体,个人在政治上才是重要的,才能得到他们所追求的政治优先权。所谓利益集团(interest groups),简单地说,就是利益取向相同或相近的人们为争取和保护自己的权益而自发结合起来的共同体。美国政治学家戴维·B. 杜鲁门(David B. Truman)也认为,"一个利益集团就是一个持有共同态度并对社会上其他集团提出某种要求的集团"②。由于公共政策实际上就是在全社会范围内关于利益与价值的权威性分配,因而各利益集团必然要努力影响公共政策,以期形成对自己有利的公共政策制定。美国政治学家阿瑟·F. 本特利(Arthur F. Bentley)认为,利益集团之间的竞争过程就是凸现和实现公共利益的过程。因此,当政策终结威胁其利益追求时,反对政策终结的利益集团为维护其既得利益,必然会采取各种合法或非法的途径如游说或行贿等,极力阻止政策终结。现代公共选择理论(Public Choice Theory)证明,利益集团的力量很大,他们总能左右公共政策,他们和政治家(politicians)、政府官员(executives)互相利用,形成一个"铁三角"(the Iron Triangle)。利益集团的存在和活动,使得公共政策终结的实施更为困难。

6. 公共政策终结的代价(The cost of policy termination)。

政策终结的高昂成本也是影响政策终结的重要因素之一。从成本本身

---

① Anderson, James E. 1984. *Public Policy-Making*. Orlando, Florida:Holt, Rinehart and Winston, Inc. p. 63.

② Truman, David B. 1971. *The Governmental Process:Political Interests and Public Opinion*, 2nd ed. New York:Alfred A. Knopf. p. 37. 参见[美]戴维·杜鲁门:《政治过程》,陈尧译,天津人民出版社 2005 年版,第 41 页。

的性质上来说,政策终结的成本既包括政治成本,也包括经济成本和社会成本;从发生过程的角度来说,政策终结的成本包括直接成本和间接成本。一般说来,政策终结的成本包括两方面的内容:一是现有政策的沉淀成本(sunk cost);二是终结行为本身要付出的代价。① 通过合法途径制定的公共政策一旦开始运作和执行,就需要投入大量成本,正是这些大量成本使得政策终结者处于进退维谷的两难境地:"进"即追加投资,只会造成更大的损失,因为政策已被证明是无效或失效的;"退"即停止投资,那么,要面对的就是已投入的巨额资金将会由于政策终结而成为沉淀成本,无法收回。而且政策终结行为本身还要付出相应的代价。不仅需要筹集政策终结行为本身所需的各项费用,以制定和执行新的政策或组建新的机构,同时,为了减少政策终结的阻力,还需要对因政策终结而利益受损者进行适当的补偿。总之,正如英国公共政策学者布赖恩·W.霍格伍德(Brian W. Hogwood)和刘易斯·A.冈恩(Lewis A. Gunn)所观察到的,政策终结活动的成本是高昂的;必须动用相当的资源反制反终结联盟,而且因为这一原因,组织也不愿意终结其自身的项目(the costs of termination are high; considerable resources have been mobilized to counter anti-termination coalition, and organizations are reluctant to terminate their own programs for this reason)。② 一般来说,政策投入的成本越高,终结者下决心终结的难度就越大。在高昂沉淀成本及终结行为本身要付出的代价面前,政策终结者面临重重压力,在权衡得失后,以固守原有政策为上策,最终可能放弃政策终结。

## 三、公共政策终结的权力博弈策略

美国公共政策学者查尔斯·O.琼斯将政策终结理解为政府终止政策行动的功能活动,并就此提出了两条通则:其一,政府政策行动的终止很少是由于问题已经被解决(Those programs and their interactive organizational elements which go out of existence seldom do so as a result of the problem or problems being solved);其二,政策终结通常是一种组织调整的过程,在此过程中,政策行动者将其注意力转移到其他相关的事物上(Termination is typically a process of organizational adjustment in which policy actors shift

---

① 张金马:《政策科学导论》,中国人民大学出版社1992年版,第273页。
② Brian W. Hogwood and Lewis A. Gunn. 1984. *Policy Analysis for the Real World*. London: Oxford University Press. pp.247—248.

to consider related matters)。① 原来的公共政策问题虽未得到彻底解决,但已让位于新的更迫切需要解决的政策问题。

查尔斯·H.利维尼(Charles H. Levine,1939—1988)根据政治、经济、技术因素和组织内外的分类标准指出:① 政治上的脆弱(political vulnerability);② 问题的枯竭(problem depletion);③ 组织的萎缩(organizational atrophy);④ 环境之熵(environmental entropy),等等,都是组织衰退的原因。② 美国杨伯翰大学(Brigham Young University)组织领导与战略学院中心主任戴维·A.威顿(David A. Whetten)教授以此为基础,进一步指出,第一,正统性的丧失(loss of legitimacy)是由于其政策的存在理由不再存在而问题本身枯竭了,因而政策也丧失正统性而症结。第二,由于环境之熵(environmental entropy)的减少,就导致为此的政策或组织之终结。如城市经济的不景气导致城市财政的困难,从而缩小或终结城市政策。第三,脆弱(vulnerability)是内部因素之一。它意味着对预算的缩减或来自环境的缩减要求的抵抗力的弱化。组织规模的弱小、内部冲突、领导的更换、缺乏专业知识、组织历史较短等都与脆弱有关。第四,组织的萎缩(organizational atrophy)是私营企业经营恶化而遇到组织存亡危机的情况相类似的政府组织之萎缩。③

美国政策学者罗伯特·D.贝恩(Robert D. Behn)也曾提出了关于政策和组织终结的12点建议。④ 与巴达克和德利翁等人多从意识形态、制度及政策目标角度的探讨相比,贝恩关于政策和组织终结的12点建议和策略,虽如

---

① Jones, Charles O. 1977. *An Introduction to the Study of Public Policy*, 2nd ed. Mass.: Duxbery. p. 215.

② Levine, Charles H. 1978. Organizational Decline and Cutback Management, *Public Administration Review*, 38:3, 316—325.

③ Whetten, David A. 1980. Sources, Responses, and Effects of Organizational Decline, in John R. Kimberly, Robert H. Miles, and Associates, eds. *The Organization Life Cycle: Issues in the Creation, Transformations, and the Decline of Organizations*. San Francisco, C. A.: Jossey Bass, pp. 342—374. Reprinted in Kim Cameron, Robert Sutton, David Whetten, eds. 1988. *Readings in Organizational Decline*. Ballinger Press. pp. 151—174. Also see [韩]吴锡泓、金荣枰编:《政策学的主要理论》,金东日译,复旦大学出版社2005年版,第494—495页。

④ Behn, Robert D. 1978. How to Terminate a Public Policy: A Dozen Hints for the Would-be Terminator. *Policy Analysis*, Vol. 4, No. 3:393—413.

他自己所言并非放之四海而皆准，但是更有操作性和具体的参考意义。

实际上，政策终结如同政策执行一样，本质上是一个行动的过程。由于政策终结行动的复杂性、矛盾性和困难性，政策终结者需要运用高度的智慧和技巧，采取灵活的策略，妥善加以处理。否则，政策终结行动不仅达不到终结的目的，甚至会适得其反，引起政治危机和冲突。因此，在政策终结的过程中，终结者要基于公共权力的博弈，借助推动政策终结的驱动力而尽力消解那些障碍政策终结的抑制力。

1. 通过分权、控权改革，打破公共权力垄断，推动政策终结

如前文所述，基于公共权力视角所理解的公共政策终结是由于一项公共政策违背了政策的公共性原则，背离了公共利益的价值取向，出现公共权力异化现象，因而该项政策必须予以终止。公共政策终结的主体只能是公共权力主体，让公共权力主体终结自己所制定并执行的政策，其基本逻辑必须是建立在"权力是分享的、可控的"基础之上的。美国政策学者尤金·巴达克把推动政策终结的力量分为三种类型的政策终结者（terminators），即反对者（the oppositionists）、节约者（the economizers）和改革者（the reformers）。[①] 反对者是指对现行政策持有异议的反对派人士，他们之所以要终结一项政策是因为他们认为它是不好的政策。他们认为，该政策背离了他们的价值观，或者侵害了他们的社会、经济或政治利益。可以说，他们是对推动政策终结最为积极的力量，可能从一开始就反对某项政策的制定和执行。节约者是那些认为公共部门必须厉行节约的人。他们之所以赞成终结是因为这样可以节省开支；有时其兴趣只是在于对开支进行重新规划，防止公共资源的浪费。改革者的政策主张往往是建立在对现行政策进行批判的基础上的。他们把旧政策看成是创立新政策的障碍，因此，他们强烈认为旧政策的终结是成功、有效地推行新政策的先决条件。巴达克认为，改革者与反对者行为背后的动机通常是意识形态和政治上的考虑，而节约者的行为动机常常是具体项目方面（如经济和效率）的考虑。不过，有时候项目方面的原因更有利于终结的实现，尽管它在事实上掩盖了真正的意识形态和政治上的动机。

所以，政策终结与其说是个技术性问题，不如说是个政治性的问题。正如美国政策学者彼得·德利翁和詹姆斯·M.卡梅隆（James M. Cameron）所

---

[①] Eugene Bardach, 1976. Policy Termination as a Political Process. *Policy Science*, Vol. 7, No. 2:123—131.

认为的,在终结决定中发挥关键性作用的是政治价值和意识形态。① 彼得·德利翁还指出,是意识形态姿态而不是严格的分析或评估推动了……终结活动②。在大多数终结决策中,作为其基础的是政治考量,而不是评估上的雅致。根据彼得·德利翁的观点,政策终结的研究者们不要把眼光只局限于经济和效率方面的问题,"如果要在终结领域有效运行,就应当加上意识形态的动机"③。

从政治价值和意识形态角度分析政策终结,就是要考察公共政策是否遵循了公共政策的公共性原则,是否致力于实现公共目标和维护公共利益。政策公共性要求始终以公共利益为首要的考量标准,坚持政策的公共利益取向,也就相应地遵守了政策公共性的公正性、公平性与公开性这三个维度。④ 如果公共权力在政策过程中违背了公共性原则和公共利益价值,就要基于分权、控权的制度设计,聚焦于揭露作为终结对象的原政策的危害性(focus attention on the policy's harm)。清除一项具有危害性的政策要比清除那些无效或低效的政策容易得多(eliminating policies that can be shown to have a particularly harmful effect is easier than eliminating policies that have general effects, ineffectiveness, or inefficiency)。同时,还可以在此基础上扩大政策终结的支持势力(enlarge the policy's constituency)。有组织的选民往往能够决定政策终结与否,因此,政策终结者若能让其支持者的规模超过原政策的受惠者则会更为成功(Organized constituencies often determine whether a policy is continued or terminated; consequently, terminators are more successful in eliminating a policy if they can enlarge the termination

---

① Peter Deleon. 1987. Policy Termination as a Political Process, in *The Politics of Program Evaluation*. Ed. by Dennis J. Palumbo. Beverly Hills: Sage. pp. 173—194; James M. Cameron. 1978. Ideology and Policy Termination: Restructuring California's Mental Health System, in The Policy Cycle. Ed. by Judith May and Aaron Wildavsky. Newbury Park: Sage. pp. 301—328.

② Peter Deleon. 1987. Policy Termination as a Political Process, in *The Politics of Program Evaluation*. Ed. by Dennis J. Palumbo. Beverly Hills: Sage. p. 185.

③ Lester, James P. and Joseph Stewart, Jr. *Public Policy: An Evolutionary Approach*. 詹姆士·P. 莱斯特、小约瑟夫·斯图尔特:《公共政策导论》,中国人民大学出版社 2004 年版,第 157—158 页。

④ 刘东杰:《基于规范公共性要求的公共政策终结》,载《党政干部学刊》2007 年第 5 期。

constituency body beyond the policy's original clientele base)。①

2. 通过授权赋权政策评估以争取支持力量

美国学者赫伯特·F. 斯皮勒(Herbert F. Spirer)把政策终结中发生的问题分为情绪性问题和认知性问题,进而认为,组织或政策的终结会引起组织成员的情绪上的不安、丧失集体归属感、丧失工作兴趣等问题,并主张通过确立新的目标、赋予归属感、频繁地开会、管理者巡视以及合理地利用所裁减人员等途径来加以解决,给收益者提供参与利益以解决收益者的情绪问题。②争取人们对政策终结的理解与支持,应成为顺利实现政策终结的主要途径。通过让政策终结相关人员参与政策终结的讨论和决策,不仅能博采众长,更重要的是能调动全体组织人员及政策终结相关人员以主人翁的态度和热情去看待政策终结,去宣传和推动政策终结的具体措施。

在政策终结过程中,政策终结支持者的态度和人数的多寡,是决定政策终结成败的关键。因此,政策终结的倡导者必须努力争取各种支持力量,以推动政策终结的实现。通过授权、赋权,吸收局外人加入(Recruit an outsider as a terminator)。当局者通常不太愿意接受对自己过去行为的负面看法并作出必须终结的决定,因此,吸收局外人参与有助于他们转变观念和做法,从而有利于政策终结的实现(The current administration may be reluctant to adopt a negative view of the agency's past behavior and make unpopular statements and directives necessary for termination, therefore, recruitment of an outsider as a terminator will facilitate termination because the agency must renounce its programmatic philosophy and disrupt its administrative procedures)。③ 既然公共政策终结是公共政策决策者通过对公共政策进行评估后,采取必要的措施,以终止那些过时的、多余的、不必要的或无效的公共政策的一种行为,那么,通过公开政策评估结论,让人们了解原有政策的低效、无效,如果继续实施,只会进一步浪费政策资源,甚至还会危害社会公共

---

① Behn, Robert D. 1978. How to Terminate a Public Policy: A Dozen Hints for the Would-be Terminator. *Policy Analysis*, Vol. 4, No. 3:393—413.

② Spirer, Herbert F. 1983. Phasing Out the Project, in David I. Cleveland & Willa R. King, eds. *Project Management Handbook*. New York: Van Nostrand. 转引自[韩]吴锡泓、金荣枰编著:《政策学的主要理论》,金东日译,复旦大学出版社2005年版,第496页。

③ Behn, Robert D. 1978. How to Terminate a Public Policy: A Dozen Hints for the Would-be Terminator. *Policy Analysis*, Vol. 4, No. 3:393—413.

利益。这样,一方面,可以争取到潜在的支持者,这些支持者包括:非政策相对人或非标的团体;另一方面,也可以争取社会公共舆论的支持。因为通过公开政策评估结果,揭露某项政策无效,可以让人们明白为什么政策必须终结,如果不加以终结而让其继续执行,则将对社会造成更大的危害和损失。同时,通过公开政策评估结论,也可以让终结反对者认识到,及时终结那些无效或失效的政策,从长期来看,不仅有利于社会,有利于人民,而且自己也将从中受益,这样就可能转变他们对政策终结的态度,由政策终结的反对者转而成为政策终结的理解者、认同者甚至成为政策终结的支持者。

3. 依托顶层设计,提高领导力,缓和政策终结的压力

公共政策是一系列关于利益分配的原则和行动准则,按照厄尔·R. 克鲁斯克(Earl R. Kruschke)和拜伦·M. 杰克逊(Byron M. Jackson)的看法,公共政策作为政治系统的产出,它们可能产生积极或消极的影响,成为对一部分人的奖赏或剥夺;同时,公共政策作为建立在法律和权威基础上具有合法性的政府行为,可以对一个国家或一个团体的资源实行管理、分配或再分配。① 因而政策终结实际上意味着打破原有的利益分配格局,这样总有一些人或团体(主要是原政策的受惠者)的利益受损,他们成为了政策终结的反对者。如机构的撤消、合并或降级,会使组织机构的权力拥有者至少失去原有的部分权力和地位,如得不到相应的补偿,那么他们就势必会坚决抵制政策终结。因此,需要依托顶层设计,增强领导力,推动政策终结。美国著名政策学者尤金·巴达克在《作为一种政治过程的政策终结》一文中即曾经探讨了政策终结的若干策略,包括:①从行政中诱导变化(A change in administrations)。②批判作为原政策基础的意识形态框架使其丧失合法性(Delegitimation of the ideological matrix in which the policy is embedded)③造成很多市民对自己的未来生活失去信心的混乱时期(A period of turbulence in which many people's optimistic expectations about their own life chances are shaken)。④缓冲爆破(Cushioning the blow),设计政策终结策略以部分地改善那些利益将会遭受不利影响的人的状况(Policy termination strategies can be designed to partially ameliorate those injuries which will be suffered by interests to be adversely affected)。⑤要使人们相

---

① [美]厄尔·R. 克鲁斯克、拜伦·M. 杰克逊主编:《公共政策辞典》,唐理斌等译,上海远东出版社1992年版,第31—32页。

信,为了完全终结原政策的政策设计—到时机,原政策就会完全废除或变形(Designing policies for eventual termination would facilitate their transformation or even their complete destruction when the time was ripe)。①

为了缓和公共政策终结的压力,可以采用新政策出台与旧政策终结并举的方法,及时地采用新公共政策替代旧公共政策,避免出现政策真空。美国政策科学家彼得·德利翁认为,政策终结的策略包括:第一,使人们认识到政策终结不是结束而是开始;第二,政策分析家在政策评价阶段上特别注意寻找有效政策终结的策略和手段;第三,要充分地利用政治行政或主要的人事变动等终结环境的"自然成熟期"。同时,彼得·德利翁和加利·D.布鲁尔认为,上述部分终结比完全终结更加重要,他们还揭示了代替、合并、分离、渐减、断绝等策略。② 本恩的策略是,不要强调终结,而要强调革新(Advocate adoption, not termination)。要使人们相信实行新政策必须终结旧政策,而不是仅仅强调旧政策的终结(Make the case that the adoption of policy B necessitates the termination of policy A, rather than simply advocating termination of policy A)。如果我们能制定出一个使更大多数人都能够同时受惠的新政策,那么就能够大大减少旧政策终结的阻力。通过顶层设计,只终结那些必要的部分(Terminate only what is necessary)。终结者应该明确自己的动机,是终结有害的政策、无效的政策,还是代价高昂的政策,这些都必须慎重决定(Terminators should be aware of their motivation. Is the target of termination really a harmful or ineffective policy or an expensive agency? Be judicious in deciding what to terminate)。不过,采用这种方法对于政策终结的具体操作部门来说,难度较大,要求更高,因为终结旧公共政策和推行新公共政策两方面的工作同时进行,关系错综复杂,工作量大,安排不当往往会顾此失彼,既浪费大量的人力、物力、财力,又会影响新公共政策的执行和旧公共政策的终结进程。

4. 借助"第四权"力量,适当传播试探性信息,赢得公共舆论支持

有学者如美国政策学者罗伯特·D.贝恩提出在政策和组织终结的过程

---

① Bardach E. 1976. Policy Termination as a Political Process. *Policy Science*, Vol. 7, No. 2:123—131.

② See Garry D. Brewer and Peter Deleon. 1983. *The Foundations of Policy Analysis*. Homewood, I.L.: The Dorsey Press. pp. 396—398.

中要注意"不放试探性气球"(Don't float trial balloons),排除试验性观测机构。认为政策终结者在做出正式决定之前要防止走漏风声,以免引起反对者组织其支持者抗议。① 所谓传播试探性信息,就是政府在正式宣布终止某项公共政策之前,在一些非正式场合,借助新闻媒体"第四权"的力量,透露出将要实施政策终结的信息,以测定公共舆论对这一政策行动所持的态度。对于在终结之前,是否传播试探性信息,目前还有一些不同的看法,因为试探具有双重效果,从正面看,这种试探性的公共政策终结方面,有助于引起公众的广泛讨论,从而认清公共政策终结的必要性,减轻舆论给终结带来的困难。另一方面,由于这种试探性的方法所透露的信息往往不够完整,同时通过非官方的渠道进行传播,也容易造成信息失真,从而有可能使人们误解公共政策终结者的真实意图,对政策终结作出错误的反应,同时还可能为反对力量的结盟(anti-termination coalitions)提供时间。因此,公共政策决策者必须根据公共政策终结的不同内容,有选择性地在不同的场合运用这一方法。否则,这种试探性的公共政策终结方法往往收不到预期的效果。其原因就在于:这一过程不仅给公共政策的受益者或终结的受损者以充分的时间结成利益集团,从而给公共政策终结造成一种错综复杂的政治格局;而且一旦失真的信息在社会上广为传播,不仅不会减轻舆论的压力,甚至会使沸沸扬扬的公共舆论严重干扰公共政策终结的进行,使自己陷入尴尬的境地。② 实际上,适当地、有选择地传播试探性信息,不仅是民主法制社会对于政务公开的必然要求,同时也可以减轻公共舆论给公共政策终结造成的影响。只要处理得当,就能够发挥这一策略的正功能和积极作用。

---

① 另外,国内学者张金马也持有类似观点,参见张金马:《政策科学导论》,中国人民大学出版社1992年版,第274—275页。

② 陈振明主编:《政策科学》,中国人民大学出版社1998年版,第426页。

# 参考文献

## 中文部分

[1] 林德金:《政策研究方法论》,延边大学出版社1989年版。
[2] 桑玉成、刘百鸣:《公共政策学导论》,复旦大学出版社1991年版。
[3] 薄一波:《若干重大决策与事件的回顾》(上、下),中共中央党校出版社1991年版。
[4] 张金马:《政策科学导论》,中国人民大学出版社1992年版。
[5] 孙光:《现代政策科学》,浙江教育出版社1998年版。
[6] 朱崇实、陈振明等:《公共政策》,中国人民大学出版社1999年版。
[7] 陈振明主编:《政策科学》,中国人民大学出版社1998年版。
[8] 陈振明主编:《公共政策分析》,中国人民大学出版社2003年版。
[9] 陈庆云:《公共政策分析》,中国经济出版社1996年版。
[10] 宁骚主编:《公共政策学》,高等教育出版社2003年版。
[11] 张国庆:《现代公共政策导论》,北京大学出版社1997年版。
[12] 张国庆主编:《公共政策分析》,复旦大学出版社2004年版。
[13] 胡宁生:《现代公共政策研究》,中国社会科学出版社2000年版。
[14] 严强、王强:《公共政策学》,南京大学出版社2002年版。
[15] 刁田丁、兰秉洁、冯静编:《政策学》,中国统计出版社2000年版。
[16] 刘斌、王春福等:《政策科学研究》第一卷,人民出版社2000年版。
[17] 刘家顺、王永青等:《政策科学研究》第二卷,人民出版社2000年版。
[18] 中国社会科学杂志社编:《社会科学与公共政策》,社会科学文献出版社2000年版。
[19] 中国现代国际关系研究所:《美国思想库及其对华倾向》,时事出版社2003年版。
[20] 郭道晖:《社会权力与公民社会》,译林出版社2009年版。
[21] 孙哲:《左右未来——美国国会的制度创新和决策行为》,复旦大学

出版社2001年版。

[22] 刘伯龙主编:《当代中国公共政策》,复旦大学出版社2000年版。

[23] 谢百三主编:《中国当代经济政策及其理论》,北京大学出版社2001年版。

[24] 胡伟:《政府过程》,浙江人民出版社1998年版。

[25] 许文惠、张成福、孙柏英:《行政决策学》,中国人民大学出版社1997年版。

[26] 彭和平、竹立家等编译:《国外公共行政理论精选》,中共中央党校出版社1997年版。

[27] 黄孟藩:《现代决策学》,浙江人民出版社1998年版。

[28] 冯之俊、张念椿:《现代咨询学》,浙江教育出版社1998年版。

[29] 赵成根:《民主与公共决策研究》,黑龙江人民出版社2000年版。

[30] 孔繁斌:《公共性的再生产——多中心治理的合作机制建构》,凤凰传媒集团/江苏人民出版社2008年版。

[31] 傅康生、钱再见、杨文兵等:《重大政策:剖析与反思》,广东人民出版社2005年版。

[32] 金太军、钱再见、张方华、李雪卿:《公共政策执行:梗阻与消解》,广东人民出版社2005年版。

[33] 钱再见主编:《公共政策学新编》,华东师范大学出版社2006年版。

[34] 钱再见:《现代公共政策学》,南京师范大学出版社2007年版。

[35] 张世贤:《公共政策析论》,台北五南图书出版公司1986年版。

[36] 林水波、张世贤:《公共政策》,台北五南图书出版公司1982年版。

[37] 朱志宏:《公共政策》,三民书局1991年版。

[38] 伍启元:《公共政策》,香港商务印书馆1989年版。

[39] 曹俊汉:《公共政策》,三民书局1990年版。

[40] 丘昌泰:《公共政策》,巨流图书公司1997年版。

[41] 陈国钧:《社会政策与社会立法》,台北三民书局1984年版。

[42] 詹中原:《新公共政策》,华泰文化事业公司2003年版。

[43] 李允杰、丘昌泰:《政策执行与政策评估》,元照出版公司2003年版。

[44] [古希腊]亚里士多德《政治学》,吴寿彭译,商务印书馆1965年版。

[45] [英]阿克顿:《自由与权力——阿克顿勋爵论说文集》,侯健、范亚峰译,商务印书馆2001年版。

[46] [英]约翰·密尔:《论自由》,许宝骙译,商务印书馆1959年版。

[47] [法]孟德斯鸠:《论法的精神》(上、下册),张雁深译,商务印书馆1982年版。

[48] [美]约翰·罗尔斯:《正义论》,何怀宏、何包钢、廖申白译,中国社会科学出版社1988年版。

[49] [美]约翰·罗尔斯:《政治自由主义》,万俊人译,译林出版社2000年版。

[50] [英]霍华德·格伦内斯特:《英国社会政策论文集》,苗正民译,商务印书馆2003年版。

[51] [法]夏尔·德巴什:《行政科学》,葛志强等译,上海译文出版社2000年版。

[52] [德]尤尔根·哈贝马斯:《公共领域的结构转型:关于一种资产阶级社会的调查》,曹卫东等译,学林出版社1999年版。

[53] [美]汉娜·阿伦特:《人的条件》,竺乾威等译,上海人民出版社1999年版。

[54] [美]加布里埃尔·阿尔蒙德等:《比较政治学:体系、过程与政策》,曹沛霖、郑世平、公婷、陈峰译,上海译文出版社1987年版。

[55] [美]阿尔蒙德、小鲍威尔主编:《当代比较政治学——世界展望》,朱曾汶、林铮译,商务印书馆1993年版。

[56] [美]加布里埃尔·A.阿尔蒙德、西德尼·维巴:《公民文化:五个国家的政治态度与民主》,马殿军、阎华江等译,浙江人民出版社1989年版。

[57] [美]赫伯特·A.西蒙:《现代决策理论的基石》,杨砾、徐立译,北京经济学院出版社1991年版。

[58] [美]尼古拉斯·亨利:《公共行政与公共事务》,张昕等译,中国人民大学出版社2002年版。

[59] [美]罗伯特·达尔:《论民主》,李柏光、林猛译,商务印书馆1999年版。

[60] [美]罗伯特·达尔:《民主理论的前言》,顾昕、朱丹译,三联书店1999年版。

[61] [美]乔·萨托利:《民主新论》,冯克利、阎克文译,东方出版社1993年版。

[62] [美]汉密尔顿、杰伊、麦迪逊:《联邦党人文集》,程逢如等译,商务印书馆1980年版。

[63] [美]约瑟夫·熊彼特:《资本主义、社会主义与民主》,吴良健译,商

务印书馆 1999 年版。

[64] [美]卡尔·科恩(Carl Cohen):《论民主》,聂崇信、朱秀贤译,商务印书馆 1988 年版。

[65] [美]文森特·奥斯特罗姆:《美国公共行政的思想危机》,毛寿龙译,上海三联书店 1999 年版。

[66] [美]埃莉诺·奥斯特罗姆:《公共事物的治理之道》,余逊达、陈旭东译,上海三联书店出版社 2000 年版。

[67] [美]詹姆斯·Q.威尔逊:《美国官僚政治——政府机构的行为及其动因》,张海涛、魏红伟、陈家林等译,中国社会科学出版社 1995 年版。

[68] [美]西摩·马丁·李普塞特:《政治人:政治的社会基础》,张绍宗译,上海人民出版社 1997 年版。

[69] [美]丹尼斯·C.缪勒:《公共选择理论》,杨春学等译,中国社会科学出版社 1999 年版。

[70] [美]乔尔·S.米格代尔:《强社会与弱国家——第三世界的国家社会关系及国家能力》,张长东、朱海雷、隋春波、陈玲译,凤凰出版传媒集团/江苏人民出版社 2009 年版。

[71] [美]托巴斯·J.赖斯:《美国公共政策的形成与实施》,《应用社会学》,黑龙江人民出版社 1992 年版。

[72] [美]罗伯特·默顿:《社会研究与社会政策》,林聚任等译,三联书店 2001 年版。

[73] [英]卡尔·R.波普尔(Karl Raimund Popper):《猜想与反驳》,傅季重等译,上海译文出版社 1986 年版。

[74] [美]塞缪尔·亨廷顿:《第三波——二十世纪末的民主化浪潮》,刘军宁译,上海三联书店出版社 1998 年版。

[75] [美]威尔逊:《国会整体——美国政治研究》,熊希龄、吕德本译,商务印书馆 1985 年版。

[76] [美]约翰·肯尼思·加尔布雷斯:《经济学和公共目标》,蔡受百译,商务印书馆 1983 年版。

[77] [美]肯尼斯·约瑟夫·阿罗:《社会选择与个人价值》,陈志武、崔之元译,四川人民出版社 1987 年版。

[78] [美]E.E.谢茨施耐德:《半主权的人民:一个现实主义者眼中的美国民主》,任军锋译,天津人民出版社 2000 年版。

[79] [美]托马斯·R.戴伊:《理解公共政策》,彭勃等译,华夏出版社

2004年版。

[80]［美］托马斯·R. 戴伊：《自上而下的政策制定》，鞠方安、吴忧译，中国人民大学出版社2002年版。

[81]［美］托马斯·R. 戴伊：《谁掌管美国——卡特年代》，梅士、王殿宸译，世界知识出版社1980年版。

[82]［美］诺曼·奥恩斯坦、雪莉·艾尔德：《利益集团、院外活动和政策制订》，潘同文、陈永易、吴艾美译，世界知识出版社1981年版。

[83]［美］戴维·伊斯顿：《政治生活的系统分析》，王浦劬译，华夏出版社1999年版。

[84]［美］斯图亚特·S. 那格尔：《政策研究百科全书》，林明等译，科技文献出版社1990年版。

[85]［美］查尔斯·E. 林德布洛姆：《政策制定过程》，朱国斌译，华夏出版社1988版。

[86]［美］彼得·罗西、霍华德·E. 弗里曼、马克·W. 李普希：《项目评估：方法与技术》，邱泽奇等译，华夏出版社2002年版。

[87]［美］詹姆斯·安德森：《公共决策》，唐亮译，华夏出版社1990年版。

[88]［美］史蒂文·凯尔曼：《制定公共政策》，商正译，商务印书馆1990年版。

[89]［美］叶海卡·德洛尔：《逆境中的政策制定》，王满船译，上海远东出版社1992年版。

[90]［美］弗兰克·费希尔：《公共政策评估》，吴爱明、李平等译，中国人民大学出版社2003年版。

[91]［英］迈克尔·希尔：《现代国家的政策过程》，赵成根译，中国青年出版社2004年版。

[92]［美］R. M. 克朗：《系统分析与政策科学》，陈东威译，商务印书馆1986年版。

[93]［美］Fred I. Greenstein and Nelson W. Polsby：《政策与政策制定》（*Policies and Policymaking*），幼狮文化事业公司1984年版。

[94]［美］戴维·L. 韦默、［加］艾丹·R. 维宁：《政策分析——理论与实践》，中国人民大学出版社2003年版。

[95]［美］阿维纳什·K. 迪克西特（Avinash K. Dixit）：《经济政策的制定：交易成本政治学的视角》，刘元春译，中国人民大学出版社2004年版。

[96]［美］拉雷·N. 格斯顿：《公共政策的制定——秩序和原理》，朱子文

译,重庆出版社2001年版。

[97][美]雷蒙德·塔塔洛维奇、拜伦·W.戴恩斯:《美国政治中的道德争论》,吴念等译,重庆出版社2001年版。

[98][美]小约翰·B.科布:《后现代公共政策——重塑宗教、文化、教育、性、阶级、种族、政治和经济》,李际、张晨译,社会科学文献出版社2003年版。

[99][美]威廉·N.邓恩:《公共政策分析导论》,谢明等译,中国人民大学出版社2002年版。

[100][美]卡尔·帕顿、大卫·沙维奇:《政策分析和规划的初步方法》,孙兰芝、胡启生等译,华夏出版社2001年版。

[101][美]保罗·A.萨巴蒂尔:《政策过程理论》,彭宗超、钟开斌等译,三联书店2004年版。

[102][美]约翰·W.金顿:《议程、备选方案与公共政策》,丁煌、方兴译,中国人民大学出版社2004年版。

[103][美]埃贡·G.古贝、伊冯娜·S.林肯:《第四代评估》,秦霖、蒋燕玲等译,中国人民大学出版社2008年版。

[104][美]E. R. 克鲁斯克等主编:《公共政策辞典》,唐理斌等译,上海远东出版社1992年版。

[105][加]梁鹤年(Hok Lin Leung):《政策规划与评估方法》,丁进锋译,中国人民大学出版社2009年版。

[106][美]菲利克斯·A.尼格罗(Felix A. Nigro)、劳埃德·G.尼格罗(Lloyd G. Nigro):《公共行政学简明教程》,郭晓来等译,中共中央党校出版社1997年版。

[107][美]戴维·杜鲁门:《政治过程:政治利益与公共舆论》,陈尧译,天津人民出版社2005年版。

[108][美]格尔哈特·E.伦斯基(Gerhard E. Lenski):《权力与特权:社会分层的理论》(*Power and Privilege*: *A Theory of Social Stratification*),关信平、陈宗显、谢晋宇译,浙江人民出版社1988年版。

[109][法]莫里斯·迪韦尔热:《政治社会学——政治学要素》,杨祖功、王大东译,华夏出版社1987年版。

[110][英]迈克尔·曼:《社会权力的来源》第1卷,刘北成、李少军译,上海人民出版社2002年版。

[111][英]迈克尔·曼:《社会权力的来源》第2卷,陈海宏等译,上海人

民出版社 2007 年版。

[112] [英]拉尔夫·达伦多夫:《现代社会冲突》,林荣远译,中国社会科学出版社 2000 年版。

[113] [美]乔恩·谢泼德、哈文·沃斯:《美国社会问题》,乔寿宁、刘云霞译,山西人民出版社 1987 年版。

[114] [美]大卫·哈伯斯塔姆(David Halberstam):《掌权者:美国新闻王国内幕》(*The Powers That Be*),尹向泽等译,四川文艺出版社 1988 年版。

[115] [美]罗伯特·W. 麦克切斯尼(Robert Waterman McChesney):《富媒体,穷民主:不确定时代的传播政治》(*Rich Media，Poor Democracy：Communication Politics in Dubious Times*),谢岳译,新华出版社 2004 年版。

[116] [美]詹姆斯·M. 布坎南:《自由、市场和国家》,吴良健等译,北京经济学院出版社 1988 年版。

[117] [美]伦纳德·S. 西尔克、马克·R. 西尔克:《美国的权势集团》,金君辉、潘同文等译,商务印书馆 1994 年版。

[118] [美]莫顿·贝科威茨(Morton Berkowitz)等:《美国对外政策的政治背景》,张禾译,商务印书馆 1979 年版。

[119] [美]戴维·奥斯本、特德·盖布勒:《改革政府:企业家精神如何改革着公共部门》,周敦仁译,上海译文出版社 2006 年版。

[120] [以色列]叶海卡·德洛尔:《政策科学的构想》,国家机械委经济技术政策研究所、机械工业经济政策研究中心编印。

[121] [日]松下 圭一(まつした けいいち):《政策型思考与政治》,蒋杨译,社会科学文献出版社 2011 年版。

[122] [日]西尾 胜(にしお まさる):《行政学》,毛桂荣等译,中国人民大学出版社 2006 年版。

[123] [日]佐藤 功(さとう いさお):《比较政治体制》,法律出版社 1984 年版。

[124] [日]大嶽 秀夫(おおたけ ひでお, Hideo Ohtake):《政策过程》,经济日报出版社 1991 年版。

[125] [日]药师寺 泰藏(やくしじ たいぞう, Taizo Yakushiji):《公共政策》,张丹译,经济日报出版社 1991 年版。

[126] [日]迁中 丰(辻中 豊 つじなか ゆたか, Yutaka Tsujinaka):《利益集团》,郝玉珍译,经济日报出版社 1989 年版。

[127] [日]五十岚 雅郎(いがらし まさろう, Masao Igarashi):《智囊团

与政策研究》(シンクタンク),肖阳译,科学技术文献出版社1986年版。

[128] [韩]吴锡泓、金荣枰:《政策学的主要理论》,金东日译,复旦大学出版社2005年版。

## 外文部分

[1] [日]村山皓・川口清史:『政策科学の基礎とアプローチ』,ミネルヴァ書房2004。

[2] [日]村川一郎:『政策決定過程』,信山社2000。

[3] [日]宮川 公男(みやがわ ただお,Tadao Miyakawa):『政策科学の基礎』,東洋経済報社1994。

[4] Abelson, Donald E. 1996. *American Think-Tanks and Their Role in US Foreign Policy*. New York: St. Martin's Press.

[5] Ackoff, Russell L. 1974. *Redesigning the Future: A System Approach to Societal Problems*. New York: Wiley.

[6] Almond, Gabriel A. and G. Bringham Powell, Jr. 2001. *Comparative Politics: A Theoretical Framework*. Reading, M. A.: Addison-Wesley Inc.

[7] Anderson, James E. 1984. *Public Policy-Making*, 3rd ed. Orlando, Florida: Holt, Rinehart and Winston, Inc.

[8] Bardach, Eugene. 1977. *The Implementation Game: What Happens After a Bill Becomes Law*. Cambridge, Mass.: The MIT Press.

[9] Bellamy, C. and Taylor, J. 1998. *Governing in the Information Age*. Buckingham: Open University Press.

[10] Benson, J. K. 1983. Interorganizational Networks and Policy Sectors, in D. Rogers and D. Whetton, eds. *Interorganizational Coordination*. Ames, I. A.: Iowa State University Press.

[11] Bobrow, D. B. and Dryzek, J. S. 1987. *Policy Analysis by Design*. Pittsburgh, P. A.: University of Pittsburgh Press.

[12] Braybrooke, D. & Lindblom, C. E. 1970. *A Strategy of Decision: Policy Evaluation as a Social Process*. New York: The Free Press.

[13] Brewer, G. D. & Deleon, P. 1983. *The Foundations of Policy Analysis*. Monterey, C. A.: Brooks/Cole.

[14] Bulmer, M. 1982. *The Uses of Social Research: Social Investigation in Public Policy-Making*. London: Allen & Unwin.

[15] Campbell, Donald T. and J. C. Stanley. 1963. *Experimental and Quasi-experimental Design for Research*. Chicago, I. L.: Rand Mc-Nally.

[16] Campbell, John C. 1984. Policy Conflict and Its Resolution within the Government System, in Ellis S. Krauss, Thomas P. Rohlen, and Patricia G. Steinhoff, eds. *Conflict in Japan*. Honolulu: University of Hawaii Press.

[17] Castles, F. G. 1999. *Comparative Public Policy: Patterns of Post-war Transformation*. Cheltenham, U. K.: Edward Elgar(Publishing Limited).

[18] Chen, Huey-tsyh and Rossi, Peter. 1992. *Using Theory to Improve Program and Policy Evaluations*. Greenwood Press.

[19] Church, Thomas and Nakamura, Robert. 1993. *Cleaning Up the Mess: Implementation Strategies in Superfund*. Washington, D. C.: Brookings Institution.

[20] Dahl, Robert Alan, and Lindblom, Charles E. Politics. 1953. *Economics and Welfare: Planning and Politico-Economic Systems Resolved into Basic Social Process*. New York: Harper and Row.

[21] Dery, David. 1984. *Problem Definition in Policy Analysis*. Lawrence, K. S.: University Press of Kansas.

[22] Dewey, John. 1927. *The Public and Its Problems*. Denver: Alan Swallow.

[23] Dickson, Paul. 1971. *Think Tanks*. New York: Atheneum.

[24] Dowse, Robert E. and John A. Hughes. 1986. *Political Sociology*, 2nd edition. Chichester: John Wiley & Sons Ltd.

[25] Dror, Yehezkel. 1968. *Public Policymaking Reexamined*. Scranton, Pennsylvania: Chandler.

[26] Dror, Yehezkel. 1971. *Ventures in Policy Sciences: Concepts and Application*. N. Y.: American Elsevier.

[27] Dror, Yehezkel. 1971. *Design for Policy Sciences*. N. Y.: American Elsevier.

[28] Dror, Yehezkel. 1986. *Policy-Making Under Adversity*. New

Brunswick: Transaction Books.

[29] Dunn, William N. 1994. *Public Analysis: An Introduction*, 2nd ed. Englewood Cliffs, New Jersey: Prentice-Hall Inc.

[30] Dunn, William N. 1983. *Values, Ethics, and the Practice of Policy Analysis*. Lexington Books.

[31] Dye, Thomas R. 2002. *Understanding Public Policy*, 10th ed. Englewood Cliffs, N.J.: Prentice-Hall.

[32] Easton, David. 1953. *The Political System*. New York: Knopf.

[33] Easton, D. 1965. *A Systems Analysis of Political Life*. New York: John Wiley and Sons, Inc.

[34] Evans, Peter B., Dietrich Rueschmeyer, and Theda Skocpol, eds. *Bringing the State Back In*. N.Y.: Cambridge University Press.

[35] Eyestone, Robert. 1971. *The Threads of Public Policy: A Study in Policy Leadership*. Indianapolis, I.N.: The Bobbs-Merrill Company.

[36] Fischer, Frank and Forester, John. 1987. *Confronting Values in Policy Analysis: The Politics of Criteria*. Sage Publications.

[37] Fischer, Frank. 1995. *Evaluating Public Policy*. Belmont, C.A.: Wadsworth/Nelson-Hall.

[38] Fountain, Jane. 2001. *Building the Virtual State: Information Technology and Institutional Change*. Washington D.C.: Brookings Institution Press.

[39] Friedrich, Carl J. 1963. *Man and His Government*. New York: McGraw-Hill.

[40] Gant, Jon and Nicol Turner-Lee. 2011. *Government Transparency: Six Strategies for More Open and Participatory Government*. Washington D.C.: The Aspen Institute and James L. Knight Foundation.

[41] Garson, G. David, ed. *Information Technology and Computer Applications in Public Administration: Issues and Trends*. Hershey, P.A.: Idea Group Publishing.

[42] Gawthrop, Louis C. 1984. *Public Sector Management, Systems, and Ethics*. Bloomington, Indiana: Indiana University Press.

[43] Gerston, Larry N. 2004. *Public Policy Making: Process and

Principles, 2nd ed. Armonk, NY: M. E. Sharpe, Inc.

[44] Guba, Egon G. and Y. S. Lincoln. 1989. *Fourth Generation Evaluation*. Newbury Park, Calif.: Sage Publications.

[45] Harding, Harry. 1981. *Organizing China*. Stanford, C. A.: Stanford University Press.

[46] Heclo, H. 1978. The Issue-network and the Executive Establishment, in A. King, ed. *The New American Political System*. Washington D. C.: American Enterprise Institute for Public Policy Research.

[47] Heald, David. 2006. Varieties of Transparency, in Christopher Hood and David Heald, eds. *Transparency: The Key to Better Governance?* Oxford: British Academy/Oxford University Press.

[48] Henry, Nicholas. 2004. *Public Administration and Public Affairs*, 9th ed. Englewood Cliffs, N. J.: Prentice-Hall.

[49] Hirschman, Albert O. 1970. *Exit, Voice and Loyalty*. Cambridge, M. A.: Harvard University Press.

[50] Hogwood, Brian W. and B. Guy, Peters. 1985. *The Pathology of Public Policy*. Oxford: Clarendon Press.

[51] Hogwood, Brian W. and B. Guy Peters. 1983. *Policy Dynamics*. Brighton, England: Wheatsheaf Books.

[52] Holmes, Douglas. 2001. *E-Gov: eBusiness Strategies for Government*. London: Nickolas Brealey Publishing.

[53] Howlett, Michael and Ramesh, M. 1995. *Studying Public Policy: Policy Cycles and Policy Subsystems*. Toronto: Oxford University Press.

[54] Hood, C. 1986. *The Tools of Government*. Chatham: Chatham House Publishers.

[55] Hughes, Owen. 2003. *Public Management and Administration: An Introduction*, 3rd ed. Bassingstoke, U. K.: Palgrave Mcmillan.

[56] Ingram, Helen and Steven Rathgeb Smith. 1993. *Public Policy for Democracy*. Washington, D. C.: Brookings Institution.

[57] Jones, Charles O. 1977. *An Introduction to the Study of Public Policy*, 2nd ed. Mass.: Duxbery.

［58］Kamarck, Elaine Ciulla, and Joseph S. Nye Jr. 1999. *Democracy. com? Governance in a Networked World*. Hollis, N. H.: Hollis Publishing.

［59］Kettl, Donald F. 1993. Public Administration: The State of the Discipline, in Ada Finifter, ed. *The State of the Discipline*. Washington, D. C.: American Political Science Association (APSA).

［60］Kingdon, John. 1995. *Agendas, Alternatives, and the Public Policies*. Boston, M. A.: Little, Brown & Co.

［61］Krone, Robert M. 1980. *Systems Analysis and Policy Sciences: Theory and Practice*. New York: John Wiley & Sons.

［62］Lasswell, Harold D. 1956. *The Decision Process: Seven Categories of Functional Analysis*. College Park: University of Maryland.

［63］Lasswell, Harold D. 1971. *A Pre-view of Policy Sciences*. New York: American Elsevier Pub. Co.

［64］Lasswell, Harold D. and Kaplan, A. 1970. *Power and Society*. New Haven: Yale University Press.

［65］Lathrop, Daniel, Ruma, Laurel, eds. 2010. *Open Government: Transparency, Collaboration and Participation in Practice*. Sebastopol, CA: O'Reilly Media.

［66］Lerner, Daniel and Lasswell, Harold D. 1951. *The Policy Science: Recent Development in Scope and Method*. Stanford, C. A.: Stanford University Press.

［67］Lerner, Daniel, ed. 1951. *Propaganda in War and Crisis: Materials for American Policy*. New York: George W. Stewart Publisher Inc.

［68］Lindblom, Charles E. & Edward J. Woodhouse. 1993. *The Policy Making Process*, 3rd ed. Englewood Cliffs, N. J.: Prentice-Hall.

［69］Majone, G. & Wildavsky, A. 1995. *Implementation as Evolution*, in Public policy: The Essential Readings. Englewood Cliffs, N. J.: Prentice-Hall.

［70］Majone, Giandomenico. 1989. *Evidence, Argument, and Persuasion in the Policy Process*. New Haven, C. T.: Yale University Press.

[71] Marsh, David and R. A. W. Rhodes, eds. 1992. *Policy Networks in British Government*. Oxford: Clarendon Press.

[72] May, Judith and Wildavsky, Aaron. 1978. *The Policy Cycle*. Sage Publications.

[73] Mazmanian, Daniel A. and Sabatier, Paul A. 1989. *Implementation and Public Policy*. Lanham, M. D.: University Press of America.

[74] McGann, James G. 2007. The Global "Go-To Think Tanks", The Leading Public Policy Research Organizations in the World. Think Tanks and Civil Societies Program, Foreign Policy Research Institute. Philadelphia, PA, USA.

[75] McGann, J. G. & Weaver, R. K., eds. 2000. *Think Tanks and Civil Societies: Catalysts For Ideas and Action*. London: Transaction Publishers.

[76] Meltsner, Arnold J. 1990. *Rules for Rulers: The Politics of Advice*. Philadelphia: Temple University Press.

[77] Meltsner, Arnold J. and Christopher Bellavita. 1983. *The Policy Organization*. Beverly Hills: Sage.

[78] Migdal, Joel S. 2001. *State in Society: Studying How States and Societies Transform and Constitute One Another*. Cambridge, New York: Cambridge University Press.

[79] Migdal, Joel S. 1988. *Strong Societies and Weak States: State-Society Relations and State Capabilities in the Third World*. Princeton, New Jersey: Princeton University Press.

[80] Mills, C. Wright. 1959. *The Sociological Imagination*. New York: Oxford University Press.

[81] Nagel, Stuart S. 1984. *Public Policy: Goals, Means and Methods*. New York: St. Martin's Press.

[82] Nagel, Stuart S. 1990. Conflicting Evaluations of Policy Studies, in Naomi B. Lynn and Aaron Wildavsky, eds. *Public Administration: The State of the Discipline*. Chatham, N. J.: Chatham House Publishers.

[83] Nakamura, Robert T. and Smallwood, Frank. 1980. *The Politics of Policy Implementation*. New York, N. Y.: St. Martin's Press.

[84] Olson, Mancur. 1965. *The Logic of Collective Action: Public Goods and the Theory of Groups*. Cambridge, M. A.: Harvard University Press.

[85] Pal, Leslie A. 1987. *Public Policy Analysis: An Introduction*. Toronto: Methuen.

[86] Palumbo, Dennis, ed. 1987. *The Politics of Evaluation*. Beverly Hills, C. A.: Sage Publications.

[87] Parsons, W. 1995. *Public Policy: An Introduction to the Theory and Practice of Policy Analysis*. Cheltenham, U. K.: Edward Elgar Publishing Ltd.

[88] Patton, Carl V. and David S. Sawicki. 1986. *Basic Methods of Policy Analysis and Planning*. Englewood Cliffs, N. J.: Prentice-Hall.

[89] Patton, Michael Q. 1986. *Utilization-Focused Evaluation*. Beverly Hills, C. A.: Sage Publications.

[90] Peters, B. Guy. 2007. *American Public Policy: Promise and Performance*, 7th edition. Washington, D. C.: Congressional Quarterly Press.

[91] Peters, B. Guy. & Franks K. M. van Nispen, eds. 1998. *Public Policy Instrument*. Cheltenham, U. K.: Edward Elgar Publishing Ltd.

[92] Pollitt, Christopher. 1993. *Managerialism and the Public Services: Cuts or Cultural Change in the 1990s*, 2nd Edition. Oxford: Basil Blackwell.

[93] Polsby, N. W. 1984. *Political Innovation in America, the Politics of Policy Initiation*. New Haven, C. T.: Yale University Press.

[94] Pressman, Jeffrey & Wildavsky, A. 1984. *Implementation*, 3rd ed. Berkeley, C. A.: University of California Press.

[95] Quade, E. S. 1975. *Analysis for Public Decisions*. N. Y.: American Elsevier Publishing Co.

[96] Ranney, Austin. 1968. The Study of Policy Content: A Framework for Choice, in Austin Ranney, ed. *Political Science and Public Policy*. Chicago: Markham Publishing Company.

[97] Rein, M. 1970. *Social Policy*. Random House.

[98] Rich, A. 2004. *Think Tanks, Public Policy, and the Politics of*

Expertise. New York: Cambridge University Press.

[99] Rochefort, D. A. and Cobb, R. W., eds. 1994. *The Politics of Problem Definition, Shaping the Policy Agenda*. Lawrence, K. S.: University Press of Kansas.

[100] Rose, Richard. 1969. *Policy Making in Great Britain*. London: Macmillan.

[101] Rourke, Francis E. 1984. *Bureaucracy, Politics, and Public Policy*. Boston: Little, Brown.

[102] Sabatier, P. A. and Jenkins-Smith, H. C. 1993. *Policy Change and Learning: An Advocacy Coalition Approach*. Boulder, C. O.: Westview Press.

[103] Sabatier, P. A., ed. 1999. *Theories of the Policy Process*. Boulder, C. O.: Westview Press.

[104] Salamon, Lester M., ed. 2002. *The Tools of Government: A Guide to the New Governance*. New York: Oxford University Press.

[105] Schattschneider, E. E. 1960. *The Semi-sovereign People: A Realist's View of Democracy in America*. New York: Holt, Rinehart and Winston.

[106] Schneider, A. L. and Ingram, H. 1997. *Policy Design for Democracy*. Lawrence, K. S.: University of Kansas Press.

[107] Sharkansky, Ira. 1972. *Public Administration: Policy-Making in Government Agencies*. Chicago, I. L.: Markham Publishing Company.

[108] Simon, Herbert A. (1947) 1961. *Administrative Behavior: A Study of Decision-making Processes in Administrative Organization*, 2nd ed. New York: Macmillan.

[109] Smith, James A. 1991. *The Idea Brokers: Think Tanks and the Rise of the New Policy Elite*. New York: Free Press.

[110] Smith, Martin J. 1993. *Pressure, Power and Policy: State Autonomy and Policy Networks in Britain and the United States*. London: Harverster Wheasheaf.

[111] Steinbruner, J. D. 1974. *The Cybernetic Theory of Decision: New Dimensions of Political Analysis*. Princeton, N. J.: Princeton University Press.

[112] Stone, Deborah A. 1988. *Policy Paradox and Political Reason*. New York: Karper-Collins Publishers.

[113] Stone, Deborah A. 2002. *Policy Paradox: The Art of Political Decision Making*. New York: W. W. Norton.

[114] Vedung, Evert Oskar. 1997. *Public Policy and Program Evaluation*. New Brunswick, New Jersey and London: Transaction Publishers.

[115] Weiss, C. H. and Bucuvalas, M. 1980. *Social Science Research and Decision-Making*. New York: Columbia University Press.

[116] Weiss, Carol H. 1999. Helping Governement Think: Functions and Consequences of Policy Analysis Organizations, in Tadao Miyakawa, ed. *The Science of Public Policy: Essential Readings in Policy Sciences* I. London/New York: Routledge.

[117] Wildavsky, Aaron B. 1978. *Speaking Truth to Power: The Art and Craft of Policy Analysis*. Boston, M. A.: Little, Brown & Co.

# 后 记

我在南京大学社会学系攻读博士学位期间,受到恩师宋林飞教授的影响,开始关注社会科学研究的"政策切合性",随后便在南京师范大学进行公共政策学的教学和研究工作。在这十多年的时间里,我一直坚持在公共政策领域里不断耕耘、探索和思考。虽然这一期间因工作变动和繁杂的行政事务耽搁了一些时间,但始终没有放弃公共政策课程的教学工作,并坚持学术研究和写作。

拙著《基于公共权力的政策过程研究》就是在这种"坚持"基础上完成的初步成果。之所以从公共权力的视角对政策过程进行深入探讨和研究,是因为后来又为行政管理专业研究生开设了"公共管理专题研究",并为政治学专业研究生开设了"政治社会学专题研究",引发了我对公共权力问题的兴趣和思考,并进一步形成了研究中的"问题意识"。2011—2012年,我在美国普渡大学和威斯康星大学麦迪逊分校做访问学者期间,就这一问题进行了比较深入研究,也系统收集了相关的文献资料。但是,学术研究无论怎么深入也不为过,在拙著即将付梓之际,深感在体系构建方面仍有诸多遗憾,不少方面还言犹未尽。在此,恳请学界先进批评指正。

借此机会,我要感谢南京师范大学公共管理学院赵晖教授和南京师范大学出版社徐蕾女士为本书的出版所提供的无私帮助,责任编辑林荣芹主任等在编辑出版过程中付出了许多辛勤的劳动。我的研究生袁永丰、王欢、徐瑶、蔡清清、徐中平、吉海燕承担了文字校对工作,在此一并表示感谢。

钱再见

2012 年 12 月 8 日

于南京扬子江畔御江金城